무지개는 더 많은 빛깔을 원한다

무지개는 더 많은 빛깔을 원한다

한국성소수자연구회 지음

창비

　언제부턴가 한국사회에서는 누적된 불안과 불만을 특정 소수자 집단의 탓으로 돌리고, 그들에 대한 적대감을 표출하며 혐오와 증오를 부추기는 사람들이 늘기 시작했다. 그들은 어떤 소수자 집단 구성원을 콕 집어 그들의 시민권을 박탈해야 한다고 당당하게 주장한다. 이주노동자, 난민, 여성, 장애인, 성소수자 등 점점 혐오의 대상은 늘어나고 있고, 혐오가 일상이 되고 있다. 바야흐로 '혐오의 시대'다. 그 혐오의 시대 한가운데 성소수자가 있다. 서울 시내를 거닐다 보면 동성애에 반대한다는 피켓을 흔히 볼 수 있다. 인터넷에도 성소수자에 대한 왜곡된 정보를 유포하는 게시물이 넘쳐난다. 당당하게 자기 얼굴과 이름을 걸고 성소수자 혐오를 선동하는 동영상도 어렵지 않게 볼 수 있다.

　이러한 흐름에 편승하여 정치적 이익을 챙기려는 포퓰리즘 정치도 준동하고 있다. 2016년 4·13 총선에서 '동성애 반대, 이슬람 반대'를 공약으로 내세운 기독자유당은 2.63%의 정당 지지율을 얻었다. 국회에서는 성소수자 인권에 대한 내용이 담겨 있다는 이유로 법안이 철회되었고, 지방의회에서도 각종 인권 조례가 동성애를 조장한다는 이유로 통과되지 못하는 일이 수차례 발생했다. 급기야 2019년 11월 국회에는 국가인권위원회법의 차별금지사유 중 '성적 지향'을 삭제하는 법안이 제출되었다. 차별과 배제의 논리가 인권, 표현의 자유, 민주주의를 내걸고 위세를 떨치고 있다. 그동안 인류는 전쟁과 폭력, 학살의 역사를 딛고 일어나 인권의 이념을 보편적 가치로 승화시키기 위해 싸워왔다. 한국의 근대화 역시 구성원 한명, 한명의 인권이 승인되어온 과정이었다. 최근 한국사회의 성소수자 혐오는 이러한 역사적 흐름을 정면으로 거스르는 것이다.

세계적인 흐름은 정반대다. 잘 알려져 있듯, 1973년 미국정신의학회는 '동성애는 질병이 아니다'라는 학문적 결정을 공표했으며, 동성애를 병리화해서는 안 된다는 학술적인 증거는 계속 쌓여왔다. 특히 영화배우 조디 포스터나 애플의 CEO인 팀 쿡과 같이 다양한 영역에서 뛰어난 성과를 거두는 동성애자들이 등장하면서 '동성애가 그 자체로서 판단력, 안정성, 신뢰성, 또는 직업능력에 결함이 있음을 의미하지 않는다'는 이야기는 이미 상식이 되었다. 이런 인식의 변화 속에서 성소수자는 '어디에나 있고', 우리 모두가 성적 다양성을 가지고 살아가며, 함께 일하고 도움을 주고받는 사회적 존재임을 깨닫게 되었다. 현재 전세계의 권위 있는 학회 중 동성애를 병리적인 현상으로 간주하는 곳은 존재하지 않는다.

하지만 한국사회의 현실은 참담하다. 인터넷 공간에는 성소수자에 대한 부정확한 정보를 담은 게시물이 셀 수 없이 많다. 이른바 '가짜뉴스'에서 가장 자주 다뤄지는 소재 중 하나가 바로 성소수자다. 10여년 전만 해도 성소수자에 대한 허위 선동은 너무 조악한 수준이라 무시하는 것으로 충분했다. 그런데 어느 순간부터 게시물은 그럴듯한 외양을 갖추기 시작했다. 변호사, 의사, 교수 등 전문가 타이틀을 달고 나와 어처구니없는 허위 선동을 하는 사람들도 생겨났다. 안타깝게도 그런 거짓정보를 진실로 믿는 사람들이 점점 늘어나고 있다.

이 책을 쓰는 과정은 40년 전 혹은 그 이전에 멈춰 있는 것 같은 시간을 되살리는 작업이었다. 오랜 기간 성소수자와 관련하여 전세계적으로 축적되어온 지식들이 한국사회에는 제대로 전해지지 못했다. 성소수자 연구를 하는 이들이 없었던 것은 아니지만, 그 연구들은 개별 분과에 파편적으로 흩어져 있었고 성소수자 혐오의 공세 속에서 거의 힘을 발휘하지 못하고 있었다. 성소수자 연구자들은 더이상 무시하거나 관망하는 것이 답이 될 수 없다는 생각을 함께하며 적극적인 대응을 모색하기로 의기투합했다. 그 성과로 2016년 성소수자연구회 준비위원회를 결성했고, 첫 작업으로 『혐오의 시대에 맞서는 성소수자에 대한 12가지 질문』이라는 작은 책자를 세상에 내놓았다. 성소수자에 대해 사람들이 궁금해할 수 있는 기초적인 질문 열두가지를 추리고, 각 질문에 응답하는 형식으로 구성했다. 생각했던 것 이상으로 반응이 뜨거웠다. 인터넷언론에 연재하고, 연구회 홈페이지에 본문 파일을 공개했는데도 책자로 보고 싶다는 사람들이 많아 몇차례나 다시 인쇄해야 했다. 한국사회에서 성소수자에 관한 올바른 지식에 목마른 사람들이 많다는 것을 확인할 수 있었던 순간이었다.

자연스럽게 이 소책자를 정식 단행본으로 내보자는 의견이 나왔다. 출판사 창비에서 적극적인 관심을 보여주었고 함께 책을 기획하기 시작했다. 『혐오의 시대에 맞서는 성소수자에 대한 12가지 질문』에서는 동성애, 트랜스젠더, 커밍아웃, 동성애 혐오, 성소수자 차별금지 규범, 트랜스젠더의 성별정정, 동성결혼, 학교에서의 성소수자 괴롭힘, 성소수자 축제, 성소수자와 종교 등의 주제를 다뤘다. 꽤 포괄적으로 여러 주제를 다뤘으나 이왕 책을 내는 거면 성소수자에 관한 쟁점들을 최대한 담아보고자 했다. 결국 직장 내 성소수자 차별, 성소수자에 대한 편견, 가족구성권, 퀴어 운동 등의 주제를 추가하기로 했고, 관련 연구자들이 필진에 합류했다. 교육학, 법학, 보건학, 사회복지학, 사회학, 신학, 인류학, 철학 등 다양한 학문 분야를 전공하는 연구자들이 집필에 참여했다. 이 책이 한국 성소수자 연구의 현주소를 보여준다고 해도 크게 틀린 말은 아닐 것이다.

이 책은 연구자들의 학술적인 성과를 집대성한 것이지만 동시에 대중의 눈높이를 최대한 고려했다. 학술용어들은 최대한 자세히 풀어 쓰고 실생활의 여러 사례들을 곳곳에 배치해서 친숙하게 읽힐 수 있도록 노력했다. 성소수자 문제에 대해 진지한 관심을 가진 독자라면 어렵지 않게 읽을 수 있는 수준이라고 자평해본다. 처음에는 학술논문에 가까웠던 초고를 대중적인 서술로 다듬고, 각 원고의 편차를 줄이고 조율하는 작업은 결코 쉽지 않은 일이었다. 성소수자연구회 회원들이 오프라인과 온라인에서 서로의 글을 돌려 보며 열띤 토론을 벌인 덕분에 겨우 이렇게 책을 세상에 내놓을 수 있었다. 기획부터 탈고까지 지난한 토론의 과정에 함께해준 모든 성소수자연구회 회원들의 헌신 덕분이다. 세심하게 편집 작업을 해주신 창비 편집부의 김유경, 이하림, 김가희 선생님께도 감사드린다. 개성 강한 저자들을 잘 이끌어주신 덕에 흩어져 있던 원고들이 '한권의 책'으로 완성될 수 있었다.

이 책의 출간과 함께, 성소수자연구회가 준비위원회 딱지를 떼고 학술단체로 본격적인 활동을 시작하게 되었다. 이 책은 '완성된 버전'이 아니다. 성소수자에 대한 연구와 지식은 매일 확장되고 새로워지고 있다. 우리는 앞으로도 새로운 연구성과와 지식을 지속적으로 습득하고 분석하면서 한국의 상황과 맥락에 맞는 성소수자 연구를 계속해나갈 것이다. 우리의 연구가 사회, 국가, 제도, 법이 보장해주지 못했던 성소수자 '인권'의 의미와 내용을 확인하고, 성소수자가 온전한 자격과 권리를 가지고 사회의 한 구성원으로 살아가는 데 조금이나마 도움이 되었으면 한다.

2019년 11월
한국성소수자연구회

차례

성소수자(sexual minority)   동성애자, 양성애자, 트랜스젠더, 인터섹스 등을 포함하여, 성적 지향, 성별정체성, 성특징 등이 사회에서 주류로 여겨지는 사람들과 구별되는 집단을 가리키는 말이다.

LGBT/LGBTI   여성 동성애자(lesbian), 남성 동성애자(gay), 양성애자(bisexual), 트랜스젠더(transgender), 인터섹스(intersex)의 영문 첫 글자를 따서 만든 용어로서, 국제적으로는 성소수자를 가리키는 일반적인 용어로 쓰이고 있다. 한편으로 LGBTI 외에 다양한 정체성을 나타내기 위해 보다 확장된 용어가 사용되기도 한다. 가령 무성애자(asexual), 정체성을 탐색 중인 사람(questioner)을 더해 LGBTAIQ라 하거나, 보다 다양한 정체성을 포괄하는 의미에서 마지막에 '+'를 붙이기도 한다.

퀴어(queer)   퀴어의 사전적 의미는 '기묘한' '이상한' 등으로 과거에는 성소수자를 비하하는 용어로 쓰였다. 그러나 성소수자 인권운동의 진전과 함께 해당 용어를 전유해서 성소수자, 나아가 기존의 젠더규범에서 벗어난 사람들을 포괄하는 의미를 갖게 되었다. 한국에서도 퀴어문화축제, 퀴어영화제 등을 통해 퀴어라는 용어가 적극적으로 사용되고 있다.

성적 지향(sexual orientation)   개인이 성적 또는 정서적으로 어떠한 상대방에게 끌리는지를 나타내는 용어다. 이성애(자신과 다른 성별에게 끌림), 동성애(자신과 같은 성별에게 끌림), 양성애(동성/이성 모두에게 끌림), 범성애(상대의 성별과 무관하게 끌림), 무성애(성적 끌림을 느끼지 않음) 등이 있다.

---

*   성소수자 관련 용어들은 계속해서 논의가 이루어지며 발전해가고 있다. 보다 구체적인 논의는 다음을 참조. "Yogyakarta Principle; Yogyakarta principle plus 10," https://yogyakartaprinciples.org/ (2019.11.24. 방문); Dodo Karsay, Helene Ramos Dos Santos and Diana Carolina Prado Mosquera, "Sexual Orientation, Gender Identity and Expression, and Sex Characteristics at the Universal Periodic Review," ARC International, IBAHRI and ILGA 2016.

성별정체성(gender identity)　개인이 자신을 남성, 여성, 혹은 그밖의 성별 등 어떠한 성별로 느끼고 살아가는지를 가리키는 용어로서, 신체에 대한 감각, 외모, 행동거지, 옷차림 등이 포함된다. 성별정체성은 출생 시 지정된 성별과 같을 수도 있고, 다를 수도 있다.

성별표현(gender expression)　외모(복장, 두발, 액세서리, 화장 등), 태도, 말투, 행동거지, 이름, 신상을 통해 개개인이 드러내는 성별의 표현을 가리키는 용어다. 자신을 여성으로 인식해도 짧은 머리에 바지를 입는 이른바 '남성적'으로 여겨지는 성별표현을 하는 경우와 같이, 성별표현은 반드시 성별정체성과 일치하지는 않는다.

성특징(sex characteristic)　생물학적 관점에서 개인의 성적 특징을 나타내는 용어다. 여기에는 성기 및 기타 생식기관, 염색체, 호르몬, 사춘기의 2차 성징(목소리, 체모, 체형 등)이 포함된다.

동성애자(gay and lesbian)　자신과 같은 성별(정체성)을 가진 사람에게 성적, 정서적 끌림을 느끼는 사람을 말한다. 한국에서는 흔히 남성 동성애자를 게이(gay), 여성 동성애자를 레즈비언(lesbian)이라 부른다. 반면에 서구권에서는 동성애자 일반을 가리키는 말로 게이(gay)가 사용되곤 한다.

양성애자(bisexual)　자신과 같은 성별이나 다른 성별 모두에게 성적, 정서적 끌림을 느끼는 사람을 말한다. 모두에게 끌린다는 것이 남성과 여성 양쪽을 동시에 좋아한다는 의미는 아니고 끌림을 느끼는 대상이 때로는 남성일 수도, 여성일 수도, 아니면 그밖의 성별일 수도 있다는 것이다.

트랜스젠더(transgender)　출생 시 지정된 성별과 다른 성별정체성을 가지는 사람을 말한다. 출생 시 성별은 남성이지만 자신을 여성으로 인식하는 경우 트랜스젠더 여성/트랜스여성이라고 하며, 출생 시 성별은 여성이지만 자신을 남성으로 인식하는 경우 트랜스젠더 남성/트랜스남성이라고 한다. 또한 자신을 남성/여성 어느 쪽도 아닌 제3의 성으로 인식하는 비이분법적 트랜스젠더(non-binary transgender)도 있다. 한편 트랜스젠더와 반대되는 개념으로 지정된 성별과 성별정체성이 일치하는 사람을 '시스젠더'(cisgender)라고 한다.

젠더퀴어(genderqueer) 출생 시 지정된 성별과 무관하게 자신을 여성/남성이 아닌 다른 성별로 정체화하거나 여성/남성 중 어떠한 성별로도 정체화하지 않는 사람, 또는 그러한 이분법적 성별을 벗어난 정체성을 포괄하는 용어다.

인터섹스(intersex) 태어날 때부터 혹은 성장하면서 신체적·유전적·호르몬의 특징이 의학적 관념상 전형적인 여성이나 남성의 특징으로 완전히 일치하지 않는 사람을 말한다. 가령 정소와 난소를 모두 갖고 있거나 성염색체가 XXY인 경우와 같이 성염색체, 생식선, 호르몬 등 성특징이 전형적인 남성/여성과 다른 특징을 갖고 있는 사람을 가리킨다.

커밍아웃(coming out) 커밍아웃은 성소수자가 자신의 성적 지향이나 성별정체성 등을 스스로 드러내는 것을 말한다. 이 말은 '벽장에서 나온다'(coming out of the closet)라는 문구에서 유래된 것으로, 자신을 벽장 속에 감추고 살던 성소수자가 문을 열고 나온다는 뜻을 담고 있다.

아우팅(Outing) 타인이 성소수자 당사자의 의사에 반해 성적 지향이나 성별정체성 등을 공개하는 행위를 말한다. 커밍아웃과의 차이는 당사자가 공개를 원하였는지 여부다. 아우팅은 본인의 의사에 반해 개인정보를 누설한다는 점에서 문제적이다. 다만 현실 속에서는 자발/동의의 경계가 명확하지 않기에 누군가의 정체성을 드러내는 것이 아우팅인지 여부는 구체적인 맥락과 상황에 비추어 판단되어야 한다.

HIV/AIDS HIV는 인체면역결핍바이러스를 말하며, AIDS는 HIV 감염 후 질병이 진행되어 나타나는 후천성면역결핍증후군을 말한다. 즉 HIV와 AIDS는 다른 개념이며, 모든 HIV감염인이 AIDS에 이르는 것도 아니다.

동성애 혐오(homophobia) 동성애자나 동성애에 대한 공포, 거부, 혐오를 말하며, 낙인을 찍는 태도나 차별하는 행동으로 나타나는 경우가 많다. 한국의 경우 동성애자를 중심으로 성소수자들이 가시화된 경우가 많기에 동성애 혐오가 비단 동성애자만이 아닌 성소수자 전체에 대한 혐오로서 나타나기도 한다.

트랜스 혐오(transphobia)   트랜스젠더나 성별이분법을 벗어난 사람들에 대한 공포, 거부, 혐오를 말하며, 낙인을 찍는 태도나 차별하는 행동의 모습으로 나타나는 경우가 많다. 트랜스 혐오는 동성애 혐오와 다소 다른 양상을 보이는데 트랜스젠더를 잘못 태어난 불쌍하고 무력한 존재로 보아 배제하는 태도로 드러나기도 한다.

트랜지션(transition)   트랜스젠더가 출생 시 지정된 성별의 외모, 신체 특징, 성역할 등을 자신의 성별정체성에 맞추어 변화시켜가는 과정을 말한다. 여기에는 외모, 복장 등의 변화부터 개명, 법적 성별정정, 수술 등 의료적 조치가 모두 포함되며, 어떤 과정을 어떤 형태로 이행할지는 개인에 따라 다르다.

패싱(passing)   사회의 한 구성원이 외관, 언어, 행동 등의 요소를 통해 특정 범주로 받아들여지게 하는 것을 말한다. 트랜스젠더 커뮤니티에서는 주로 자신의 성별정체성에 맞게 인식되고 받아들여지는 것을 말한다. 그러나 패싱은 트랜스젠더에게만 국한되는 용어는 아니며, 인종, 민족, 성적 지향, 장애 등 여러 범주에도 통용된다.

퀴어문화축제(queer culture festival)   1969년 6월 미국 뉴욕에서 일어난 스톤월항쟁을 기념하여 매년 6월을 전후로 세계 각국에서 성소수자들의 축제가 진행된다. 한국의 경우 퀴어문화축제라는 이름으로 열리며, 2000년 서울에서 최초로 개최된 이래 현재는 서울, 대구, 부산, 제주, 전주, 인천, 광주, 창원 등 전국 각 지역에서 개최되고 있다. 축제에서는 무대행사, 부스, 퍼레이드 등이 진행되는데, 이 중 퍼레이드는 퀴어퍼레이드(queer parade), 자긍심 퍼레이드(pride parade)라고 하며 성소수자들이 스스로를 드러내고 자긍심을 높이기 위한 행진이다.

국제 성소수자 혐오 반대의 날(International Day Against Homophobia, Biphobia, Interphobia and Transphobia, IDAHOBIT)   매년 5월 17일 성소수자에 대한 혐오와 차별을 반대하여 행동을 하는 날이다. 아이다호 데이라고도 하며 1990년 세계보건기구가 동성애를 정신장애 목록에서 제외한 것을 기념하여 2004년 처음 제정되었다. 한국에서는 2013년부터 성소수자차별반대 무지개행동에서 이 날을 기념하여 캠페인을 진행해오고 있다.

1장
젠더와 성소수자
성별이분법, 불가능한 상상

박한희

이분법적이지 않은 성별

"남자예요, 여자예요?"

아마 성소수자들이 일상에서 가장 많이 듣는 질문이 아닐까 싶다. 사실 성소수자가 아니어도 이러한 질문을 들어본 또는 던져본 사람들이 있을 것이다. 이 질문을 통해 무엇을 얻고 싶은가 하는 궁금증은 제쳐두고 거꾸로 되묻고 싶다. "무엇을 기준으로 남자/여자를 판단하세요?"라고.

많은 사람들이 성별, 남자/여자의 분간은 그다지 고민할 필요 없는 자명한 것으로 여긴다. 그러나 곰곰이 따져보면 성별의 판단은 결코 간단하지 않다. 길에서 어떤 사람을 만났고 그 사람의 성별을 알아내본다 가정해보자. 그때 일차적으로 사용하는 정보는 아마도 얼굴, 머리모양, 옷차림 등 외적인 정보일 것이다. 긴머리에 화장을 했으면 여자, 짧은 머리에 각진 얼굴형이면 남자, 이런 정보들 말이다. 그러나 이러한 성별 판단에는 언제나 한계가 존재한다. 세상에는 머리 짧고 화장하지 않은 여자들과 긴 머리, 화장을 한 남자들이 여럿 존재한다. 자신의 법적인 성별과 다른 모습의 성별표현을 한 트랜스젠더, 크로스드레서도 있다. 사실 인간이 외견만으로 성별이 분간되는 존재였다면, '남자예요, 여자예요?'라는 질문은 제기될 필요도 없었을 것이다.

성별을 판단하는 기준은 무엇인가

그렇다면 외견이 아닌 과학적·법적 기준으로 성별을 판단할 수 있을까? 분명 신체 특징 등 생물학적인 특성이나 법적 신분은 성별을 판단하는 하나의 기준이 될 수 있다. 그러나 이들 정보 역시 성별을 판단하는 데 결정적인 단서가 되지는 못한다. 학문의 특성상 성별을 판단할 필요가 있는 법학, 의학*은 일찍이 이 문제가 간단하지 않음을 인정했다. 먼저 법을 살펴보면 우리 헌법과 법률은 어디에도 여자, 남자를 정의하고 있지 않다. 아마도 법률을 입안한 자들은 성별을 정의할 필요 없는 당연한 것으로 여겼으리라. 그러나 실제 법을 적용하는 현장에서는 이러한 당연함을 깨트리는 일들이 종종 벌어졌다. 1995년 한 트랜스젠더 여성이 강간을 당하는 사건이 있었다. 피해자는 성전환수술을 받아 여성으로서의 신체 외관을 갖고 있었으나 법적인 성별은 남성으로 남아 있었다. 그런데 당시 형법은 강간죄는 피해자가 부녀, 즉 여성인 경우에만 성립한다고 규정하고 있었고, 이에 따라 법원은 피해자가 비록 성전환수술을 받았더라도 염색체가 여전히 XY이고 생식능력이 없으므로 '여성이 아니며, 피해자는 강간이 아닌 강제추행을 당했다'고 보았다.[1]

---

* 현대사회에서 일반적으로 어떤 사람의 성별은 신분증상의 '법적 성별'을 통해 인식된다. 그리고 법적 성별은 출생 시 의사가 판단한 '의학적 성별'에 따라 결정된다.

이렇게 염색체를 중시한 법원의 판단은 10년이 지나 뒤집힌다. 2006년 대법원은 트랜스젠더가 자신의 성별정체성에 따라 법적 성별을 정정할 수 있다는 결정을 내렸다.[2] 이 결정에서 대법원은 "인간의 성은 염색체, 생식기 등 생물학적 요소만이 아닌 정신적·사회적인 요소를 종합적으로 고려하여 판단해야 한다"고 설명했다. 나아가 2009년 대법원은 위와 유사하게 법적 성별은 남성인 트랜스젠더 여성이 강간 피해를 입은 사건에서 1995년의 경우와는 달리, '피해자는 여성이며 강간죄가 성립한다'고 판결했다.[3] 이러한 사례들은 법적 성별을 판단하는 기준이 고정되거나 획일적이지 않다는 것을 잘 보여준다.

　의학 역시 인간의 성별 판단에 단일한 기준이 없음을 인정하고 있다. 현대 의학에서는 한 사람의 성별을 결정하는 데 여러가지 요소가 작용한다고 보고 있다. 그중 일반적으로 드는 여덟가지는, ①유전적이거나 염색체적인 성(XY, XX) 등 ②생식기관 ③내부 생식기 ④외부 생식기 ⑤호르몬 ⑥2차 성징(체모, 유방) ⑦출생 시 지정된 성별, 사회적인 양육 ⑧성별정체성이다.[4] 중요한 것은 성별을 판단할 때 이들 여덟가지 요소 중 어느 하나만이 아니라 모두를 종합적으로 보아야 한다는 것이다. 또한 이 중 많은 요소들은 바뀔 수 있다. 호르몬, 생식기, 2차 성징 같은 신체 특징은 외과 수술 등 의료적 조치를 통해 변경 가능하며, 출생 시 지정된 법적 성별 역시 일정 요건을 갖추면 정정이 가능하다. 염색체, 유전자는 지금의 의학 기술로는 변경할 수 없지만 과학의 발전에 따라 달라질 수 있다. 아마 어떠한 경우에도 변하지 않는 것은 개인 내면의 성별정체성뿐일 것이다. 그렇게 보았을 때 흔히 성별 판단의 기준으로 삼는 외모나 생물학적 특징은 결코 절대적인 기준이 될 수 없다.

　이처럼 인간의 성별을 여성, 남성 두가지로만 나눈다고 가정해도 이를 판단하는 기준은 분명하지 않다. 나아가 우리는 이런 질문을 던져볼 수 있다. 과연 성별을 두가지로만 나누는 것은 타당한가?

이분법으로 가를 수 없는 사람들

흔히 트랜스젠더는 자신의 성별을 출생 시 성별과 '반대로' 여기는 사람이라 이해되곤 한다. 그러나 실제 트랜스젠더가 가리키는 범주는 그보다 더 넓다. 정확히는 트랜스젠더는 '출생 시 성별과는 다른 성별'로 자신을 정체화하는 사람을 말한다.[5] 따라서 트랜스젠더에는 자신을 여성 또는 남성으로 생각하는 트랜스젠더 여성/남성은 물론, 무성, 중성, 양성 등 다양한 성별로 정체화하는 '논바이너리non-binary 트랜스젠더'도 있다. 한편 자신을 이분법적이지 않은 성별로 정체화하는 사람들을 가리켜 '젠더퀴어'genderqueer라고 하며, 여기에는 안드로진androgyne, 뉴트로이스neutrois, 젠더플루이드genderfluid, 데미젠더demigender* 등 다양한 정체성이 포함된다.[6]

이러한 이분법적이지 않은 성별 인식은 결코 개인의 단순한 착각도, 허구의 개념도 아니다. 2016년 미국의 조사에 따르면 미국 전체 성인 중 자신을 트랜스젠더로 정체화하는 사람은 약 0.6%, 1400만명으로 나타났다.[7] 결코 적지 않은 숫자다. 이들의 성별은 개인의 인식의 차원을 넘어 법적

---

* 안드로진은 흔히 '중성'이라고 불리며 여성과 남성 사이, 여성과 남성의 공존, 여성이기도 하고 남성이기도 한 정체성을 말한다. 뉴트로이스는 여성, 남성과 관계없는 새로운 성별 혹은 성별중립적인 정체성이다. 젠더플루이드는 두가지 이상의 다른 성별이 시간에 따라 비율을 달리하여 나타나는 정체성이다. 마지막으로 데미젠더는 부분적으로만 자신을 특정 성별로 인식하는 정체성을 말한다. 상세한 내용은 성별이분법에 저항하는 사람들의 모임 여행자, "젠더 관련용어 상세 정리 ver 1.0", 2015.10.9., https://m.blog.naver.com/gender_voyager/220504062266 (2019.10.21. 방문) 참조.

으로 인정받기도 한다. 이미 네덜란드, 덴마크, 독일, 캐나다, 네팔, 인도, 뉴질랜드, 호주, 미국 캘리포니아주 등 여러 나라와 지역에서 남성, 여성 외 제3의 성별을 법적인 성별로 인정하고 있다.[8]

내면의 인식인 성별정체성이 아닌 소위 '생물학적 성별'이라 부르는 염색체, 생식기관, 호르몬은 어떨까? '(성별에 있어) 생물학은 운명이다'라고 믿는 사람은 놀라겠지만 생물학적으로도 이분법에 맞지 않는 사람들이 존재하며 이들을 인터섹스intersex라 한다. 염색체는 XX이나 안드로겐 호르몬이 주로 분비되는 경우, 정소/난소를 동시에 갖고 있는 경우, XXY, XX와 XY의 믹스 등의 염색체를 가진 경우와 같은 사람들이 인터섹스에 해당한다. 인터섹스 역시 어디 먼 곳에 존재하는, 유별난 사람들이 아니다. 가장 널리 인용되는 2000년의 연구에 따르면 전체 인구의 약 1.7%가 인터섹스로 추정된다.[9] 유엔은 이를 활용하여 인터섹스는 붉은 머리 (1~2%)만큼 드물지 않게 볼 수 있는, 결코 특이하고 예외적인 존재가 아니라는 점을 강조한다.[10]

트랜스젠더, 젠더퀴어, 인터섹스의 존재는 인간의 성별이 여/남의 이분법에 의해 결정되고 설명되지 않는다는 것을 보여준다. 그럼에도 현재 많은 제도와 사회구조는 막연히 성별이 두가지만 존재할 것이라는 편견에 따라 설계되어 있다. 이러한 사회 속에서 이분법적이지 않은 존재들은 지금도 무수한 차별과 혐오, 억압을 마주하고 있다.

자신을 반영하지 못하는 숫자

"불편한 건 의료적인 거랑 관공서, 이 두가지거든요. 그리고 카드, 저는

이제 카드사에 이야기하면 도무지 (본인이라고) 안 믿더라고요! 주민
등록증을 그대로 읽어줘도⋯.'' (트랜스젠더 남성, 50대)[11]

숫자 하나가 만드는 차별과 폭력

한국사회에서 살아가는 대다수의 사람들은 주민등록번호를 갖고 있
다. 그리고 이 13자리 번호는 누군가에게는 지독한 낙인이자 차별의 근거
가 되기도 한다.

주민등록번호상의 성별은 어떻게 정해지는가? 일반적으로 사람이 태
어나면 의사, 한의사, 조산사에게 출생을 확인받는다. 그리고 이들이 작
성하는 출생증명서[12]의 성별란에는 '남' '여' 외에 '불상(不詳)'이라는 항목
이 존재한다. 앞서 말한 1.7%의, 전형적인 여성/남성과 다른 성특징을 가
진 신생아는 성별불상으로 기록될 것이다. 그러나 출생 증명만으로 사람
은 사회의 신분체계에 편입되지 않는다. 출생증명서를 바탕으로 관공서
에 '출생신고'가 되고 주민등록번호를 발급받을 때 비로소 신생아는 사
회에서 권리와 의무를 지닌 '인간'으로 대우받는다.

'불상'이 존재하는 출생증명서(왼쪽)와 '남/여'만 존재하는 출생신고서(오른쪽)

그런데 출생신고서[13]의 성별란에는 출생증명서와 묘하게 다른 부분이 있다. 바로 '성별불상' 항목을 찾아볼 수 없는 것이다. 그 결과 의사 등에 의해 이분법적이지 않은 성특징을 확인받은 인터섹스 영유아라 할지라도 사회구성원으로 인정받기 위해서는 여성 또는 남성 중 하나의 성별을 선택해야만 한다. 이 과정에서 때로는 끔찍한 일이 벌어지기도 한다. 어떠한 의사표현도 할 수 없는 인터섹스 영유아의 생식기를 강제로 제거하거나 교정하는 강제성기수술forced genital mutilation이 가장 대표적인 사례다.[14] 이러한 수술은 때로 광범위한 흉터와 고통을 동반하며 불임, 배뇨장애 등 신체적 후유증을 남긴다.[15] 나중에 수술 사실을 알게 된 당사자가 큰 심리적 고통을 겪는 것 또한 당연하다.

한편 출생증명서와 신고서의 성별이 일치한다 하더라도 여전히 문제는 남는다. 출생증명서에 적힌 성별은 외부성기 형태라는 한가지 요소만으로 판단한 것이기 때문이다. 따라서 자신의 호르몬, 염색체의 성별이 외부성기와 다르거나 내면의 성별정체성이 신고된 성별과 다른 사람들에게 출생신고를 통해 부여받은 주민등록번호는 자신을 제대로 설명하지 못하는 무의미한 숫자일 뿐이다. 나아가 주민등록상 성별과 겉으로 보이는 외모가 불일치할 때 그 사람은 반복적으로 "남자예요? 여자예요?"라는 질문과 그에 따른 여러 제도적 차별을 마주한다. 2014년 국가인권위원회의 조사에 따르면 트랜스젠더 응답자 90명 중 66.7%가 '주민등록번호를 제시해야 하는 상황에 부담을 느낀다'고 답했다. 그리고 이러한 어려움의 결과 응답자 중 38명이 '전화, 인터넷 등의 가입, 변경(40%)' '보험 가입 및 상담(38.3%)' '선거 투표 참여(36.7%)' '은행방문 및 상담(35.0%)' 등 일상의 용무를 포기했다고 응답했다.[16] 단지 숫자 하나 때문에 지금도 일어나고 있는 일이다.

성별정보의 삭제 또는 제3의 성은 불가능한가

우리가 살아가면서 만드는 많은 신분증, 서류 등을 살펴보면 성별정보가 아무렇지 않게 표시되거나 요구되는 경우가 많다. 여권과 선거인명부에는 이름, 주소와 함께 성별이 표시된다. 인터넷에서 휴대폰 본인인증을 하는 경우에도 성별을 기입해야 한다. 부동산등기증명서에 성별이 표시되고 그 결과 성별정정 이력까지 같이 드러나 국가인권위원회에 진정을 내서 시정이 이루어진 사례도 있다.[17] 실로 우리는 성별정보가 그대로 노출되는 세상 속에 살고 있다.

이처럼 성별정보를 표시하고 수집하는 것이 과연 정말 필요할까? 여권, 선거인명부, 부동산등기증명서 등에 개인정보가 표시되는 이유는 본인확인을 위해서다. 그러나 본인확인은 여권이라면 사진과 이름만으로, 선거인명부와 부동산등기증명서라면 이름과 주소만으로 충분히 가능하다. 굳이 성별을 확인할 이유가 없다. 게다가 트랜스젠더처럼 표시된 바와 다른 성별표현으로 살아가는 사람의 경우 오히려 성별표시가 혼란을 가져오고, 본인확인을 어렵게 만든다.

성별정보가 정말로 필요한 경우도 있지만 많은 행정 절차 및 서류가 정책적 필요에 따라서라기보다는 그냥 관행적으로 성별정보를 요구하고 있다. 또한 성별정보가 필요한 경우에도 본인이 인식하는 성별이 반영되도록 정보를 수집하거나 성별이 굳이 겉으로 드러나지 않도록 개선하는 조치가 필요하고 이는 실제로 가능하다. 일본 오오사까부는 부가 관리하는 서류 중 성별이 표시되는 369개의 서류를 검토한 결과, 139개는 성별정보가 불필요하다 보아 성별표기를 폐지했고, 64개는 성별정보가 필요하더라도 자신이 직접 성별을 기재하게 하는 방식을 통해 트랜스젠더 등

이 겪을 불편을 최소화하기로 결정했다.[18]

결국 고민해야 할 부분은 성별정보를 수집하고 표시하는 행정상 편익이 과연 이로 인해 성별이분법에서 벗어난 사람들이 겪는 고통보다 중대하냐는 것이다. 만일 여기에 대한 답이 '아니다'라면 현재의 성별이 그대로 드러나는 주민등록번호, 신분증, 각종 서류들은 재검토되어야 한다.

법 앞에 자신을 인정받기

자신이 인식하는 성별을 법 앞에서 인정받는 것, 그리고 이것이 공적인 서류에 반영되는 것은 단지 개인의 불편을 더는 수준의 사안이 아니다. 이는 근본적인 인격권에 관련된 문제다. 작년 10월 독일 연방헌법재판소는 제3의 성을 법적으로 인정하지 않는 것은 위헌이라는 결정을 내리며 다음과 같이 설명했다.

> 인격에 관한 권리는 개인의 인격의 구성 요소인 성별정체성 역시 보호한다. 한 개인이 어떤 성에 속하는가는 그의 정체성에 각별한 의미를 갖는다. 이는 한 사람이 스스로 자기를 어떻게 생각하고 다른 사람이 그를 어떻게 여길지에 출발점이 된다. 여기서, 남성에도 속하지 않고, 여성에도 속하지 않는 사람의 성별정체성 역시 보호되어야 한다.[19]

개인의 성별정체성을 인정받고 표현하는 것은 존엄한 인간으로서 마땅히 보장받아야 하는 인권이다. 1과 2, 3과 4라는 숫자에서 벗어나 다양한 성별정체성을 가진 개인들의 성별을 제대로 반영해야 하는 이유가 여기에 있다.

어느 화장실로 가야 하나요

"나는 그러니까 여자화장실에 가고 싶다는 건 아니에요. 그런데 남자 화장실은 가고 싶지 않은 거예요. 그러니까 참아요. 계속, 화장실 가기 전에, 학교를 가기 전에 화장실을 참을 준비를 하고 가요." (트랜스젠더 여성, 34세)[20]

"소풍을 가면 저는 음료수를 싸간 적이 없어요. 물을 마시면 화장실을 가야 하기 때문에. 화장실을 못 가거든요…. 고등학생이 되고 나서는 이렇게 남자화장실을 가도 되는구나 하고 편하게 마셨는데, 그전에는 물 종류를 전혀 안 마셨죠." (트랜스젠더 남성, 31세)[21]

화장실의 장벽, 공적 공간의 장벽

집을 나와 멀리 이동하는 과정에서 화장실을 전혀 갈 수 없다면 어떨까? 섣불리 집을 나서기가 어렵고 나서더라도 각오가 필요할 것이다. 이는 성별이분법에서 벗어난 사람들이 흔히 겪는 어려움 중의 하나다.

화장실, 목욕탕, 수영장 등 대중시설과 기숙사, 구금시설과 같은 집단 거주시설은 대개 여성/남성의 두가지 성별에 따라 구분되어 있다. 그 앞에서 주민등록상 성별과 다른 성별정체성을 가진 다른 트랜스젠더, 젠더퀴어, 인터섹스 등은 어느 공간을 선택할지 고민에 빠진다. 본성을 억누르고 어느 하나의 성별을 선택하여 이용하더라도 외관과 해당 성별이 일치하지 않을 경우 불쾌한 시선, 언어폭력, 입장 거부 등을 경험해야 한다.

그중에서 특히나 문제되는 것이 공중화장실이다. 인간으로서 가장 기본적인 욕구 해결을 위해 대부분의 사람은 너무나도 당연하게 이용하는 화장실이 성별이분법에서 벗어난 사람들에게는 크나큰 장벽이다. 2014년 국가인권위원회 조사에 따르면 트랜스젠더의 44.2%가 공중화장실 이용 시 '불쾌한 시선' '모욕적 발언' 등 차별을 경험했고, 41.1%가 이용을 포기한 경험이 있는 것으로 나타났다.[22] 10대 트랜스젠더, 젠더퀴어를 대상으로 한 조사에서도 56%가 화장실 이용에서 불편함을 느낀다고 응답했다.[23] 트랜스젠더, 젠더퀴어 등에게 화장실은 자연스럽게 가는 공간이 아닌, 이용을 위해 각오해야 하거나 그렇지 않으면 이용 자체를 포기해야 하는 그런 공간인 것이다.

화장실을 포기한다면 남는 선택지는 참는 것이다. 앞의 두 인용문의 사례처럼 많은 트랜스젠더들이 물을 거의 마시지 않거나 최대한 용변을 참는다. 당연히 건강에 좋을 리 없다. 나아가 화장실 문제는 단지 용변 해결 수준의 문제가 아니다. 2013년 미국에서 트랜스젠더 93명을 대상으로 한 조사에 따르면 응답자 중 21.5%가 화장실을 이용하는 곤란 때문에 공공 행사에 참여를 포기한 경험이 있다고 응답했다.[24] 화장실의 문제가 트랜스젠더를 공적 공간에서마저 배제시키고 있는 것이다.

모두를 위한 화장실

그렇다면 트랜스젠더, 젠더퀴어, 인터섹스 등이 편하게 화장실을 이용하기 위한 해결책은 무엇이 있을까? 기존의 성별에 따라 구획된 화장실을 두고 이용자가 자유롭게 자신이 원하는 쪽의 화장실을 이용할 수 있도록 보장하는 것이 가장 일차적인 대책이다. 그러나 자신을 여성, 남성 어느 쪽으로도 생각하지 않는 사람들에게 이는 근본적인 답이 되지 않는다. 이분법적인 성별구분 자체가 이들을 여전히 가로막기 때문이다. 그렇다면 여성, 남성 화장실을 두고 별도로 제3의 성별을 위한 화장실을 두는 것은 어떨까? 이 경우 제3의 성별 화장실을 이용하는 것 자체가 자신이 성소수자임을 드러내는 것이기에 이용자는 또다른 차별과 혐오를 마주할 수밖에 없다.

그렇기에 기존의 화장실을 그대로 둔 채 별도의 배려를 추가하는 것이 아닌, 근본적으로 화장실 구조 자체를 개선하는 것이 필요하다. 많은 국가에서 해결책으로 제시되는 것이 성별과 무관하게 개별적인 공간으로 분리된 '모두를 위한 화장실'이다. 여기서 주목할 것은 '모두'라는 단어다. 사실 성별분리 화장실로 인해 어려움을 겪는 이는 트랜스젠더, 젠더퀴어, 인터섹스만이 아니다. 가령 트랜스젠더가 아닌 동성애자, 양성애자 등도 여성이지만 머리를 짧게 하고 바지를 주로 입어 '남자같다'고 인식되는 경우가 있는데, 2014년 국가인권위 연구에서 이처럼 법적 성별과 성별표현이 일치하지 않는 경우에도 약 30%가 화장실 이용에서 차별을 받았다고 응답했다.[25] 성소수자가 아니라도 머리가 긴 남성 또는 머리가 짧은 여성의 경우 화장실에서 오해를 받는 일들은 종종 발생한다. 또한 여성 지체장애인이 남성 활동보조인과 함께 이동할 경우, 장애인과 활동보조인 중 어느 쪽의 성별에 따라 화장실을 이용해야 할지 난감한 상황에 처한다. 어린 딸을 둔 아버지[26]처럼 자녀를 동반한 사람 역시 화장실 앞에서 어려움을 겪는다.

따라서 어떠한 성별이든, 장애를 갖고 있든 아니든, 동반 자녀가 있든 없든 간에 누구나 편하고 안전하고 쾌적하게 사용할 수 있는 화장실이 필요하다. 그렇기에 '모두를 위한 화장실'은 흔히 생각하는 남녀공용화장실과는 다르다. 남녀공용화장실이 성별구분을 전제하면서 단지 구조상 합쳐놓은 형태라면, 모두를 위한 화장실은 성별에 대한 전제 없이 각 방실이 개별적 공간으로 분리된 형태의 1인 화장실이다. 간단히 생각하면 가정집에 있는 화장실이 여러개 연결되어 있는 구조를 떠올리면 된다. 따라서 각 개인은 성별, 장애, 자녀유무 등에 구애되지 않고 어느 화장실을 가야 할지 고민 없이 개별 칸을 통해 화장실을 이용할 수 있다.

미국 브루클린 공공도서관 퍼터햄 분관에 설치된 모두를 위한 화장실 표지판

샌프란시스코 연방준비은행의 화장실 모습[27]

이미 영국, 독일, 미국, 일본 등 세계의 다양한 공공기관과 기업에 이러한 '모두를 위한 화장실'이 설치되고 있다. 미국 캘리포니아주와 워싱턴 D.C.의 경우 모든 단독 화장실의 성별구분을 없애도록 하는 법령이 제정됐고, 대만은 정부 차원에서 성별구분 없는 화장실 설치 사례와 관련 법

제 개선을 위한 연구를 실시했다.[28]

안전함의 우려에 대해

이처럼 모두를 위한 화장실은 성소수자를 포함해 성별분리로 인해 불편을 겪는 사람들을 위한 대안이 될 수 있고 실제로 구현되고 있다. 그럼에도 이 논의에는 낯선 형태의 화장실에 대한 꺼림칙함을 넘어 항상 따라붙는 문제제기가 있다. 바로 안전에 대한 우려다. 즉 화장실에서 성별구분을 없앨 경우 몰카, 성추행 등 성범죄가 더 심각해질 것이라는 주장이다. 그러나 이러한 우려는 다음과 같은 이유에서 합리적이라 보기 어렵다.

첫째, 차별없는 화장실 이용이 범죄를 더 용이하게 만든다는 객관적인 증거는 없다. 2018년 미국 윌리엄스연구소는 매사추세츠주에서 트랜스젠더가 자신의 성별에 따라 화장실을 이용할 수 있도록 하는 법안이 통과된 이후 화장실 내 범죄율에 변동이 있는지 살펴보았다. 연구 결과 법안의 통과 전후로 범죄율에는 유의미한 변동이 없었다. 이를 바탕으로 연구소는 트랜스젠더의 화장실 이용과 범죄 간에는 상관관계가 없다는 결론을 내렸다.[29] 실제 사례들 역시 이러한 결론을 뒷받침한다. 많은 유럽 국가들은 오래전부터 모두를 위한 화장실을 운영해왔지만 이로 인해 성범죄가 증가했다는 연구결과는 어디에서도 찾아보기 어렵다.

둘째, 성별의 엄격한 분리가 더 안전한 화장실을 만든다는 반대 근거 역시 없다. 현재 많은 화장실은 성별에 따라 공간이 분리되어 있지만 그 안에서도 몰카 등 성범죄는 일어나고 있다. 공간을 나눈다고 해서 범죄 목적의 침입을 완전히 차단하는 것은 불가능하기 때문이다. 또한 성별구분이 전제된 공간은 여성 혼자 사는 집이 범죄의 표적이 되는 것처럼 오히려 안전을 저해하는 요인이 되기도 한다. 그렇기에 성범죄에 대한 근본적인 대책은 교육을 실시하고 피해발생 시 단호히 대처하는 등의 방식을 통해 성평등한 사회를 만드는 것이지 공간의 절대적 분리가 아니다.

마지막으로 가장 중요한 점은 안전에 대한 우려가 제기될 때, 과연 그것이 '누구의 안전'인가 하는 것이다. 앞서 국가인권위의 조사 결과에서 트랜스젠더의 다수가 화장실을 이용할 때 언어폭력을 겪는 것으로 나타났고, 미국 윌리엄스연구소의 조사에서는 응답자의 9%가 물리적으로 폭력을 겪는 것으로 집계됐다. 성별분리 화장실은 트랜스젠더 등 성별이분법에서 벗어난 사람들에게 결코 안전하지 않은 공간인 것이다. 만일 우리가 안전을 중요한 가치로 둔다면 정말 필요한 것은 '모두가 안전한 화장실'이 아닐까?

결국 화장실, 성별분리 자체에 대한 인식의 전환이 필요하다. 모두가 안전하고 쾌적한 화장실은 어떠해야 하고, 그곳에서 누구도 배제되지 않도록 하는 방안은 무엇인지에 대해 더 많은 상상력을 발휘해야 한다.

이중의 감옥에 갇힌 사람들

"우리나라 어떤 법률에도 성적소수자 보호 규정이 없는 현실 속에서 호적상 남녀의 구별 자체로 원칙과 규정에 의해 트랜스젠더도 똑같이 수용됩니다. 교정시설의 중요한 목표는 수용자들이 원만한 수용생활을 통해 심리적 안정을 찾고 출소해서 법을 잘 지키며 사회생활을 잘할 수 있도록 하는 것입니다. 하지만 지금의 교도소는 그렇지 못합니다. (…) 죄를 지었지만 사람입니다. 교정시설이라고 해서 인권이 침해될 수는 없습니다. 저의 소송이 교정시설 내 성적소수자 보호 규정이 만들어지는 계기가 되길 바랍니다."[30]

구금시설과 성별이분법

2011년 서울중앙지법은 한 트랜스젠더 여성이 "성주체성 장애로 인한 고충사항을 요구해도 들어주지 않았다"며 국가를 상대로 낸 손해배상 사건에서 원고 일부승소 판결을 내렸다.[31] 사연은 이러했다. 원고는 법적 성별은 남성이나 자신을 여성으로 정체화한 사람으로 2005년 교도소에 수감되었는데, 교정본부는 법적 성별에 따라 그녀를 남성 수감시설에 수용했다. 그녀는 자신의 정체성을 밝히고 여성용 속옷 구매 등을 신청했지만 거부당했고 그 과정에서 원치 않게 정체성이 드러나기도 했다. 이로 인해 그녀는 극도의 스트레스를 겪고, 자해를 하기에 이르렀다. 결국 2009년 출소 이후 일련의 사건들에 대해 국가배상소송을 제기했고 법원이 그녀의 손을 들어준 것이다.

위 사례처럼 유치장, 구치소, 교도소 등 구금시설은 성별이분법에서 벗어난 사람들에게 또다른 억압을 덧씌운다. 자신이 저지른 죄에 비례하는 책임을 지는 것이 헌법과 형법에 명시된 책임비례원칙이지만, 트랜스젠더 등은 구금이라는 자유형과 더불어 자신의 성별에 맞지 않는 공간에서 지내야 하는 이중의 구속을 받는다.

유명무실한 대책

이에 대해 국가 차원의 대책이 전혀 없는 것은 아니다. '형의 집행 및 수용자의 처우에 관한 법률'은 수용자가 성적 지향에 따른 차별을 받지 않는다고 명시하고 있다. 또한 2018년 제정된 '수용업무 및 계호업무 등에 관한 지침'은 구금시설의 책임자가 성소수자 수용자를 전문의 의견과 상담결과 등을 종합적으로 고려하여 성적 정체성에 적합한 수용동에 독거수용 하고, 성적 정체성에 맞게 처우해야 한다고 규정한다. 문제는 이러한 원칙적인 규정만으로는 트랜스젠더 등이 구금시설에서 겪는 차별과 인권침해의 문제에 실질적으로 대처할 수 없다는 것이다.

실제로 2017년 한 트랜스젠더 남성이 구치소에서의 인권침해로 국가인권위원회에 진정을 제기한 일이 있었다. 진정인은 구치소 측으로부터 충분한 상담과 설명을 받지 못한 채 여성 수용동에 배치되었고, 수용되어 있는 동안 호르몬요법도 수차례 요청했지만 거부당했다. 이에 대해 국가인권위원회는 해당 사건을 차별로 판단하고 성소수자 수용자 실태 파악과 종합적 대책 마련 등을 권고했다.[32] 또한 2014년에는 남성 교도소에 수감된 트랜스젠더 여성이 머리를 길게 유지하고 이발 지시에 거부한다는 이유로 징벌을 받는 일이 발생하기도 했다.[33] 이러한 사례들은 원칙적인 규정만으로는 구금시설에서 트랜스젠더 등이 겪는 어려움을 해소하지 못한다는 것을 의미한다. 더구나 많은 교도관들이 트랜스젠더에 대한 이해도가 낮은 상황이기에 이러한 규정들은 더욱 효과를 보기 어렵다. 그 결과 현재도 많은 성별이분법에서 벗어난 수용자들이 자신의 성별정체성에 맞는 의복이나 물품 지급, 의료적 조치 등 필요한 처우를 받지 못하는 것은 물론, 다른 수용자나 직원으로부터 괴롭힘이나 성폭력을 당할 위험에도 노출되어 있다. 따라서 트랜스젠더 등 수용자가 겪는 구체적 상황에 맞춘 개별적이고도 상세한 대책과 교육이 필요하다.

가령 성소수자 인권지수가 세계 최고 수준인 몰타의 경우 '트랜스젠더, 다양한 젠더 및 인터섹스 수용자 정책'[34]을 마련해두고 있다. 이에 따르면 트랜스젠더, 젠더퀴어, 인터섹스 등의 수용자는 법적 성별 또는 자신이 원하는 성별에 따라 시설에 배치되고, 스스로 선언한 성별에 맞는 처우를 받는다. 영국의 경우 역시 '트랜스젠더 수용자의 보호 및 관리 정책'[35]을 통해 트랜스젠더, 젠더퀴어, 인터섹스 수용자에 대한 의료적 처우, 교도소 내 배치, 개명(호칭), 신체검사, 복장 규정, 물품 사용, 안전 관리 등에 관한 기준을 구체적으로 제시하고 있다. 성별이분법에서 벗어난 수용자가 겪을 수 있는 차별과 인권침해를 예방하고, 이들의 존엄을 지키기 위한 구체적 정책을 마련해 이를 교육하고 있다는 점에서 한국과는 큰 차이를 보인다고 할 수 있다.

존재에 대한 처벌은 타당한가

구금시설 수용자는 죄를 지었지만 사람이다. 그렇기에 죄에 대한 책임과는 별도로 기본적인 인권은 보장받아야 한다. 그럼에도 성별이분법을 벗어난 존재라는 이유만으로 자신의 성별에 맞지 않는 수용시설에 강제로 수감되고, 성별정체성을 존중받지 못하는 것은 이들의 존재 자체를 '처벌'하는 것이다. 존재를 위법하다고 보고 처벌하는 것, 이것이 현재 한국의 구금시설이 성별이분법에서 벗어난 사람들을 대해온 방식이다. 이제는 이를 바꾸기 위한 근본적이고 구체적인 방책들을 마련해야 한다.

성별이분법, 불가능한 상상

이 글의 가장 처음에 제기한 문제로 다시 돌아가보자. 당신이 누군가의 성별을 판단하고 분간해야 한다면 무엇을 기준으로 해야 할까? 아니 실제로 그것은 가능한가? 손쉽게 접할 수 있는 외관이라는 정보는 다양한 성별표현이 존재하는 사회에서 아무런 기능을 하지 못한다. 누군가는 마치 운명으로 생각하는 생물학적 성별이라는 지표도 호르몬요법이나 외과 수술을 통해 신체 특징을 변경하는 현실에서, 그리고 생물학적 특징이 이분법적 통념과 다른 인터섹스의 존재 앞에서 허물어진다. 신분제도의 근간이 되는 법적 성별의 경우에도 성별을 판단하는 단일한 기준은 존재하지 않으며, 설사 어떠한 기준을 만들더라도 이후에 달라질 수 있음을 앞서 보았다. 그런데도 과연 당신은 자신 있게 누군가의 성별을 단정하고 판단할 수 있는가?

이 글에서는 주로 신분제도, 화장실, 교정시설에서 성별이분법이 갖는 불합리에 대해 살펴보았지만 문제는 이들 영역에만 국한되지 않는다. 남학교/여학교, 교복 등 옷차림, 스포츠, 호칭, 성역할 등 기실 우리의 모든 일상은 성별을 둘로 나누는 것을 당연시하고 있다. 그러나 이러한 일상은 트랜스젠더, 젠더퀴어, 인터섹스 등 성별이분법에서 벗어난 존재에게 결코 당연하지 않다. 그렇다면 우리가 의심하고 바꾸어야 하는 것은 무엇일까? 이들의 존재일까? 아니면 당연하다고 생각해온 성별의 구분일까?

사실 성별이분법을 절대적인 것으로 만들려는 많은 시도의 바탕에는 성별이분법을 벗어난 존재에 대한 배제와 차별이 자리 잡고 있다. 세상에는 여남 두가지 성별만 존재하고, 이러한 성별은 결코 바뀌지 않으며, 선천적이고 생물학적으로 결정된다는 성별이분법의 통념은 여기에서 벗어난 존재를 비정상적이고 예외적으로 간주해야만 성립할 수 있기 때문이다. 그러나 존재를 지워버리려는 이러한 시도에도 자신을 드러내는 트랜스젠더, 젠더퀴어, 인터섹스가 점차 많아지고 있다. 그리고 이들이 목소리를 낼수록 성별이분법이 갖고 있는 모순점은 분명하게 드러날 것이다. 그렇기에 분명히 말하고자 한다. 성별이분법은 개인의 존재를 지우는 불가능한 상상이라고.

2장

동성애, HIV 감염, 그리고 혐오

김승섭

동성애는 질병이 아니다

동성애는 질병이 아니다. 이는 지난 60여년 동안 동성애에 관한 수백편이 넘는 연구를 통해 논쟁과 토론을 거친 결과에 기반하여 전세계적으로 권위 있는 정신과 학회가 동의하는 사실이다. 동성애가 질병이 아닌 이유에 대해 1973년 미국정신의학회는 아래처럼 공식입장을 표명했다.

동성애가 그 자체로서 판단력, 안정성, 신뢰성, 또는 직업능력에 결함이 있음을 의미하지 않으므로, 미국정신의학회는 고용, 주택, 공공장소, 자격증 등에서 동성애자에 대해 행해지는 모든 공적 및 사적 차별을 개

---

* 이 글은 필자의 단행본 『아픔이 길이 되려면』 (동아시아 2017)에 실린 「동성애를 향한 비과학적 혐오에 반대하며: 동성애, 전환치료, 그리고 HIV/AIDS」와 주간지 기고문 「30년 전에 머무른 에이즈에 대한 인식」(『시사IN』 제533호)을 수정·보완한 것이다.

탄하며, 그러한 판단력, 능력, 신뢰성을 입증해야 하는 부담을 다른 사람들에 비해 동성애자에게 더 많이 지워서는 안 된다고 선언하는 결의안을 채택한다. 나아가 지방, 주, 연방 수준에서 동성애자인 시민들이 다른 사람들에게 보장되는 것과 같은 보호를 받도록 보장하는 민권법이 제정되기를 지지하고 촉구한다. 또한 미국정신의학회는 성인들 사이에서 동의하에 사적으로 행해지는 성행위를 형사처벌하는 모든 법률을 철폐할 것을 지지하고 촉구한다.[1]

이러한 결정과 함께, 동성애는 전세계적으로 정신과 진단의 표준을 제시하는 정신질환 진단 및 통계 편람(Diagnostic and Statistical Manual of Mental Disorders, 이하 DSM)의 정신과 진단명에서 사라졌다.[2] 이후 동성애가 '판단력, 안정성, 신뢰성, 또는 직업능력에 결함이 있음을 의미하지' 않는다는 과학적 근거는 지속적으로 축적되어, 현재 동성애를 질병으로 규정하거나 '동성애가 질병인지에 대해서는 논쟁의 여지가 있다'라고 주장하는 권위 있는 정신과 교과서는 존재하지 않는다.[3] 그럼에도 몇몇 반동성애 운동단체를 중심으로 이러한 학문적 결정의 신뢰성에 대한 문제제기가 이어지자 미국정신의학회나 세계보건기구WHO를 비롯한 여러 권위 있는 단체들은 수차례 성명서나 보고서를 발간해 동성애가 질병이 아니라는 점을 명확히 했다. 그중 비교적 최근에 발표된 것이 2016년 3월 세계정신의학회가 발간한 성명서다.

사회적 낙인과 차별을 영속시킨 불행한 역사에도 불구하고, 현대 의학이 동성을 대상으로 한 성적 지향과 행동을 병리화하는 것을 그만둔 지는 이미 수십년이 지났다(APA 1980). WHO는 동성을 대상으로 한 성적 지향을 인간 섹슈얼리티의 정상적인 형태로 인정하고 있다(WHO 1992). 유엔인권이사회는 레즈비언, 게이, 바이섹슈얼, 그리고 트랜스젠더의 인권을 존중한다(2012). 두 주요 진단 및 분류 체계(국제질병사인분류 ICD-10와 DSM-5)에서는 동성에 대한 성적 지향, 끌림, 행동, 그리고 성별정체성이 병리현상이라 보지 않는다.[4]

이처럼 '동성애는 질병이 아니다'라는 논쟁의 여지가 없는 사실을 두고서, 이를 반박하기 위해 반동성애 운동진영에서 여러 근거를 제시하기도 한다. 그중 하나는 WHO가 분류하는 질병 분류에 아직 '자아 이질적 성적 지향'F 66.1 ego-dystonic sexual orientation이 있다는 지적이다. 그러나 이것은 명백한 오역이다. 이 진단명은 스스로 자신의 성적 지향을 명확히 알고 있지만 그것을 긍정할 수 없어서 심리적·사회적으로 고통받는 경우를 뜻한다.[5] 예를 들어 스스로는 동성애자라고 확신하지만, 자신이 속한 보수적인 기독교 커뮤니티가 동성애를 용납하지 않아 정체성과 소속감 사이에서 고통받는 경우를 지칭하기 위해 사용되는 단어다. 세계보건기구는 혹시라도 이러한 진단명이 동성애가 질병이라는 주장으로 오인될 가능성을 사전에 봉쇄하기 위해 '자아 이질적 성적 지향'의 상위 항목인 '성적 발달 및 지향과 관련된 심리, 행동적 질환'F 66. psychological and behavioural disorders associated with sexual development and orientation에서 '성적 지향 자체는 질병이 아님'(sexual orientation by itself is not to be regarded as a disorder)을 명시하고 있다.[6]

또다른 근거는 1973년 동성애를 질병목록에서 삭제하기로 결정한 지 4년 뒤 1977년에 진행된 투표에서 정신과 의사 중 61%가 '동성애가 정상적이라는 데 반대'한다고 투표했으며, 나머지 39%만이 동성애가 질병이 아니거나 질병인지 여부가 불확실하다고 답했다는 주장이다.[7] 그러나 이는 당시의 시대적 상황을 보여주는 일화일 뿐 2019년 현재 '전문가들은 동성애를 질병이라고 생각한다'는 주장의 근거가 될 수 없다. 그 이유는 1977년 설문에 참가한 미국 정신과 전문의들은 의과대학과 레지던트 수련과정에서 동성애가 질병목록에서 빠진 DSM-3가 아니라, 동성애를 질병으로 다루던 DSM-2나 DSM-1으로 배우고 훈련받았기 때문이다. 따라서 이 설문결과에서 주목해야 하는 사실은 의과대학과 정신과 수련과정에서 동성애를 질병이라고 배웠던 이들 중에서도 39%에 해당하는 이들이 동성애가 질병이 아니거나 질병인지 여부가 불확실하다고 답했다는 점이다.

2000년대에 접어들면서는 미국정신의학회가 정신과 전문의를 대상으로 '동성애가 질환인지 여부'에 대해 설문조사를 시행했다는 소식조차 들려오지 않고 있다. 왜냐하면 앞서 언급한 것처럼 '동성애는 질병이 아니다'라는 것은 이미 의학적으로 논쟁의 여지가 없는 과학적 사실이기에 굳이 조사할 이유가 없기 때문이다.

성적 지향은 선택사항이 아니다

대부분의 사람에게 성적 지향은 선택사항이 아니다. 사실 동성애가 선천적인지 후천적인지에 대해서는 오랜 논쟁이 있어왔다. 동성애와 관련된 유전자를 발견했다거나,[8] 어린 시절의 특정한 경험이 동성애와 연관된다는 내용이 발표되어왔고 오늘날까지도 관련된 논문이 간혹 출판되곤 한다.[9] 하지만 이와 관련해서 학계가 인정하는 합의된 내용은 존재하지 않는다. 다만 동성애가 선천적인지 후천적인지에 대한 논쟁과 별도로, 성적 지향을 개인이 선택할 수 있는지에 대해서는 미국소아과학회에서 아래와 같이 명확하게 정리하고 있다.

> 최신 문헌과 이 분야 대부분의 학자들은 성적 지향이 스스로의 선택에 의한 것이 아니라고 단언한다. 즉 개인은 선택에 의해 동성애자 또는 이성애자가 되지 않는다는 뜻이다. (…) 지금까지 밝혀진 바에 따르면 성적 지향은 대개 아동기 초기에 형성된다.[10]

성적 지향은 유전적인 요소와 환경적인 요소가 함께 작용하여 아동기 초기에 형성된다는 설명으로, 스스로의 성적 지향을 인지하게 되는 10대가 되면 이미 개인이 자신의 성적 지향을 선택할 수 없다는 이야기다.

같은 맥락에서 미국심리학회 역시 지난 2011년, 그간의 과학적 연구성과를 바탕으로 성적 지향과 동성애에 대한 바른 정보를 제공하기 위한 문서를 발간했다.[11] 미국심리학회는 이 문서에서 "개인의 이성애, 양성애, 동성애와 같은 성적 지향이 발달하는 정확한 이유에 관한 과학자들 간에 일치된 의견은 없음"을 명확히 하고 있다. 나아가 "성적 지향에 영향을 미칠 수 있는 유전적, 호르몬상, 발달적 및 사회문화적 요인에 대한 많은 연구가 수행되어 왔음에도 과학자들이 성적 지향이 특정한 요인에 의해 결정된다고 결론지을 수 있는 연구결과는 나타나지 않았다"고 언급하고 있다. 미국심리학회는 결론으로 "많은 이들이 선천적 요인과 후천적 요인 모두가 복합적인 영향을 미친다고 생각한다"면서 "많은 사람들이 자신의 성적 지향을 선택한다는 감각을 느끼지 않거나, 아주 약하게 경험한다"는 점을 분명히 하고 있다.

무엇보다 오늘날 인간의 질병을 진단하고 치료하는 의학에서 동성애의 선천/후천 논쟁은 더이상 주된 관심사가 아니다. 의학에서 당뇨병이나 고혈압의 선천적·후천적 원인을 찾는 연구가 활발히 진행되는 이유는 그 원인을 없애거나 바꿔 당뇨와 고혈압을 예방하고 치료하기 위해서다. 그런데 동성애가 치료해야 할 질병이 아니라 존중받아야 할 성적 지향이라는 것이 학계의 상식이 되면서, 동성애의 원인을 찾는 연구의 의미가 희미해지고 오히려 어떻게 해야 동성애자가 건강하게 살 수 있는지를 탐구하는 연구가 대세를 형성하고 있다.

동성애 전환치료는 존재하지 않는다

개인적인 선택에 따라 바꿀 수 없는 성적 지향을 외부적인 힘을 빌려 강제로 바꾸려는 시도가 오래전부터 있어왔지만, 동성애 전환치료는 존재하지 않는다. 다양한 형태의 '동성애 전환치료'가 근본주의 보수 기독교 집단을 중심으로 계속 시행되었고, 이 과정에서 그 효과와 안전성에 대한 우려가 지속적으로 제기되고 있었다. 그러나 최근 들어 동성애 전환치료가 가능하다는 주장은 미국의 근본주의적 보수 기독교 집단에서조차 극단적인 주장으로 취급되고 있다. 이를 극명하게 보여주는 사례는 엑소더스 인터내셔널Exodus International의 해산이다.[12] 이 단체는 1976년 설립되어 미국과 캐나다에만 250개 지부를 두고 이외에도 17개 국가에서 150여개 지부를 운영하면서 동성애 전환치료를 주도하던 가장 큰 탈동성애 운동ex-gay movement 단체였다. 하지만 엑소더스 인터네셔널은 그동안의 과오에 대해 성소수자 커뮤니티에 사과하는 입장문을 발표하며

2013년 6월 공식적으로 문을 닫았다.[13]

미국심리학회는 이러한 변화에 적극적으로 대응하고, 의료진과 동성애자에게 가이드라인을 제시하기 위해 2009년 『성적 지향에 대한 올바른 치료적 대응』이라는 보고서를 출간했다.[14] 이는 그동안 영어로 학술지에 출판된 동성애 전환치료 논문 83편을 체계적으로 검토하고 정리하여, 학회 차원에서 동성애 전환치료에 대한 결론을 내린 것이다. 그 결론은 앞서 이야기한 대로 효과가 입증된 동성애 전환치료는 존재하지 않으며, 성적 지향을 억지로 바꾸려는 치료는 대상자의 우울, 불안, 자살시도 등을 가중해 그 치료가 오히려 동성애자의 정신건강을 악화할 수 있다는 내용이다.

이러한 입장은 미국심리학회만이 아니라 다양한 보건·의료·심리·상담 전문가 단체에 의해서 반복적으로 천명되고 있다. 예를 들어 미국의사협회는 "의료인들이 환자의 성적 지향, 성적 행동, 그리고 성별정체성을 두고 편견에 따라 판단하지 않을 때 환자에게 최선의 치료를 제공할 수 있다고 믿으"며, "성적 지향이나 성별정체성을 바꾸고자 하는 이른바 '교정치료' 또는 '전환치료'의 사용에 반대한다"는 입장을 학회의 공식 정책으로 발표하기도 했다.[15]

HIV 감염은 관리 가능한 만성병이다

AIDS가 처음 발견된 것은 1981년 6월 로스앤젤레스의 병원에서 다섯 명의 동성애자 남성들이 일반적으로는 쉽게 걸리지 않는 주폐포자충폐렴Pneumocystis carinii pneumonia 등을 비롯한 여러 기회감염에 걸린 사례가 보고되면서였다. 그 다섯명은 공통적으로 T-림프구 숫자가 현저히 떨어져 있고 면역력이 부족한 상황이었다. 그 원인인 HIV의 존재를 몰랐기에, 당시에는 AIDS를 동성애자들에게 흔한 병이라는 뜻에서 동성애 질환으로 부르기도 했다.

그러나 그로부터 2년이 지난 1983년 그 정확한 원인으로 바이러스인 HIV human immunodeficiency virus(인간면역결핍바이러스)가 밝혀진다.[16] 또한 HIV 감염 이후에 질병이 진행됨에 따라 면역 세포인 CD4 양성 T-림프구가 파괴되어 면역력이 약화되고 그로 인해 여러 증상이 나타나는 경우를 AIDS acquired immune deficiency syndrome(후천성면역결핍증)로 부르게 된다.

이로써 AIDS가 동성애자 집단에서만이 아니라 바이러스에 감염될 수 있는 모든 집단에서 발생할 수 있는 병이라는 의학적 사실이 규명됐다. 또한 첫 AIDS 환자가 보고된 곳은 미국이지만, 1970년대 후반에 이미 케냐를 비롯한 중앙아프리카 국가에서 성매매 여성을 중심으로 AIDS가 널리 퍼지고 있었다는 사실도 알게 됐다. 그러면서 자연히 HIV 감염을 동성애 질환으로 바라보는 시각은 의학적 근거를 잃게 된다.

게다가 오늘날 HIV 감염은 의학적으로 더이상 치명적인 죽음의 질병이 아니라 관리 가능한 만성질환이다. 첫 AIDS 환자가 보고된 이후 지난 30년간 HIV/AIDS에 대한 연구와 치료법 개발은 비약적으로 발전해왔다. 특히 1995년 다양한 약제를 병용하여 HIV 감염의 진행을 효과적으로 억제하고 내성을 방지하는 '칵테일 요법'이 도입되면서 획기적인 변화가 일어났다. 이러한 치료로 인해 HIV 감염인의 질병 진행속도를 크게 낮출 수 있게 되었고, 이미 AIDS 관련 질환이 발병한 경우에도 환자의 건강상태를 개선할 수 있게 되었다.[17]

최근 연구들은 이러한 치료를 통해 HIV에 감염된 이들의 평균수명이 어떻게 변하는지 검증하기도 했다. 2008년 유력 의학저널 『랜싯』*lancet*에 발표된 영국, 미국, 캐나다 등에서 진행된 국제 협력 연구는, 스무살을 기준으로 했을 때 HIV에 감염된 이들이 이후 환자의 상태에 따라 대략 32~50년을 더 살아간다고 발표했다.[18] 더 최근에 발표된 한 연구는 스무살의 HIV 감염인이 적절한 치료를 받는다면 칠십대 초반까지, 즉 감염되고도 평균적으로 50년을 더 살 수 있다고 보고했다.[19] 치료기술의 발달로 HIV/AIDS는 당뇨나 고혈압처럼 관리 가능한 만성질환으로 질병의 성격이 바뀐 것이다.

그렇다면 HIV는 당뇨나 고혈압 같은 여타의 만성질환과 달리 사람들 사이에서 전파되지 않느냐고 물을 수 있다. 그러나 의학의 발전으로 인해 그 바이러스가 전파되는 과정에 대한 시각도 획기적으로 바뀌었다. 성관계 시 콘돔을 사용하면 바이러스 전파를 막을 수 있다는 게 기본이지만, 최근 발표된 놀라운 연구결과에 더 주목할 필요가 있다. 2017년 9월 27일 미국 AIDS의 날을 맞아 미국질병관리본부는 홈페이지의 공지를 통해 HIV 감염인이 항바이러스 치료를 받아 체내 바이러스 농도가 어느 수준 이하로 내려가면, 콘돔을 사용하지 않아도 동성 간이나 이성 간 모든 성관계에서 파트너에게 바이러스가 전염되지 않는다는 내용을 발표했다. 오늘날 HIV 감염은 과학적 지식에 기반해 전파를 막을 수 있는, 치료약을 충실히 복용하면 비감염인과 평균수명의 차이가 거의 나지 않는 만성질환일 뿐이다.[20]

동성애는 HIV 감염의 원인이 아니다

이처럼 오늘날 HIV/AIDS는 더 이상 목숨을 위협하는 치명적인 질병이 아닌 관리 가능한 만성병일 따름이지만 아직까지 한국사회에는 HIV/AIDS에 대한 심각한 사회적 낙인이 존재한다. HIV/AIDS의 원인이 되는 바이러스가 밝혀진 지 30년이 지났고 그 전파경로에 대한 충분한 연구가 이루어져 과학적 대응을 통해 예방 및 치료가 가능한 상황임에도 한국사회의 HIV/AIDS에 대한 인식은 여전히 1980년대에 머물러 있다. 이러한 상황에서 몇몇 사람들은 동성애가 AIDS의 원인이라는 주장을 반복하고 있다. 이는 한국사회에서 동성애자의 HIV/AIDS의 유병률이 이성애자에 비해 높고, 유병률이 높은 이유가 동성애자 간의 성관계(항문 성교) 때문이라는 주장을 근거로 한다. 그러나 이 주장은 여러 측면에서 잘못된 내용을 담고 있다.

동성애는 HIV 감염의 원인이 아니다. 동성끼리 성관계를 갖는다고 HIV가 발생하지 않는다. 동성애 집단에서 HIV 감염률이 높은 것은 동성커플이 안전하지 않은 성관계를 갖는 경우에 HIV를 가지고 있는 파트너로부터 전염될 가능성이 높기 때문일 뿐이다. 따라서 바꿔야 하는 것은 동성애 자체가 아니라 동성 간의 위험한 성관계다. 질병관리본부 보고에 따르면, 한국 HIV/AIDS 감염인 중 95% 이상은 성관계를 통해 감염*되었기 때

---

* 한국 질병관리본부에 따르면, 사람이 HIV에 감염될 수 있는 경로는 네가지다. 첫째는 HIV 감염인과 질 성교 및 구강 성교, 항문 성교 등을 통한 감염이다. 가벼운 키스나 포옹으로는 전파되지 않는다. 콘돔 등을 사용하지 않은 채 일반적으로 HIV 감염인과 한번의 성관계를 통해서 HIV에 감염될 확률은 노출유형에 따라 항문 성교에서는 0.11% 또는 1.38%, 질 성교에서는 0.04% 또는 0.08%이고, 구강 성교에서는 이보다 더 낮다. 성관계를 통한 감염은 전세계적으로 가장 큰 비중을 차지하는 전파경로이며, 2018년을 기준으

문에, 콘돔 사용 등의 예방법을 활용한다면 HIV 감염은 효과적으로 예방 가능하고,[21] 앞서 언급한 미국질병관리본부의 발표에서 알 수 있듯이 적절히 약을 복용해 체내 바이러스의 농도가 일정 수준 이하로 떨어지면 콘돔없이 성관계를 가져도 HIV 바이러스는 전파되지 않는다. 동성애자 간 HIV 전파의 원인은 동성애자의 삶의 일부이자 권리인 동성 간 성관계가 아니라, 콘돔을 사용하지 않는 위험한 성관계나 감염인이 AIDS 치료약을 복용할 수 없게 만드는 사회적 환경이라고 지적해야 한다.

한 사회에서 특정 질병과 그로 인한 사망을 줄이기 위해서는 그 질병의 위험요인이 무엇인지를 이해하고 사회적으로 개입해야 한다. 하지만 위험요인 중에는 바꿀 수 있는 것과 바꿀 수 없는 것이 있다. 예를 들면 50세 이상의 고연령과 흡연은 대장암의 대표적인 위험요인이다. 병원에서 대장암을 진단하고 치료하는 의사의 입장에서 고연령과 흡연은 모두 위험요인이지만, 대장암을 예방하기 위해서 무엇을 해야 하는가라는 질문을 던졌을 때, 고연령과 흡연은 서로 다르게 취급되어야 한다. 공중보

로 한국 HIV 감염인의 98%는 성관계를 통해서 감염되었다. 둘째는 혈액을 통한 전파로 직접 감염인의 피를 수혈받은 경우다. 오늘날 수혈용 혈액은 철저한 검사를 거치기에 수혈을 통한 HIV 감염의 가능성은 매우 낮다. 셋째로는 감염인의 피가 묻어 있는 주삿바늘을 사용하여 감염되는 경우다. 마약 주사기 사용이 흔한 몇몇 국가에서는 오염된 주삿바늘을 공동으로 사용하는 것이 주된 감염경로다. 한국에서 이러한 감염은 드물며, 현재까지 5건의 사례가 보고되었다. 마지막으로 HIV에 감염된 여성이 출산했을 때 산모가 아기에게 전파시킬 수 있다. 화학적 예방요법 없이 출산을 할 경우, 전파확률은 25~30%로 알려져 있으나, 현재 권고되고 있는 화학적 예방요법을 충실히 진행할 경우 전파확률은 매우 낮다. 한국질병관리본부 「감염병포털: 후천성면역결핍증(AIDS)」, http://www.cdc.go.kr/npt/biz/npp/portal/nppSumryMain.do?icdCd=C0016&icdgrpCd=03&icdSubgrpCd (2019.12.1. 방문); 한국질병관리본부 「감염병포털: 후천성면역결핍증(AIDS)」, www.cdc.go.kr/npt/biz/npp/portal/nppSumryMain.do\?icdCd=C0016&icdgrpCd=03&icdSubgrpCd "http://www.cdc.go.kr/npt/biz/npp/portal/nppSumryMain.do?icdCd=C0016&icdgrpCd=03&icdSubgrpCd (2019.12.1. 방문).

건의 관점에서는 대장암을 예방하고자 흡연율을 낮추기 위한 사회적 프로그램을 기획하고 실행할 수 있지만, 나이에 대해서는 그런 시도를 할 수 없다. 나이를 바꿀 수는 없기 때문이다. 그렇기에 우리는 노년층을 대상으로 적극적인 검진을 시행하면서 대장암을 조기에 발견해 치료하거나 금연을 유도하는 등 바꿀 수 있는 위험요소들에 개입해야 한다.

한국사회에서 HIV/AIDS를 더욱 효과적으로 예방하고 관리하기 위한 정책도 같은 관점에서 기획하고 집행해야 한다. HIV/AIDS 예방과 관리에 있어, 동성애라는 성적 지향은 흡연처럼 개입해서 바꿀 수 있는 위험요인이 아니라 연령, 인종, 성별과 같은 사회인구학적 인자다. 그러므로 한국 남성 동성애자의 HIV/AIDS 유병률이 높다면 마치 '50세 이상 고연령층의 대장암 발생을 줄이기 위해서 무엇을 해야 하는가'를 묻는 것처럼 '남성 동성애자의 HIV/AIDS 발생을 줄이기 위해서 무엇을 해야 하는가'라는 질문을 던지고 그에 답하기 위한 효과적인 전략을 수립해야 한다. 그것은 동성애가 질병이 아니기에 치료받을 필요가 없으며, 동성애자를 우리 사회의 구성원으로 인정하고 존중해야 한다는 의학적·법적 상식을 근거로 한다. 동성애에 대한 낙인과 혐오에 기반하여 동성애와 HIV 감염을 연관하는 것은 HIV/AIDS의 예방과 치료에 큰 장벽이 되고, 되레 그 유병률을 높이는 원인으로 작용한다.[22] 동성애에 대한 사회적 낙인이 만연한 사회에서 동성애자를 비롯한 HIV에 감염될 위험이 높은 집단들은 자신의 존재를 적극적으로 드러내고 필요한 교육과 치료를 받는 것이 아니라 오히려 자기 존재를 숨기고 음지에서 행동하게 되기 때문이다.

전세계 115개국 3340명의 남성 동성애자에 대한 최신 연구결과에 따르면, 동성애를 처벌하는 나라에 거주하거나 높은 수준의 성적 낙인을 느끼는 사람은 HIV/AIDS 예방하는 주요한 방법인 콘돔과 윤활젤을 사용하는 경우가 뚜렷하게 낮을 뿐 아니라 HIV 검사에 대한 접근성도 떨어진다.[23] 또한 UN의 보고서에 의하면 비슷한 사회문화적 맥락을 가진 아프리카와 카리브해 지역에서도 동성애를 처벌하는 국가의 HIV/AIDS 유병률이 처벌하지 않는 국가보다 높은 것으로 나타나고 있다.[24] 즉 현실에서는 동성애가 아니라 동성애 혐오와 동성애자에 대한 낙인, 제도적 차별이 HIV/AIDS 유병률을 높이는 원인이다.

마지막으로 HIV 감염을 동성애자 집단에 국한된 문제로 여기는 것은 사회 전체적으로 HIV 감염을 예방하는 데 도움이 되지 않는다. 이런 통념은 자신이 그 위험집단에 속하지 않았으니 그 질병으로부터 안전하다는 생각을 하게 만들기 때문에 오히려 위험하다. 이성애자 간의 성관계에서도 HIV가 전염될 수 있지만, 이성애자들은 자신이 감염되지 않는다고 착각해 안전하지 않은 성관계를 지속하고 HIV 검사를 받지 않아 신규 감염의 위험이 높아질 수 있기 때문이다.

동성애 혐오가 HIV 감염을 늘리고 있다

한국사회에 만연한 HIV/AIDS에 대한 비과학적 낙인과 혐오는 구체적으로 어떤 문제를 일으킬까? 무엇보다 HIV 감염인의 삶을 파괴한다. 한국질병관리본부가 발표한 자료에 따르면, 2016년 기준으로 HIV에 감염된 한국인은 총 1만 1439명이다. 이들이 사회에서 경험하는 여러 심각한 차별 중 하나는 놀랍게도 HIV/AIDS에 대해 정확히 알고 있어야 하는 의료진으로부터 받는 차별이다. 감염인 208명이 참여한 설문[25]에서 응답자 중 26.4%가 HIV 감염 사실을 확인한 후에 약속된 수술을 거부당한 적이 있다고 답했다. 의료진이 공식적인 협진 이외에 다른 의료진에게 자신의 감염 사실을 누설한 적이 있다는 응답을 한 사람도 21.5%나 되었다.

물론 의료진이 환자로부터 HIV에 감염될 위험을 무조건 감수해야 한다는 게 결코 아니다. 환자의 건강을 돌보는 의료진은 HIV 감염인을 대할 때 누구보다도 자신의 안전에 신경 쓰고 잠재적인 감염 가능성으로부터 엄격하게 보호받아야 한다. 하지만 수십년간의 연구를 통해 확립된 의료 종사자의 감염예방 주의사항인 '보편적 감염 주의 원칙'universal precaution 이 이미 존재하고, 이 원칙만 따른다면 HIV 감염으로부터 스스로를 충분히 보호할 수 있다. 과학적 근거가 없는, 공포와 편견에 기반한 '과도한 행동'은 의료진의 HIV 감염을 막는 데 도움이 되지 못할 뿐 아니라 감염인에 대한 사회적 낙인을 강화하고 결과적으로 이들의 삶을 파괴한다.

2017년 유엔 에이즈계획UNAIDS의 지원을 받아 시행된 '한국 HIV 낙인

[그림 1] 지난 12개월간 HIV 감염으로 인해 자살충동을 느낀 적이 있다고 응답한
HIV 감염인 비율 국가 간 비교

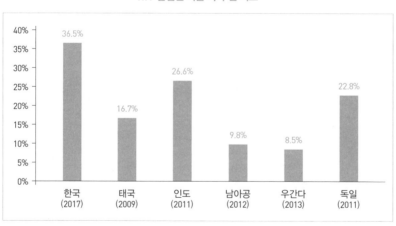

출처: 한국 HIV 낙인 지표 조사 공동기획단 『한국 HIV 낙인 지표 조사』, 한국 HIV/AIDS감염인연합회 KNP+ 2017,
20~21면에서 재구성

지표 조사'에 따르면, 감염인 104명 중 64.4%가 지난 1년간 'HIV 감염으로 인해 죄책감을 느꼈다'고 답했다. 같은 질문에 독일의 감염인은 22.8%, 남아프리카공화국의 감염인은 14.5%만이 그렇다고 답했다는 점을 생각하면 문제의 심각성을 알 수 있다. 그림 1에서 확인되듯이 HIV 감염으로 인해 자살 충동을 느낀다고 답한 비율도 36.5%로 여타의 나라보다 압도적으로 높다.[26]

이러한 자살 충동은 '충동'으로만 그치지 않았다. 조사에 의하면 한국 HIV 감염인의 자살률은 일반 국민 전체의 자살률의 10배에 달한다.[27] 한국은 OECD 국가 중 자살률이 가장 높은 나라인데, 그런 한국에서도 HIV 감염인의 자살 위험은 일반 국민보다 10배나 높은 것이다.

그리고 HIV/AIDS에 대한 낙인과 혐오는 비감염인들이 HIV에 감염될 가능성을 높인다. 현재 한국에서 감염인들은 '스스로 존엄을 지키면서 치료받을 수 있다'는 신뢰를 가지고 있지 못하다. '한국 HIV 낙인 지표 조사'에 참여한 감염인 104명 중 22명은 '가족과 친구와 파트너를 포함한 누구에게도 자신의 감염 사실을 알리지 않았다'고 답했다. 자신의 감염 사실을 숨기게 되면 주기적으로 복용해야 하는 약을 먹지 못하는 경우가 늘어나고 제대로 된 치료를 받지 못한다. 미국질병관리본부의 발표처럼 치료약을 제대로 복용하는 것만으로도 성관계 시 파트너가 감염될 위험을 없앨 수 있다는 점을 고려하면, 낙인으로 인해 감염 사실을 숨겨야 하는 현재의 한국 상황 자체가 HIV 전파 위험을 조장하고 있는 것이다.

존중이 안전한 사회를 만든다

HIV 감염이 치명적이고, 그 질병의 원인이 동성애라고 말하는 비과학적 낙인은 그 의도가 무엇이든 간에 사전에 예방할 수 있었던 HIV 신규 감염이 증가하는 데 기여하고 있다. 주기적인 검진을 통해 병을 조기에 발견한다면 당사자의 건강도 지키고 주변인에게 전파될 위험도 줄일 수 있지만, 질병에 대한 낙인으로 인해 잠재적인 환자들이 적절한 예방조치를 받지 못한 채 감염 위험에 노출된다. 이미 감염된 이들은 차별이 두려워 스스로 음지에 숨게 된다. 이는 HIV 전파를 효과적으로 막을 수 있는 여러 과학적인 방법을 무용지물로 만든다.

어떤 전문가 집단도 HIV 감염이 치명적인 질병이라고 공포를 조장하거나, 동성애자나 성매매 종사자 같은 특정 집단을 질병의 원인으로 낙인찍는 일이 HIV 신규 감염을 막는 데 도움이 된다고 말하지 않는다. 편견과 낙인이야말로 질병을 관리할 의학적 기술과 바이러스 전파를 막는 수단으로부터 사람들을 멀어지게 만든다.

그런 측면에서 'HIV 보균자'라는 표현은 적절치 않다. 감염인은 제거해야 할 병균이 아니기 때문이다. 인간을 병균과 동일시하기 때문에 한국에서는 HIV 환자가 집에 들어오지 않는다고 가족이 경찰에 신고하면 전국에 수배령이 내리는 일이 실제로 발생한다. HIV 감염인은 특정 바이러스에 감염되었을 뿐, 자신의 역사를 가지고 주변 사람들과 관계를 맺고 살아가는 존엄한 인간이다. 영어로 감염인을 'HIV/AIDS와 함께 살아가는 사람'people living with HIV/AIDS이라고 쓰는 것도 그 때문이다. 당뇨 환자를 '당뇨를 가진 사람'이라고, 조현병 환자를 '조현병을 가진 사람'이라고 불러야 한다는 주장이 널리 동의를 얻기 시작한 것도 같은 맥락이다.

인간은 질병 이상의 존재고, 질병을 가지고 살아가는 시간 역시 잘라낼 수 없는 삶의 일부분이기 때문이다.

혐오는 쉽다. 가장 약하고 아픈 사람을 욕하면 되니까. 어떤 이들은 HIV 감염인에게 '네가 잘못해서 걸린 거다. 네 치료에 들어가는 세금이 아깝다'고 함부로 손가락질한다. 이러한 혐오는 인권과 사회보장의 관점에서 그릇된 태도일 뿐 아니라 상황을 더 악화한다. 혐오와 낙인은 한국의 HIV 신규 감염을 부추기고 더 많은 이들을 죽음으로 몰고 간다. 한국사회의 HIV 감염 확산을 막기 위한 첫걸음은 혐오와 사회적 낙인을 거두고 그 바이러스를 가지고 살아가는 인간의 삶을 존중하는 것이다. 그것이 HIV 감염을 사회적으로 통제하기 위해 지난 30년간 과학적 연구를 통해 인류가 터득한 가장 효과적인 방법이다.

3장
트랜스젠더가 오롯하게
살아가기 위해서

이혜민

트랜스젠더, 그리고 의료적 트랜지션

트랜스젠더는 오랜 시간 동안 정신질환을 가지고 있는 사람으로 여겨
져왔다. 트랜스젠더와 관련된 진단명이 1980년 미국정신의학회가 출판
한 정신장애 진단 및 통계편람(DSM-3)과 1990년 세계보건기구가 발간한 국
제질병사인분류(ICD-10)에 정신장애로 분류되어 있기 때문이다. '성주체성
장애' '성전환증' 같은 진단명은 태어났을 때 지정된 성별을 따르지 않고
살아간다는 이유로 이미 사회적인 낙인을 가지고 살아가는 트랜스젠더
에게 정신질환이라는 추가적인 낙인을 덧씌웠다. 이에 대해서 많은 비판
이 있었고, 2010년대에 들어서면서 본격적으로 트랜스젠더 관련 진단명

---

* 이 글은 중앙대학교 교지편집위원회 『중앙문화』 제75호에 실린 「트랜스젠더가 오롯하
게 살아가기 위해서」를 기반으로 수정되었다. 온라인으로는 http://cauculture.net/
archives/3620에서 찾을 수 있다.

을 DSM과 ICD에서 수정하려는 움직임이 나타났다.[1]

동성애자의 경우를 살펴보면, 동성애 역시 정신질환으로 받아들여지던 시기가 있었다. 그러나 동성애와 관련된 진단명은 40여 년 전인 1973년에 이미 DSM-2에서 삭제되었고, 뒤이어 1990년에 발간된 ICD-10에서는 "성적 지향을 그 자체로 질병으로 여겨서는 안 된다"고 명시되어 있다. 또한 최근에 출판된 ICD-11에서는 동성애 관련 진단명이 모두 삭제되었다.[2] 따라서 오늘날 "동성애는 질병"이라는 주장은 더이상 통용되지 않는다. 이처럼 동성애자와 트랜스젠더의 정체성은 모두 과거 DSM과 ICD에 등재되어 정신질환으로 여겨졌지만, 이후 진단명이 삭제되거나 수정되는 등 '비병리화' 과정을 거쳤다는 점에서 공통점을 지닌다. 하지만 어째서인지 동성애자와 관련해서는 진단명이 2019년 현재 DSM과 ICD에서 완전히 삭제된 것에 반해, 트랜스젠더와 관련된 진단명은 여전히 존재하고 있다.

이 차이점은 트랜스젠더가 의학과 맺고 있는 간단치 않은 관계에 기인한다. 대부분의 트랜스젠더는 태어났을 때 지정된 성별과 현재 자신이 인식하고 표현하는 성별정체성이 일치하지 않아서 발생하는 성별위화감 gender dysphoria을 겪는다.[3] 이로 인해 트랜스젠더는 단순히 불편한 감정을 느낄 뿐 아니라 심적인 고통을 겪고, 직장이나 사회 생활에도 부정적인 영향을 받는다.[4] 성별위화감을 해소하고 본인이 인지하는 성별정체성으로 살아가기 위해 트랜스젠더는 트랜지션 transition이라는 과정을 거친다.[5] 옷차림이나 머리 모양 등 외양을 바꾸고, 신분증상의 성별을 본인이 인지하는 성별로 정정하며, 의료적 조치를 통해 신체 특징을 변화시키는 것 등이 트랜지션에 해당한다.

트랜지션 중에서도 호르몬요법이나 성전환수술 같은 의료적 조치를 의료적 트랜지션이라고 하며, 이 과정은 통상적으로 정신과 진단 → 호르몬요법 → 성전환수술의 순서로 진행된다.[6] 정신과 진단은 당사자가 정신 건강에 문제가 있는지 그리고 이후에 받게 될 의료적 트랜지션에 대해서 충분히 준비되어 있는지 등을 평가하는 과정이다. 즉 호르몬요법이나 성전환수술에 앞서 진행되는 일종의 관문으로서 역할을 한다. 정신과 진단 이후 트랜스젠더는 본인이 인지하는 성별정체성에 따른 신체적 외형을 가지기 위해 호르몬을 투여하고 체모와 근육량 등 신체적인 변화를 얻는다. 이때 의료진은 트랜스젠더에게 생식능력 저하 등 호르몬 투여로 인해 발생하는 신체적·심리적 변화에 대한 정보를 전달한 뒤, 당사자의 동의를 받아서 호르몬요법을 진행해야 한다. 호르몬요법으로 얻기 어려운 신체적 변화는 성전환수술을 통해 가능하다. 성전환수술에는 가슴 수술, 고환·정소/난소·자궁 제거 수술, 성기성형 수술, 안면성형 수술 등이 포함된다.

트랜스젠더는 자신이 느끼는 성별위화감의 정도, 개인을 둘러싼 상황과 조건, 건강 상태 등을 고려하여 언제 어떤 의료적 조치를 어느 수준으로 받을 것인지 결정한다. 따라서 모든 트랜스젠더가 같은 종류나 같은 수준의 의료적 조치를 받는 것은 아니며, 의료적 조치 없이도 일상생활에 불편함을 느끼지 않는 트랜스젠더도 있다. 의료적 트랜지션을 필요로 하는 이유 중 하나는 본인이 느끼는 성별위화감을 해소하기 위해서, 또는 법적인 성별을 남에서 여로 또는 여에서 남으로 바꿔 사회생활을 원활하게 하기 위해서다. 특히 태어났을 때 지정된 성별이 남성인 트랜스젠더 여성이나 논바이너리 트랜스젠더의 경우에는 병역을 면제받기 위해 의료적 트랜지션을 하기도 한다.

한국의 의료적 트랜지션

그렇다면 한국의 트랜스젠더들은 얼마나, 어떻게 의료적 트랜지션을 받고 있을까? 2018년에 출판된 한 국내 연구에 따르면, 총 278명의 트랜스젠더 참여자 중 91%가 트랜스젠더 정체성과 관련한 정신과 진단을 받았고, 88%가 과거에 호르몬을 투여한 경험이 있거나 현재 호르몬요법을 받고 있다고 응답했다.[7] 또한 약 42%의 참여자가 가슴, 고환·정소/난소·자궁 제거, 성기성형, 안면성형 등 여러 종류의 성전환수술 중 적어도 한가지 이상의 수술을 받았다고 보고했다.

같은 연구에서 트랜스젠더 참여자에게 의료적 트랜지션과 관련해서 어떤 어려움을 겪고 있는지 물어보았다.[8] 호르몬요법을 받지 않은 51명 중 54.9%와 성전환수술을 받지 않은 156명 중 78.2%가 경제적 부담 탓에 해당 의료적 조치를 받지 않았다고 응답했다. 이외에도 의료적 트랜지션을 받을 수 있는 의료기관과 관련 지식을 갖춘 의료진을 찾기 어렵고 의료적 조치를 받은 이후에 겪을지 모를 편견이나 부정적인 인식이 두려워서 트랜지션과 관련된 의료적 조치를 받지 못한 것으로 나타났다.

많은 트랜스젠더 참여자들이 여러 장벽으로 인해 호르몬요법이나 성전환수술을 받지 못하고 있다고 했는데, 이렇게 의료적 트랜지션을 받지 못한 경우에는 법적 성별을 본인이 인식하는 성별로 바꾸기가 쉽지 않다.[9] 법적인 성별을 정정하지 않은 트랜스젠더는 출생 시 지정된 성별이 표기된 주민등록번호 뒷자리 첫번째 숫자(남자는 1 또는 3, 여자는 2 또는 4)와 본인이 인식하고 표현하는 성별정체성이 일치하지 않는다. 이런 상황에서 일자리를 구할 때면 그 업무가 내 적성에 맞는지, 연봉이 어느 정도인

지보다 성별이 표시된 주민등록증을 요구하는지, 직장 내에서 성별정체
성을 이유로 차별받지 않을지 등이 더 중요해진다. 많은 경우 트랜스젠더
는 신분증을 제시하지 않아도 되는 불안정한 일자리를 얻는데, 그러다 보
면 가족이나 주변 사람들의 지원 없이 호르몬요법이나 성전환수술을 받
는 데 필요한 비용을 모으는 것이 큰 부담일 수밖에 없다. 혼자서 의료적
트랜지션에 드는 비용을 마련하지 못하게 되면 결국 법적 성별정정을 준
비하지 못하는 상황에 놓이는 악순환이 반복된다.[10]

트랜스젠더의 건강한 삶을 위해서

국민건강보험을 통한 의료보장

앞서 설명한 악순환의 고리를 끊고, 트랜스젠더가 본인의 성별정체성
을 인정받는 환경 속에서 더 나은 삶을 살아갈 수 있도록 법적·제도적 수
준에서 여러가지 방안을 고민할 필요가 있다. 우선 경제적 부담으로 인해
서 의료적 트랜지션을 받지 못하는 상황이라면 해당 의료적 조치를 국민
건강보험으로 보장하는 방법이 있다. 전세계 118개국 중 32개국에서는
호르몬요법과 성전환수술을 모두 의료보험이나 공공의료체계 같은 공적
자원으로 지원하고 있다.[11] 유럽의 많은 나라들과 미국, 캐나다, 홍콩, 그
리고 뉴질랜드가 이에 해당한다. 호르몬요법과 성전환수술, 둘 중 하나만
지원해주는 13개 국가까지 포함하면 전세계 45개국에서 트랜스젠더의
의료적 트랜지션을 국가 차원에서 뒷받침하고 있는 셈이다.

한국은 호르몬요법과 성전환수술, 두가지 모두 공적 자원으로 지원해
주지 않는 나라 중 하나이기에, 한국에서 트랜스젠더는 의료적 트랜지션

에 드는 비용을 본인이 온전히 부담하고 있다. 호르몬요법의 경우, 20대나 30대부터 받는다고 가정하면 20~30년 동안 2주(또는 4주)에 한번씩 호르몬을 투여하기 때문에 장기적으로 적지 않은 비용이 발생한다. 성전환수술의 경우에도 그 비용이 만만치 않다. 트랜스젠더 278명 중 성전환수술을 받은 경험이 있는 115명을 대상으로 그 비용을 조사한 결과, 성기성형 수술에만 평균적으로 1500만원에서 2000만원 정도를 지출한 것으로 나타났다.[12] 물론 개인마다 차이가 있겠지만, 성기성형 수술뿐 아니라 가슴 수술, 내부성기제거 수술 등을 포함하면 전체 성전환수술 비용은 더 높아진다.

그러나 많은 사람들은 트랜스젠더가 받는 호르몬요법이나 성전환수술이 개인의 '성적 기호'에 따라 본인이 '선택'한 성별로 살아가기 위해 받는 '미용성형'쯤으로 여겨 굳이 의료적 트랜지션을 국민건강보험으로 보장해야 하는지에 대해 의문을 갖곤 한다. 여기서 짚고 넘어가야 할 부분은 '성적 기호'가 아닌 트랜스젠더 개인이 겪는 성별위화감 정도에 따라 의료적 트랜지션이 시술된다는 것이다. 최근 의학 전문가들은 의료적 트랜지션이 트랜스젠더가 겪는 성별위화감을 완화하는 데 매우 효과적이고 필요한 조치라는 점에 합의하고 있다.[13]

이뿐만 아니라, 해외에서 진행된 여러 연구를 통해 호르몬요법이나 성전환수술을 받은 트랜스젠더의 건강과 삶의 질이 그 이전보다 향상된다는 결과가 축적되고 있다. 구체적으로 이 주제와 관련된 총 28편의 논문을 검색해서 정리한 연구에 따르면, 의료적 트랜지션을 받은 트랜스젠더 중 80%가 의료적 조치를 받기 이전보다 그 이후에 성별위화감이 줄어들었고, 전반적인 삶의 질 역시 높아졌다고 한다.[14] 또한 78%가 불안이나 식이장애, 자살시도 등의 정신적 증상이 감소했고, 72%는 성 기능이 향상된 것으로 나타났다.

법적 성별정정 요건의 완화

트랜스젠더가 자신의 정체성을 긍정할 수 있는 환경 속에서 좀더 건강하게 살아가기 위해서는 법적인 성별을 정정할 때 필수적으로 충족해야 하는 요건을 완화할 필요도 있다. 한국에서 트랜스젠더의 법적 성별정정은 대법원 가족관계등록예규 제435호 '성전환자의 성별정정허가신청사건 등 사무처리지침'에 기반해서 진행된다. 이 지침에 따르면 법적 성별을 바꾸기 위해 법원에 제출해야 하는 서류 중에는 정신과 진단서와 성전환수술을 맡은 의사의 소견서, 생식능력이 없음을 확인하는 의사의 진단서 등이 포함되어 있다. 다른 나라에서도 트랜스젠더가 법적 성별을 바꾸고자 할 때 여러가지 요건을 제시하지만, 한국에서는 특히 필수 요건들이 지나치게 엄격한 편이다.[15]

"저도 사실 성전환수술을 받기 이전에는 여자로 사는 데 큰 불만이 없었어요. 수술하지 않은 상태에서 호적을 바꿔줬으면 성전환수술을 못하지 않았을까 그런 생각이 들기도 해요. 왜냐면 호적을 바꾸려고 돈 쓰는 것보다 다른 곳에 돈 쓰고 싶기도 하고, 또 수술에 대한 기대도 별로 없었기 때문에. 이제 와서 보면 잘한 선택이었다고 생각을 하지만, 어쨌든 당시에는 얼마나 바뀔지 별로 기대하지도 않았어요." (20대 트랜스젠더 여성 C)[16]

인용문은 태어났을 때 남성으로 지정받았지만 본인이 인지하는 성별 정체성이 여성인 20대 트랜스젠더 여성 C의 이야기다. 트랜스젠더 여성

C는 성전환수술을 받기 전에도 여자로 살아가는 데 큰 어려움이 없었고, 수술에 대한 기대도 낮았다. 그뿐 아니라 성전환수술을 받는 데 비용이 많이 들기 때문에 만약 수술 없이도 법적 성별정정이 가능했더라면 수술을 하지 않았을 것이라고 술회했다.

이와 더불어 '성전환자의 성별정정허가신청사건 등 사무처리지침'은 대외적으로 구속력을 가지지 않는 행정규칙이기 때문에 개별 법원 각각의 판단 기준에 따라 법적 성별정정의 허가가 일관적이지 않게 결정되기도 하는데, 이 지점 역시 문제가 된다.[17] 일례로 트랜스젠더 남성의 경우에는 트랜스젠더 여성보다 상대적으로 성전환수술이 기술적으로 어렵고 위험한 측면이 있기 때문에 이미 2013년에 성기성형 수술 없이 법적 성별정정이 받아들여진 전례가 있었다.[18] 이에 반해 트랜스젠더 여성은 성전환수술이 상대적으로 덜 어렵고 비용이 적게 든다는 이유 등으로 2017년에야 비로소 성기성형 수술을 하지 않은 트랜스젠더 여성의 법적 성별정정을 허가한 첫 판결이 나왔다.[19] 다음은 해당 사건에 대한 법원의 결정문 중 일부를 인용한 것이다.

> 외부성기 수술을 받지 않은 성전환자들의 외부적 형상은 사고로 인한 수술이나 질병으로 고환, 유방 등을 절제한 경우와 크게 다르지 않고, 이들에게 복원수술이 필수적이지 않은 것처럼 성전환자들에게도 외부성기의 수술이 필수적이지는 않다. 전자가 성징을 나타내는 일부 신체 부위가 절제되었다 하여 가족관계등록부상 남성이나 여성 어느 한쪽의 성별 지위에서 탈락하지 않는 것과 마찬가지로 후자, 즉 외부성기 수술을 마치지 않은 성전환자도 반대의 성별 지위를 인정받을 수 있지 않다면, 공평하지 않다. (…) 이들의 외관이 일반적인 성별 기준에 미치

지 못한다는 데서 오는 일반인의 혼란감은, 경제적 어려움, 수술의 위
험성 또는 자신의 성생활 방식 등에 대한 선택으로 외부성기 수술을 받
지 않은 채 살아가는 성전환자들이 외부성기를 갖추지 못했다는 이유
로 성별정정이 되지 않음으로써 겪게 되는 사회적·인격적 고통에 비하
면 당연히 감내 되어야 할 것이기 때문이다.[20]

　2017년 처음으로 성기성형 수술을 하지 않은 트랜스젠더 여성의 법적
성별정정을 허가한 법원의 인식은 위에 제시된 결정문에 잘 드러나 있다.
이는 한국 현실에 비추어볼 때 충분히 고무적인 사례이며, 의료적 트랜지
션을 하지 않고도 법적 성별정정이 가능하도록 변하고 있는 세계적인 흐
름과도 일치한다. 그러나 개별 법원의 결정에 불과하기 때문에 이후에 모
든 법원에서 같은 결정을 내릴 것을 기대하기는 어렵다. 이러한 판결이
특별한 사례로 그치지 않고, 모든 트랜스젠더가 완화된 요건으로 법적인
성별을 정정할 수 있도록 제도적인 변화가 절실하다.

문화적으로 숙련된 보건의료 환경 구축

　트랜스젠더가 좀더 인권친화적이고 문화적으로 숙련된 보건의료 환경
속에서 의료적 트랜지션을 받는 것 역시 중요한 과제다. 문화적 숙련도란
의료진이 본인과 다른 문화적 배경을 가지고 있는 환자에게 적절한 돌봄
과 진료를 제공하는 능력을 말한다.[21] 한국에서는 정규 의학교육과정에
성소수자, 특히 트랜스젠더의 의료적 트랜지션에 대한 교육이나 수련이
빠져 있다.[22] 가정의학과나 산부인과, 비뇨기과 등 개별 학과에서도 트랜
스젠더 진료와 관련한 수련이나 가이드라인이 부족한 상황이다.[23] 그렇
기 때문에 트랜스젠더가 병원에서 마주하는 의사 또는 간호사가 의료적

트랜지션에 대한 지식과 기술을 갖추고 있는 경우는 매우 드물다. 그뿐 아니라 성소수자를 포함한 다양한 소수자에 대한 감수성을 키우는 교육도 부족한 탓에 의료진 역시 사회에 만연한 트랜스젠더에 대한 편견에서 벗어나기 어렵다.

결국 트랜스젠더는 의료서비스를 제한적으로 이용하게 되는데, 이러한 상황을 크게 네가지로 정리해볼 수 있다.[24] 첫째, 호르몬요법이나 성전환수술과 관련된 지식 및 기술을 갖춘 의료진과 의료기관이 부족해 병원에 가는 것 자체가 어렵다. 둘째, 의료적 트랜지션이 아니더라도 감기나 복통 또는 건강검진 등 일상적인 이유로 병원에 가는 경우에도 트랜스젠더는 차별받을 것이 두려워 본인의 정체성을 드러내지 않을 수 있다. 이로 인해 의학적으로 부적절하거나 불충분한 치료를 받을 가능성이 있다. 셋째, 병원에 가서 본인의 정체성을 밝힌 이후에도 의료진이나 병원 직원으로부터 차별을 겪을 수 있다. 마지막으로, 진료 거부 등과 같은 부정적인 대우를 예상해 병원 가는 것을 미루거나 아예 가지 않을 수도 있다.

다음 인용문은 의료적 트랜지션의 일환으로 안면성형 수술을 받기 위해 성형외과에 찾아간 트랜스젠더의 경험담이다.

> "한번은 성형외과에 갔어요. 의사 선생님께 제가 트랜스젠더라는 걸 밝히고, 여성적인 외형을 가지고 싶다고 말씀드렸어요. 그랬더니 '남자가 그걸 왜 해? 남자가 그러면 안 되지. 남자는 남자답게' 이런 식으로 반응하는 거예요. 나는 트랜스젠더라고, 사회생활을 하려면 성형수술이 필요하다고 말했는데…." (20대 트랜스젠더 여성 A)[25]

트랜스젠더 여성 A는 의사에게 자신의 성별정체성을 밝히고, 사회생활을 하기 위해서 본인에게 필요한 여성적인 외형을 갖고자 성형수술을 하러 왔다고 말했다. 그럼에도 의사는 편견이 담긴 본인의 도덕적 기준에 따라서 A를 재단하고 비판했다.

이처럼 차별과 편견으로 인해 의료서비스에 대한 접근성이 제한되는 점은 트랜스젠더 인구집단의 건강을 악화시키는 주요한 요인 중 하나다. 따라서 트랜스젠더가 건강한 삶을 살아가기 위해서는 이들이 좀더 편안하고 안전하다고 여기는 환경에서 본인에게 필요한 의료서비스를 받을 수 있도록 하는 전반적인 변화가 필요하다. 2017년 국내에서 수행된 「한국 트랜스젠더의 차별과 건강: 설문조사 기반 양적 연구」에 참여한 응답자 264명 중 65.9%가 의료서비스를 받을 때 의료기관이나 의료진이 "성소수자 친화적인지 여부"가 "매우 중요하다"고 했다.[26] 성소수자 친화적인 보건의료 환경은 환자가 속해 있는 문화에 대한 지식과 이해를 갖춘 의료진을 양성하는 것뿐 아니라 성소수자를 환영한다는 의미에서 병원에 무지개 스티커를 붙이거나 성별을 구별하지 않는 성중립 화장실을 마련하는 등 다층적인 노력을 통해 가능하다. 또한 한국사회에서 트랜스젠더가 오롯하게 살아갈 수 있도록 이들의 삶과 건강에 대한 이해를 높이고 의료적 트랜지션에 대한 접근성을 향상시킬 수 있는 법·제도적 방안을 마련하는 것이 필요한 시점이다.

4장

성소수자의 노동
혐오와 차별의 일상과 위태로운 노동권

김정혜

준비되지 않은 사회

성소수자를 차별하는 것은 정당한가? 이 질문에 선뜻 그렇다고 답할 사람은 그리 많지 않을 것이다. '누구도 정체성을 이유로 차별받아서는 안 된다'는 원칙에는 대다수가 동의한다. 2017년 한국갤럽의 조사에서는 '동성애자가 일반인과 동일한 취업 기회를 가져야 하는가'라는 질문에 90%가 '그렇다'고 답했다. '직장에서 동료가 동성애자임이 밝혀져 해고된다면 이러한 조치가 타당한가'라는 질문에도 81%가 '타당하지 않다'고 했다. 과거와 비교해보면 동성애자가 동등한 취업기회를 가져야 한다는 답변은 2014년에 비해 5%, 2001년에 비해서는 21%나 증가한 것이다. 특히 40대 이하에서는 연령대별로 95~97%가 차별에 반대한다는 의견이어서, 성소수자에 대한 고용상 차별이 부당하다는 사회적 합의 수준은 앞으로 더욱 향상될 것으로 보인다.[1]

하지만 성소수자를 차별해서는 안 된다는 인식이 높다고 해서, 우리 사회에 성소수자에게 평등한 노동환경이 이미 조성되어 있다고 성급하게 결론을 내릴 수는 없다. 매년 시행되는 '사회통합실태조사'에서는 사회적 포용도를 알아보기 위하여 소수자에 대한 사회적 배제 인식을 조사한다. 우리 사회의 소수자 유형 중에서 장애인, 결손가정의 자녀, 외국인 이민자·노동자, 북한이탈주민, 동성애자, 전과자를 '어떤 관계로 받아들일 수 있는가' 하는 질문을 던지는 방식이다. 응답 결과는 앞서 살펴본 고용상 차별에 대한 인식 조사내용과 판이하게 다르다. 설문에서 묻는 소수자 집단 중에서 동성애자보다 더 포용하기 어려운 것으로 나타난 집단은 전과자뿐이다.[2] 나머지 집단들과의 간극도 크다. 전과자와 동성애자를 제외한 집단 중에서 포용도가 가장 낮은 북한이탈주민은 '받아들일 수 없음'이 12.6%인데 동성애자는 49.0%나 되었다. 동성애자가 '나의 직장동료가 되는 것' 또는 그 이상의 관계*를 받아들일 수 있다는 응답은 20.5%로 2014년과 비교해도 1.9% 증가하는 데 그쳤다.

두 조사는 목적도 다르고 표본도 다르기 때문에 통곗값을 평면적으로 비교하는 것은 적절치 않다. 그럼에도 두 결과의 간극이 상당히 크다는 점은 시사하는 바가 있다. '차별은 나쁘다. 하지만 내게 가까이 오지는 마라'. 정치적으로 올바른 척하면서 실제로는 도덕성이나 취향의 문제로 우회하여 배척하는 태도, 성소수자가 직면하는 한국사회의 민낯이다.

---

* 사회적 포용도 조사는 각 집단에 대하여 받아들일 수 없음, 나의 이웃이 되는 것, 나의 직장동료가 되는 것, 나의 절친한 친구가 되는 것, 나의 배우자가 되는 것의 다섯단계로 포용의 정도를 측정한다.

정체성이 가로막는 노동시장 진입

　세계인권선언은 우리 모두가 일할 권리를 갖는다고 천명한다. 노동은 생계유지, 사회적 역할 수행, 또는 자아실현의 수단이고, 노동권 보장은 다른 사회적·정치적·문화적 권리를 실현하기 위한 기반이 된다. 많은 이들은 노동을 통해 자신을 표현하기도 하고, 가족보다 더 많은 시간을 직장동료와 보내며, 노동으로 생존의 토대를 마련한다. 일을 하거나 하지 않을 권리, 차별받지 않고 직업을 선택할 권리, 적대적이지 않은 환경에서 일할 권리, 노동에 대하여 적정하고 공정한 대가를 받을 권리는 생존과 삶의 질에 상당한 영향을 끼치는, 노동권의 핵심적인 요소들이다. 그러나 안타깝게도 노동권은 모두에게 공평하게 보장되지 않는다. 취업하고 일을 하고 직장을 떠나는 모든 과정에서 차별이 발생한다. 특히 성소수자는 정체성이 명확히 드러나지 않는 때조차도 차별적 제도와 관행의 영향을 받는다. 노동권 보장 실패는 성소수자의 생존권을 위협한다.

　성소수자가 직장에서 경험하는 차별과 배제는 직장에 진입하는 단계부터 시작된다. 'N포'를 말하는 시대에 취업은 누구에게나 바늘구멍을 통과하는 일이지만 성소수자는 단지 정체성 때문에 바늘구멍이 더 좁아진다. 물론 채용 과정에는 상당히 많은 변수가 작용하므로 성소수자 정체성이 탈락의 원인인지는 확실하지 않은 경우도 많다. 실상을 확인하고자 계획된 시도 중 하나로 이력서 실험 연구가 있다. 영국 12개 대학의 구직자 144명이 5549곳의 회사에 지원하면서 구직자 절반은 이력서에 게이·레즈비언 학생단체에서 활동한 경력이 있다고 기재했다. 그 결과, 게이·레즈비언 학생단체 경력이 있는 응시자는 그렇지 않은 응시자보다 서류심사 통과율이 약 5% 낮았다.[3] 미국에서도 비슷한 연구가 있었다. 이번에는 가상의 여성 2명이 817개 회사에 이력서를 보냈다. 절반은 진보적 학생조직 활동 경험이 있다고 썼고, 절반은 LGBT 학생조직 활동 경험이 있다고 적었다. 영국과 비슷한 결과가 나왔다. 서류심사 통과율은 LGBT 조직 활동 경력자가 12%, 진보적 학생조직 활동 경력자가 17%로, LGBT 관련 활동 경력자의 합격률이 5%포인트 낮았다.[4] 성소수자에 대한 채용 차별이 발생하고 있다는 증거다.

우리 사회에서도 채용 과정에서의 성소수자 차별 사례들이 지속적으로 보고되고 있다. 다음은 경력직 채용면접에서 탈락한 경험이 있는 헤니의 사례다.

> "경력직들은 전 직장에 전화를 해서 근태 확인을 하잖아요. (…) [전 직장] 사장이, 내[헤니]가 레즈비언인데 거기도 여자 직원이 많지 않냐. 나 뽑으면은 여자 직원 또 후려가지고 사내 분위기 망치고 결국에는 사람 그렇게 해놓고 얘가 그만두든지 그 사람이 그만두든지 아마 그렇게 될 거다." (헤니, 레즈비언, 30대 중반, 사무직)[5]

면접 분위기도 좋았고 연봉 협상도 거의 완료된 상태였기 때문에 탈락 소식이 의아했던 헤니는 인사담당자와의 통화에서 '레즈비언이라 채용을 못하게 되었다'는 답변을 들었다. 최종면접 후 평판조회 과정에서 전 직장 사장이 헤니를 아우팅 하자, 지원한 직장의 사장이 채용을 하지 않기로 결정한 것이다. 채용 탈락의 이유가 직무수행 능력이 아니라 동성애자라는 정체성임은 너무 명확하고 직접적이었다. 서류상 주민등록번호와 성별표현이 불일치하는 트랜스젠더는 차별을 더 노골적으로 경험한다. 면접에 갔더니 '트랜스젠더라 궁금해서 면접 와보라고 했다'[6]는 말을 들었던 한 트랜스젠더 남성의 경험처럼 채용 과정에서 비인간적인 대우가 버젓이 행해진다.

그런데 성소수자들이 말하는 차별 경험에 비해 수치로 드러나는 차별의 현황은 그렇게 심각하지 않은 듯 보인다. 국가인권위원회에서 실시한 조사에 따르면 구직활동 경험이 있는 비이성애자 중에서 정체성 때문에 입사 취소나 채용 거부를 경험한 적이 있다는 응답은 2.1%에 그친다.[7] 흥미로운 것은 영국의 조사에서 구직 과정 중 성적 지향, 성별정체성을 이유로 차별을 경험했다고 응답한 비율은 18%로 우리보다 훨씬 높았다는 점이다.[8] 그러면 앞의 사례들은 몇몇 불운한 성소수자들의 이야기일 뿐일까? 한국은 다른 나라보다 성소수자에 대한 차별이 드문 평등한 사회일까?

대부분의 구직자가 채용 과정에서 자신에게 불리할 수 있는 개인정보를 드러내지 않고자 하는 경향을 감안하면 이러한 결과를 이해할 수 있다. 성소수자의 커밍아웃이 드문 나라일수록 차별은 더 적은 것처럼 보일 수 있다. 이런 환경에서 차별 경험은 성소수자 정체성이 겉으로 드러날 때, 법적 성별과 성별표현이 불일치하거나 중성적으로 보일 때 증폭된다. 앞의 헤니처럼 '남성적'인 레즈비언이나 '여성적'인 게이, 트랜지션 중이지만 주민등록번호는 그대로인 트랜스젠더 등이 대표적인 경우다. 실제로 채용에서 법적 성별과 성별표현이 불일치하는 비이성애자의 차별 경험은 13.7%,[9] 트랜스젠더는 22.0%[10]로 올라간다.

"나처럼 등빨 있고 머리 짧고 남자같이 생긴 여자들은 일반 사무직에서는 안 받아주거든. 그나마 복장규정 별로 없고 외모에 신경 안 쓰는 IT업계가 낫지. (…) 하지만 이쪽에도 당연히 외모 가지고 사람 뽑는 거

있지. 예전에 강남에, 대기업, N사에 면접 보러 갔거든. 그때 이미 몇달 백수로 지낸 상태여서 꽤나 절박했는데 면접실 의자에 앉자마자, 면접관들이 '머리 기르고 살 빼고 올 생각 없냐'고 대놓고 말하더라. 지랄 같지."(성아, 레즈비언, 30대 초반, 사무직)[11]

차별적인 직장 문화와 제도

어렵게 일자리를 구하고 난 뒤에도 성소수자는 마찬가지의 상황에 직면한다. 성별정정을 하지 않은 트랜스젠더의 73.2%, 법적 성별과 성별표현이 일치하지 않는 비이성애자 여성의 75.8%가 직장 내 차별이나 괴롭힘을 당한 경험이 있는 것으로 드러났다.[12] 차별과 괴롭힘이 일상화되어 있다고 해도 과언이 아닐 만큼 높은 수치다. 비이성애자 여성 중 외모로는 성소수자임이 드러나지 않는다고 답한 집단에서도 40.6%가 차별과 괴롭힘 피해 경험이 있다고 답했다.[13]

차별과 통제의 노동환경

직장에서 성소수자 정체성과 관련된 직·간접적 차별은 업무배치나 업무평가, 승진·교육 기회 등에서의 불이익, 해고나 권고사직, 계약갱신 거절, 임금 및 복지 제도에서의 불이익 등 직장생활의 전 영역에 걸쳐 있다. 성소수자 정체성이 드러나는 경우 의도적인 차별과 괴롭힘이 자행된다. 다음 인용문은 성소수자임을 이유로 한 일방적 해고의 사례다.

"휴무날이었는데 갑자기 사장한테 문자로 해고 통보를 일방적으로 받

아서, (…) 너가 네 친구를 데려와서 해괴한 행동을 함으로써 나한테 정
신적인 피해를 입혔다, 이런 식으로 말을 하는 거예요." (은호, 양성애자,
20대 중반, 서비스직)

　은호는 법적 성별과 성별표현이 일치하고 직장에서 커밍아웃을 하지
도 않아서 직장동료나 사장은 은호가 성소수자임을 모르고 있었다. 그런
데 은호가 애인과 함께 있는 모습을 매장 내 CCTV로 본 사장이 동성애
관계를 의심했고 일주일쯤 지난 뒤 은호에게 문자메시지로 '내일부터 나
오지 말라'고 통보했다. 사장은 해고의 이유를 네가지나 들었지만, 내용
을 들여다보면 모두 동성 애인에 대한 것이었다.
　은호의 애인 역시 같은 위험에 노출되고 있다. 그녀는 직장에서만 커
밍아웃을 안 했다. 그럴 수밖에 없는 것이, 사장은 평소에 직원들을 모아
놓고 이러저러한 경우 퇴사시키겠다는 경고를 자주 하는데, 특히 은호의
애인에게만 '동성애자면 해고하겠다'는 취지의 말을 반복한다. 성소수자
임을 드러내지 않아도 상시적으로 성소수자 혐오에 노출되는 노동환경
이다.
　업무배치나 업무평가, 승진, 임금 등의 차별은 성별표현에 따른 차별과
도 관련성이 높은 편이다. 이러한 차별 경험은 성소수자 여성에게 더 많
이 나타나는 경향이 있다. 여성노동자의 '여성성'을 '끼워 파는' 곳에서
여성노동자의 외모는 업무능력의 일부로 평가된다. 이는 비단 고객을 직
접 대면하는 서비스업에서 일어나는 일만은 아니다. 홍보 회사에서 일했
던 혜니는 치마와 하이힐, 화장 등 여성에게 요구되는 외모 가꾸기를 하
지 않는다는 이유로 거의 매일 사장에게 폭언을 들었다. 사장은 직원 대
부분이 남성인 거래처에 '남자처럼 하고 다니는' 혜니가 나쁜 인상을 주

어 성과가 떨어질 것이라고 단정하고 헤니를 괴롭혔다고 한다. 하지만 실제로는 업무성과에 문제가 없었고 동료와 상급자의 평가도 좋았다.

> "왜 너는 치마를 입지 않냐, 왜 구두를, 힐을 신지 않냐, 왜 화장을 하지 않냐, 이걸로 엄청 말이 많았어요. (…) 늘 아침마다 [사장실에] 불려갔어요. 왜 또 옷을 이렇게 입었냐, (…) 기자들 다 남잔데 [네가] 이렇게 입고 오면, 그래도 기자들한테 호감은 줘야 할 게 아니냐, 여성스럽지 않은 모습으로 기자를 만나면 나 같아도 싫어지고 싫겠다. 어떻게 보면 성희롱이기도 하죠. 기자들이 네 자료 받는 것도 있지만 한시간 동안 여자랑 밥 먹는 시간일 수도 있다고." (헤니, 레즈비언, 30대 중반, 사무직)[14]

몇달 동안 괴롭힘을 당한 끝에 헤니는 스스로를 부정하는 기분을 느끼면서 억지로 여성용 정장과 구두를 착용하고 출근했다. 그날 사장은 목소리와 걸음걸이를 지적했다. 치마, 하이힐, 화장에 대한 집착에 가까운 지적은 '남성적' 성별표현을 하는 레즈비언들에게는 지겨운 일상이다. 외모와 태도에 대한 지적과 간섭, 강요는 여성노동자에게 여성으로서의 성역할을 강제하는 성별분업과 성별이분법적 태도를 반영한다.

업무배치나 업무평가 등에서의 불이익이 남성 성소수자보다 여성 성소수자에게 더 많이 나타나는 것은 여성노동자가 주변적 노동자의 지위에 있기 때문이다. 전통적인 '여성성'에 부합하지 않는다는 이유로 직장에서 차별받고 있는 성소수자의 존재는, 몸매가 드러나는 옷, 화장한 얼굴, 부드럽고 나긋나긋한 목소리, 작고 조심스러운 몸짓 등 그동안 여성노동자의 신체에 적용되어온 규범과 그 규범의 억압성을 고스란히 드러내준다. 더구나 '남성적' 성별표현을 하는 레즈비언은 여성노동자가 '여성성'의 수행을 통해 접근할 수 있는 이익조차 누릴 수 없다는 점에서 레즈비언 여성노동자로서의 교차적 차별에 직면한다.

차별과 비가시화의 악순환

성소수자에 대한 차별과 괴롭힘이 우려된다면, 직장에서의 커밍아웃은 위험한 일이다. 비이성애자를 대상으로 진행한 영국의 한 연구에서는 응답자의 18%가 자신이 성소수자임을 직장에서 아무도 모른다고 응답했다.[15] 우리나라는 정체성을 드러내지 않는 비율이 그보다 훨씬 높다. 비이성애자의 69.5%는 직장동료 중 누구에게도 커밍아웃을 하지 않았다. '아무도 모른다'와 '거의 모른다'를 합치면 비율은 86.2%까지 올라간다.[16] 트랜스젠더는 80.9%가 누구에게도 혹은 거의 대부분에게 정체성을 밝히지 않고 일하고 있다.[17] 한국사회가 타인의 연애, 혼인 여부, 자녀 수, 자녀 계획 등 사생활에 대한 관심과 공유, 개입의 정도가 높은 사회임을 감안하면, 이 비율은 성소수자에게 폭력적이고 적대적인 직장 환경을 암시하는 지표가 될 수 있다.

> "어디를 가든 물어봐요. 여자친구 있냐, 결혼할 거냐, 결혼 생각 없냐. 계속 물어봐요. 여자친구 없고, 결혼할 생각 없다고 한번 말을 하면 안 해야 되는데 결혼이 얼마나 좋고, 여자친구가 있어야 하고 그런 설교를 해요. 심지어 문제가 있는 거 아니냐, 혹시 남자 좋아하냐고 얘기하는데 정말 스트레스예요." (소리, 게이, 전문직)[18]

남성에게 '문제 있는 거 아니냐, 혹시 남자 좋아하냐'는 질문은 '동성을 좋아하는 것'이 비정상임을 전제한다. 이성 애인이 없는 사람에게 이성을 소개해주고야 말겠다는 집착적인 태도도 우리 사회에서 매우 흔하다. 이성애적 연애관계를 통해 이성 결혼에 도달하는 것만이 마땅한 삶의 방식이라는 공고한 믿음은 직장 내에서도 예외일 리 없다.

> "아이비엠IBM에서 신입사원 입사하는 날 이 얘기를 또 했대요. 그런 분 [성소수자] 있으면 회사에 알려달라고.* 서포트 해주겠다고 하면서. 근데 그 말을 하는 와중에 주변 동료들의 비아냥이 묻어났다는 거예요. 분위기도 다 웃고 "야, 너 해. 빨리 해." 이런 식의 분위기. (…) 동성애자들은 한국 사정상 한명도 안 내서 [아태지역은 다 있는데] 여기만 [커밍아웃한 동성애자가] 없대요, 한국만." (소현, 레즈비언, 20대 후반, 사무직)[19]

사람들은 주변에 성소수자가 없을 것이라고 간주한 채 거리낌 없이 성소수자를 부정하고 희화화한다. 노동시장이 성소수자에게 적대적일수록 성소수자는 침묵하고 이들의 비가시화는 심해진다. 그 결과 성소수자는 특이한 존재라는 점이 '입증'된다. 보이지 않기 때문에 진지한 논의와 성찰은 이루어지지 않는다. 성별이분법, '타고난' 성별에 따라 부여되는 성역할, 이성애적 정상가족의 신화는 안전하게 유지된다.

한편 직접적인 차별이나 괴롭힘이 없어도 정체성을 감추기 위해 항상 긴장하고 때로는 성소수자 혐오에 '맞장구를 치면서'까지 매사에 조심하는 생활 자체가 성소수자에게는 차별적인 노동환경이다.

---

* 아이비엠은 성소수자 차별금지 정책을 채택하고 있고 채용 시 성소수자에게 가산점을 주기도 한다.

"성소수자로서 받는 스트레스는 또 달라요. 차별적인 단어를 들었을 때 밝힐 수도 없고, 오히려 숨겨야 하죠. (…) 혐오·차별적 말을 듣고 심지어 맞장구를 쳐야 할 때도 있어요. 자기를 숨기고, 부정까지 하면서 겪는 스트레스는 정말 심각하죠. 그래서 우울증도 많아요." (소리, 게이, 전문직)[20]

"커밍아웃하면 어떤 일이 생기냐는 된장 꼭 먹어봐야 맛을 아나. (…) 호모포빅한(homophobic, 동성애 혐오적) 행동도 많이 보이니까 심리적인 부담이 돼요. 내 사생활이 낙인처럼 찍히고 싶지 않은데 어떤 자리에 가든 그게 가장 우선할 것이고 차별이나 소외, 그런 것으로 빚어지는 승진 영향들이 있게 되죠." (고, 게이, 40대 초반, 전문직)[21]

'해고당할 것이다' '다른 지역으로 이주해야 할 것이다' '따돌림을 받을 것이다' 등 성소수자는 끊임없이 직장에서 정체성이 드러날 경우 겪게 될 위험을 예측하고 우려한다. 성소수자 혐오적 문화는 이러한 우려에 명확한 근거를 제공한다. 직장에서 정체성을 알리지 않는 생활은 단순히 말하지 않는 것이 아니라 알려지지 않게 하기 위해 부단히 노력해야 하는 일이다.

"한번 밝히고 나면, 수위를 높여가야 해요. [사귀는 사람이] 없다고, 없다고 하고 한참 지나고 나서 아, 이제 [애인] 생겼다고 하면 약간 잠잠해져요. 또 한참 지나고 뭐 있냐고 물어와서 약간 더 진전이 있었다, 헤어졌다 이야기해줘야 한풀 꺾이고…. 점점 거짓말이 늘어나면 늘어날수록 그런 이야기를 안 해줬으면 좋겠는데 다들 왜 궁금해하는지 모르

겠어요." (성순, 레즈비언, 30대, 사무직)[22]

유령이 되는 동성 파트너

성소수자가 정체성을 드러낼 수 없는 문화에서는 성소수자에 대한 직접차별보다 간접차별이나 간주차별이 더 많이 발생한다. 간주차별은 상대방의 정체성을 알지 못하면서 성소수자로 간주하고 차별적 대우를 하는 것을 말한다. 차별 행위자가 상대방의 정체성을 모를 뿐 성소수자에 대한 고의적 차별의 일종이다. 간접차별은 성소수자를 고의로 차별하지는 않더라도 어떤 기준이 성소수자에게 불리한 결과를 초래하고 그 기준이 필요불가결하지 않은 경우를 말한다.

이성 간의 혼인만 인정되는 우리 현실에서 성소수자에 대한 간접차별의 대표적 사례는 혼인 상태에 따른 차등 대우다. 이는 시스젠더 이성애자로 패싱하는 데 '성공'하더라도 통과하기 어려운 제도의 벽이다. 복지의 기본 단위가 가족에서 개인으로 점차 확대·이동하고 있지만, 아직도 기업과 국가의 복지제도 대부분은 혼인과 혈연에 의한 가족 개념을 중심으로 구축되어 있다. 법률적으로 동성 간의 혼인이나 파트너십을 인정하지 않기 때문에 동성 파트너 관계는 아무리 강한 유대감을 갖고 경제적으로 결속되어 오랜 시간 함께 공동생활을 유지하고 있더라도, 가족으로 인정되지 않는다. 동성 파트너와 가족을 구성한 사람은 간단히 '미혼'으로 분류되고, 그의 가족은 "존재하지 않는 것"으로 간주된다.

"내 배우자가 아프면 내가 돌봐야 하는데 [간병] 휴가를 낼 수도 없고, 배우자 측 가족 경조사에 가족인 나는 휴가를 받지 못하잖아. 급여에 나오는 가족수당도 한번도 못 받았어. [가족수당은] 우리가 존재하지 않는 것처럼 여겨진다는 걸 매달 확인해야 하는 거잖아. 우리는 개인연금이나 보험, 재산 상속인도 배우자가 아니라 친구에 동그라미 치고 서로 이름을 올렸어. 국민연금은 독신으로 사망하면 국가에서 환수하게 되어 있어서 아예 상속권을 포기해야 했어."(성규, 게이, 40대 후반, 전문직)[23]

"[결혼을 하면 회사에서] 9천 한도에서 전셋집을 얻어주는 거예요. 아무것도 필요 없어, 9천. 묻지도 따지지도 않고 9천에 전세. 8년까지. 그러니까 돈을 모아서 집을 살 수 있는 거지. 8년이면."(희영, 레즈비언, 30대 중반, 사무직)[24]

파트너가 동성이기 때문에 직장에서 받지 못하는 혜택은 무수히 많다. 매달 나오는 가족수당이나 가족 기반의 복지수당을 계산할 때 동성 파트너와 함께 사는 성소수자는 가족이 없는 존재가 된다. 전세자금, 주택구입자금 등을 유리한 조건으로 대출받을 때도 법률혼 관계가 요구된다. 기혼자가 입주할 수 있는 기숙사는 신청조차 할 수 없고 건강보험과 연금 수령에서도 배우자 혜택을 받지 못한다. 회사에서 지원하는 해외 연수는 가족체류비 지원을 받지 못해서 동성 파트너와 동반하기 어렵다. 심지어 해외 발령이 나도 동성 파트너는 가족으로 인정되지 않아 가족비자를 받지 못한다. 상조회에 경조사비를 꼬박꼬박 내지만 혜택을 받을 가능성은 이성애자보다 훨씬 낮다. 결혼식을 하지도 못하고, 파트너의 경조사나 자녀의 돌잔치를 이유로 부조금을 받을 수 없기 때문이다. 물론 같은 이유로 휴가를 사용할 수도 없다. 파트너가 아파도 돌봄휴가나 가족돌봄휴직을 신청할 수 없어 연차휴가 같은 제도를 이용하거나 다른 대책을 세워야 한다. 파트너와 함께 양육하는 자녀는 자녀로 인정되지 않으므로 배우자 출산휴가나 육아휴직도 사용하지 못한다. 한 게이노동자의 사례를 토대로 그가 동성애자여서 입은 금전적 손실을 추산한 연구에 따르면 가족수당, 유족연금, 건강보험, 경조사 유급휴가, 복지수당의 손실액만 계산해도 1억 2103만원이나 되었다.[25]

미혼으로 간주되면 기혼자들이 누리는 배려도 받기 어렵다. 무연고 지역으로 발령이 나거나, 명절이나 휴일 출근에서 우선순위에 놓이기도 한다. 업무배치에서 배제되는 경우도 있다. 아예 기혼자만 가족 단위로 갈수 있는 자리가 있기 때문이다. 다음 인용문에서 소현의 회사는 해외 주재원으로 근무하려면 배우자가 있어야 한다. 사실상 기혼 남성인 노동자만 그 대상이 된다.

> "아예 제도상에 명시되어 있어서, 주재원을 가는 자격조건 1번이 '결혼한 자'인 거예요. 그렇기 때문에 '여자는 못 감'이라는 조항이 없음에도 불구하고 실제로 사실상 결혼을 한 여자들은 남편이 다 직장 있을 텐데, 같이 가기가 도저히 불가능한 거고, 혼자 갈 수도 없고." (소현, 레즈비언, 20대 후반, 사무직)[26]

나아가 '미혼'이라는 이유로 승진에서 배제되는 사례도 나타난다. 미혼자의 승진 배제는 보통 남성 성소수자가 많이 느끼는 장애물로, 남성의 가족 내 지위에 비추어 직장에서의 책임감이나 지도력을 평가할 수 있다는 믿음이 반영된 결과다.

> "정책상으로는 없는데, 대놓고 얘기를 해요. 결혼 안 하면 진급은 못한

다고. 그렇게 알고 있으라고. 그런 의식이 있어요. 가정을 다스려야 회사에서 책임감도 있다는 식의. 그래서 과장까지는 가능해도 그 이상은 어려울 거라는 걸 은연중에 알리죠. 그렇게는 오래 못하겠구나…." (재영, 게이, 30대 중반, 전문직)[27]

"저희도 말씀을 하세요. 우리 회사에서 크려면, 임원을 달려면 결혼을 해야 한다." (광호, 게이, 20대 후반, 사무직)[28]

우리 사회에서 혼인한 남성은 그가 가족 내에서 수행하는 역할이나 실제로 감당하는 책임의 정도와 무관하게 '가장'家長(가족의 어른)이라는 호칭을 얻는다.* 기혼 남성에게는 또한 사회적으로 아내와 자녀의 생계를 책임져야 한다는 기대가 주어진다. 이에 따라 직장에서는 기혼 남성이 책임감과 지도력이 더 크고, 일이 힘들어도 쉽게 그만둘 수 없는 순응적 노동자일 것으로 간주한다. 여성에게 기혼 상태가 노동력의 손실을 의미하는 것과 반대로, 남성에게 기혼 상태는 채용이나 승진에서 유리한 요소가 된다. 누구나 인생의 특정한 시기에 결혼을 해야만 한다는 우리 사회의 강고한 믿음 위에서, 나이가 들어서도 결혼하지 않은 성소수자 남성은 어딘가 결여된 존재, 업무능력을 의심받는 존재가 된다. 성적 지향은 숨기기라도 할 수 있지만 서류에 드러나는 나이와 법률혼 여부는 감출 수조차 없다. 반면 삶을 함께하는 동성 파트너와 비혈연 가족의 존재는 너무 쉽게 지워진다.

---

* 표준국어대사전에 실린 가장의 뜻 중 하나는 '남편을 달리 이르는 말'이다.

덜 아프기 위해 포기하는 것들

연구에 따르면 직장에서 차별이나 괴롭힘 피해를 경험한 성소수자의 대부분은 별다른 대응을 하지 않는다. 다른 유형의 차별 및 괴롭힘과는 경험의 형태가 다르기 때문이다. 사실 성소수자가 아니어도 직장 내에서의 차별이나 괴롭힘에 적극 대응하는 사례는 드물지만, 대응하지 않는 주된 이유는 대개 개선에 대한 기대 없음, 대응으로 인하여 또다른 피해가 생길지도 모른다는 우려, 피해가 심각하지 않음 등으로 나타난다. 그러나 성소수자 조사에서 특이한 지점은 '정체성이 알려질까봐' 피해를 입어도 대응하지 않는다는 응답이 가장 많다는 점이다. 비이성애자의 58.2%, 트랜스젠더의 61.1%가 정체성이 알려질까봐 피해를 입으면서도 항의하거나 주변에 도움을 청하거나 민원을 제기하는 등의 대응을 하지 않았다.[29] 성소수자 혐오가 만연해 있다면 성소수자 정체성이 알려졌을 때 차별과 괴롭힘은 중단되는 것이 아니라 간접차별, 간주차별에서 직접차별로 그 형태만 바뀔 것이다. 오히려 차별과 괴롭힘의 강도는 더 높아질 수 있다. 대응을 통해 문제가 개선되기보다 추가 피해가 지속적으로 발생할 가능성이 높다면, 아무런 대응을 하지 않는 것이 도리어 '합리적'이다. 그 결과 차별과 괴롭힘 역시 별다른 제재를 받지 않고 지속될 수 있다.

상대방에게 대응하는 대신에 모색할 수 있는 대안은 성소수자 혐오가 적거나 없는 일자리를 찾아 이직하는 것이다. 채용 과정에서 혹은 직장에서 성소수자 혐오적 태도나 직간접적인 차별, 괴롭힘을 경험한 성소수자는 다음 직장에서는 피해를 입지 않기 위해 노력할 수밖에 없다. 가뜩이나 좁은 취업 기회가 더욱 움츠러든다. 취업 대신 자영업으로, 공동 작업이 필요한 일 대신 혼자 할 수 있는 일로 눈을 돌리고, 차별·괴롭힘을 경험한 업종이나 업계는 기피하게 된다. 또한 면접이나 신체검사 등 특정 채용 절차가 있는 직장, 성별에 따른 근무복 강제 같은 성별이분법적 규범이 있는 직장이나 성소수자 차별적 문화가 예상되는 직장, 차별 및 괴롭힘 위험이 있는 일자리들이 '갈 수 없는 곳'이 된다. 실제로 법적 성별과 성별표현이 불일치하는 성소수자 세 명 중 한 명이 지원 자격이 되는데도 정체성 때문에 지원을 포기한 경험이 있었다.[30] 자신의 정체성과 일자리 둘 중 하나를 선택해야 하는 현실이다.

> "사촌 남동생 이름으로 회사도 들어갔었지만 서류 필요 없는 데로 알아보다 보니까 성인용품 파는 데로 들어갔었어요. 거긴 서류가 필요 없어. 등본만 필요하지. 4대보험 안 되는 데로 들어가서 거기서 근무했죠."(루, 트랜스젠더 남성, 40대 초반, 전문직)[31]

위 사례처럼 주민등록번호를 요구하지 않는 일자리를 찾느라 4대보험도 보장받지 못하는 열악한 노동조건에 내몰리기도 한다. 자신의 정체성을 부정하지 않으면서 일할 수 있는 방법을 찾아가는 길은 멀다. 현재로서는 갈 수 없는 곳보다는 가도 괜찮을 곳을 셈하는 것이 더 빠르다.

차별의 배경

성소수자 차별과 이로 인한 고용불안은 기본적으로 노동시장이 어느 영역보다도 성별이분법과 정상가족 이념에 기대어 구축되어 있다는 점에서 기인한다. 노동시장에서 규범화된 '이상적 노동자'는 무급 돌봄노동자인 여성의 '내조'에 기대어 임노동에 몰입할 수 있고, 다른 한편 가족의 생계를 책임지고 임노동에 몰입해야만 하는 '가장'으로서의 성인 남성이다. 자본주의적 핵가족은 이러한 이성애 남성 생계부양자와 혼인·혈연관계로 맺어진 피부양자들로 구성된 형태를 띤다.

성별 분업의 토대 위에 세워진 이성애 혼인제도에서 '가장'의 반대편에 있는 기혼 여성은 일차적으로 돌봄을 책임지는 '주부'로 호명된다. 남성이 혼인함으로써 '가장'이 되는 것처럼, 여성은 혼인하면 임노동을 하더라도 취업 '주부'가 될 뿐이다. 이성애적 혼인관계에 편입하지 않은 노동자도 향후 결혼하여 '정상적인 가정'을 꾸려나갈 것이 기대되므로, 이성애적 가족 모델은 모든 노동자에 대한 대우와 계획과 제도의 근간이된다.

여성의 일과 남성의 일이 따로 있다는 논리는 여성과 남성이 태어날 때부터 명확히 구분되고, 성별에 따른 차이가 존재하며 성차에 따르는 것이 사회질서 유지에 도움이 된다는 전제를 필요로 한다. 그러나 성소수자는 타고난 이분법적 성별과 그에 기반을 둔 성역할 분리가 당연하지 않음을 자신의 존재로써 입증한다. 이 때문에 노동시장에서 성소수자는 낯설고 기이하고 불편한 존재다. 성소수자는 전통적인 성역할에 부합하지 않는다는 이유로 사회 부적응자이자 조직생활에 부적합한 노동자, 질서의 교란자로 평가되어 차별과 괴롭힘이 정당화된다. 무급 돌봄노동자 여성과 생계부양자 남성의 결합에 바탕을 둔 이성애적 혼인제도에 편입되지 못하는 성소수자는 공고한 가족제도에 기반을 두고 만들어진 노동시장에서 저 멀리 밀려나고, 이상적 노동자상에 가닿을 수도 없다.

다른 사회는 가능하다

성소수자가 '없는 존재', 특이한 존재로 여겨지는 문화에서 성소수자를 동료로, 친구로 받아들이게 하는 인식의 변화는 의식적인 노력을 요한다. 외국의 주요 기업들은 이미 오래전부터 '다양성'이나 '포용'이라는 이름으로 성소수자를 조직의 구성원으로서 받아들이고 이를 정상화하는 시도를 시작했다.* 인권 캠페인 재단Human Rights Campaign Foundation에서는 2002년 이래로 기업들의 성소수자 평등 정도를 측정하여 매년 기업평등지수corporate equality index, CEI를 발표한다. 2019년 기업평등지수에 따르면 '포춘Fortune 선정 500대 기업' 중 성적 지향 차별금지 정책을 채택한 비율이 93%, 성별정체성 차별금지 정책을 채택한 비율이 85%에 이르며, 49%는 동성의 배우자나 동거 파트너에게도 이성 배우자와 동등한 수준의 혜택을 제공하고, 62%가 건강보험에서 트랜스젠더의 의료적 필요를 보장한다.[32] 나이키, 마이크로소프트, 아마존닷컴, 애플, 월트디즈니, 월마트 등 다양한 분야의 유명 기업들이 2019년 기업평등지수에서 만점을 받았다. 성소수자 평등 정책이 특이한 몇몇 기업의 홍보수단에 불과한 것이 아니라는 방증이다.

성소수자에 대한 평등이 보장되는 기업이 더 큰 성과를 내고 있다는 점[33]은 차치하더라도, 모두에게 차별과 괴롭힘 없는 환경을 조성하는 것

---

* '다양성'은 조직 구성을 다양하게 한다는 취지만으로 차별 문제를 적극적으로 해소하는 데 한계가 뚜렷하고 '포용'은 다분히 시혜적인 인상을 주어 어느 것도 적확한 표현이라고 보기는 힘들지만 분명한 것은 성소수자인 노동자를 정체성을 이유로 배제하지 않으려는 노력이 나타나고 있고, 그런 시도가 더이상 드물지도 않다는 점이다. 각 기업들의 구체적인 사례는 이 책의 「성적 다양성을 존중하는 기업들」에서 자세히 다루고 있다.

은 기업의 노동자에 대한 당연한 의무이자 사회적인 책무다. 누구도 정체성 때문에 많은 것을 포기하지 않는 사회, 정체성을 부정하지 않으면서 일할 수 있는 사회로의 변화는 이미 시작되었고, 다른 사회는 가능하다.

성적 다양성을
존중하는 기업들

김정혜

2016년 미국 노스캐롤라이나주에서는 이른바 '성소수자 차별 화장실 법'HB2이 통과되었다. 이 법은 노스캐롤라이나의 샬럿Charlotte에서 트랜스젠더가 정체성에 따라 화장실을 이용할 수 있도록 하는 조례를 통과시킨 데 대한 반발로 만들어진 것으로서 주 내의 지방자치단체가 성소수자 보호 조례를 통과시키지 못하게 막고 학교 및 공공시설에서 출생 시 등록된 성별에 따라 화장실을 사용하도록 하는 내용을 포함하고 있었다.[1] 법이 시행되자 콘서트와 NBA 경기가 취소되는 등 각계의 항의가 잇따랐고 기업들도 이 흐름에 동참했다. 애플, 구글, 페이팔, 아이비엠, 바이엘미국 등 100여개 기업이 법안 철회를 촉구하는 성명을 발표했다.[2] 페이팔은 400여명을 채용할 수 있는 샬럿센터 투자 계획을 철회했고 독일 최대 은행 도이치방크와 아디다스도 시설 투자 계획을 중단했으며[3] 부동산 리서치 업체 코스타그룹은 투자처를 리치먼드로 변경했다고 발표했다.[4] 당시 이 법으로 2028년까지 노스캐롤라이나주가 입게 될 손해는 37억 6천만

달러로 추산되었다.[5] 성소수자 차별 화장실법은 결국 시행 1년 만에 폐지되었다.

노스캐롤라이나주 사례가 보여주듯 기업은 사회에서 성소수자 차별을 없애는 데 중요한 역할을 할 수 있다. 작게는 직장 내에서 차별금지를 선언하는 것부터 시작해서, 평등 실현을 위하여 적극적인 대책을 마련하거나 재정지원을 할 수 있다. 전세계의 여러 기업들은 성소수자에 대한 차별을 없애고 성소수자를 기업과 사회의 동등한 구성원으로 수용하기 위한 노력을 이미 시작하고 있다. 여기에서는 이러한 노력의 실제 사례를 살펴보도록 하자.

채용 단계에서의 차별금지

아이비엠은 채용 공고에 자격을 갖춘 모든 지원자는 채용에서 정체성을 이유로 차별받지 않음을 약속하는 평등기회 정책을 명시하고 있다. 금지되는 차별 사유에는 성별정체성, 성별표현, 성적 지향이 포함된다.[6] 한국아이비엠은 2010년부터 장애인, 보훈대상자 등에게 부여하던 신입사원 채용 가산점을 성소수자에게도 부여하기 시작했다.[7]

차별금지 정책은 채용 과정에 참여하는 면접관이나 채용 담당자의 편견에 따라 실제 적용이 되지 않을 수도 있다. 이런 문제를 방지하기 위해 영국 회계법인 딜로이트는 채용 면접관에게 영국의 평등법Equality Act, 고용 관련 법률 등을 교육하면서 회사에 성소수자 지원자에 대한 채용 차별금지 의무가 있다는 점을 알린다.[8]

차별금지 정책 명시

사내 규정에 성소수자 차별금지를 명시하는 것은 평등으로 나아가는 출발점이 될 수 있다. 삼성전자는 「행동규범 가이드라인」에 업무, 승진, 보상, 징계를 비롯한 인사 관행에서 "성적 지향, 성정체성/성적 발현 (…) 등 어떠한 이유로도 임직원이나 지원자를 차별하지 않"는다는 원칙을 두었다.[9] 포스코도 「윤리규범 실천지침」에서 "성정체성 등을 이유로 어떠한 차별이나 괴롭힘을 하지 않는다"고 명시하고 있다.[10]

차별금지 범위는 임직원에서 서비스 이용자, 협력업체로 확장되기도 한다. 숙박공유 플랫폼 에어비앤비에서는 "모든 에어비앤비 커뮤니티 회원을 (…) 성적 정체성, 성적 취향, (…) 에 상관없이 존중하며 개인적 판단이나 편견 없이 대하"겠다는 데 동의해야 회원가입을 할 수 있다.[11] 애플은 협력업체에 평등 정책 준수를 요구한다.[12] 「협력업체 책임 표준」[13]에 따라 애플의 협력업체에는 차별금지 정책, 정책 이행을 위한 절차와 시스템을 문서화할 것, 정책 및 절차 이행을 감독하고 집행할 담당자를 임명할 것, 고용 또는 근속 조건으로 HIV 등의 의료검진을 요구하지 말 것, 초기 오리엔테이션 기간 동안 정책의 공지 및 교육을 시행하고 주기적으로 보수교육을 할 것 등이 요청된다. 평등의 요구는 애플에 제품이나 서비스를 공급하는 하도급업체에까지 광범위하게 적용된다.

동등한 복지혜택 제공

직원복지 분야에서는 법률혼 중심의 복지제도를 확장해 동성 파트너 관계를 인정하는 사례가 많은 편이다. 유니레버는 직원 가족에 대한 의료 혜택의 제공 범위에 동성 파트너를 포함하고, 동성 파트너 관계를 맺고 있는 부모도 모/부성휴가를 사용할 수 있도록 했다.[14] 일본 트랜스오션항공JTA도 복리후생 및 임금 정책에서 동성 파트너에게 이성 배우자와 같은 지위를 부여한다.[15] 소프트뱅크에서는 휴가, 부조금 등 법률혼 배우자

가 있는 직원에게 제공되는 혜택을 동성 파트너가 있는 직원도 동일하게 받을 수 있다.[16]

트랜스젠더 직원의 트랜지션과 관련된 필요에 적극 대응하는 기업도 있다. 일본 노무라그룹은 트랜스젠더 직원이 호르몬치료, 성전환수술 등을 받고자 할 경우를 위한 「트랜스젠더 대응지침」을 마련하고 모든 임직원이 열람할 수 있도록 했다.[17] 일본 기린홀딩스는 트랜스젠더 직원이 성전환수술을 받는 경우 최대 60일 동안 유급휴가를 사용할 수 있도록 제도를 마련했다.[18]

편의시설 이용에서의 차별 제거

사내 편의시설 이용에서 차별을 제거하기 위해 성중립적 편의시설을 만들거나 편의시설 이용 관련 가이드라인을 구성하는 사례도 있다. 영국 회계법인 언스트앤영은 트랜스젠더 직원의 화장실 이용에 대한 가이드라인을 두고 있다. 트랜스젠더 직원은 자신이 원하는 성별에 따라 화장실을 사용할 수 있고, 그로 인해 다른 직원이 불편함을 느낄 경우에는 상담을 받을 수 있다.[19]

성소수자 차별금지 및 인권 교육과 홍보

임직원 대상 교육 과정에서 성소수자 인권 보장 및 차별금지를 다루거나, 관련 내용을 담은 자료를 배포하는 등 차별금지 가치가 실현될 수 있도록 교육, 홍보하는 사례도 찾을 수 있다. 아이비엠은 신입사원 오리엔테이션 중 '기업 가치의 전달'에서 성소수자에 대한 인식을 포함하여 직원들에게 커밍아웃해도 괜찮다는 점, 괴롭힘이 금지된다는 점을 명확히 전달하며, 모든 신입사원에게 차별금지를 선언한 「다양성 FAQ」를 읽도록 한다.[20] 일본항공^{JAL}에서도 2016년에 경영진과 인사담당자를 대상으로 성소수자에 관한 연수를 실시한 바 있다.[21]

성소수자 고객에 대한 서비스 마련

기업이 제공하는 서비스에서 성소수자 고객에 대한 차별을 제거해 나가는 변화도 발견할 수 있다. 전일본공수^{ANA항공}는 2016년 7월부터 항공사 마일리지 프로그램을 개편해 동성 파트너도 파트너십을 증명하는 문서를 지방자치단체 등에서 발급받아 제출하면 가족 회원으로 등록할 수 있도록 했다.[22] 또한 하네다, 나리따, 이따미 공항의 항공사 라운지 화장실에 성중립 화장실 표지판을 설치했다.[23]

성소수자 인권 보장 노력

차별금지의 차원을 넘어서 성소수자의 인권을 보장하기 위해 적극적으로 노력하는 기업의 사례들이다. 성소수자 지지모임을 지원하고 인권 보장 활동에 참여하는 경우로서, 구글의 전세계적 직원모임 중 하나인 성소수자 지지모임 '게이글러스'^{Gayglers}[24]는 구글코리아에도 지부를 두고 있다. 구글코리아의 게이글러스는 퀴어문화축제에 참여해 회사 부스를 운영하고, 사내에 다양성 도서관을 만드는 등 활발하게 활동하고 있다.

아이비엠의 사례는 기업의 지원 대상에서 성소수자 차별적 활동을 배제하는 유형이다. 아이비엠의 보조금 가이드라인은 아이비엠의 차별금지 정책에 부합하지 않는 활동을 지지·지원·수행하는 단체에 제품 및 서비스를 기부하거나 보조금을 제공하지 않는다는 점을 명확히 하고 있다.[25]

5장

성소수자에 대한 편견
논리적 오류를 넘어서

최훈

혐오의 세상

인류는 역사적으로 기술의 측면뿐 아니라 도덕의 측면에서도 분명히 진보했다. 누구나 도덕적으로 평등한 대우를 받는 세상이 되었다는 것을 보면 그런 주장이 무리는 아니다. 여기에 동의하기 힘들다면 자신이 노예(노비)나 여성, 흑인으로 고대 그리스나 120여 년 전의 우리나라나 불과 50여 년 전의 미국에서 태어났을 때 어떤 대접을 받을지 상상해 보면 된다. 물론 현대사회에도 여전히 불평등이 남아 있지만 적어도 오늘날 우리는 모든 인간이 평등하다는 주장을 공공연하게 부정하지는 않는다.

인류의 도덕관념은 분명히 진보했고 앞으로도 더욱더 진보해야 한다. 그러나 최근 한국의 상황을 보면 그 역사가 후퇴하는 것 같다. 각종 혐오가 난무하는 것을 보면 그러하다. 여성 혐오, 이주노동자 혐오, 노인 혐오, 장애인 혐오 따위의 각종 혐오가 공공연하게 퍼져가고 있고, 급기야는 맘충, 급식충, 한남충, 틀딱충 등 혐오의 대상을 벌레로 호명하며 비아냥거리기까지 한다.* 인권과 평등을 배워야 하는 학교에서부터 아이들은 혐오 발언을 하며 논다.[1] 우리 선조들은 오랜 역사에 걸쳐 모든 사람을 인간 대접하기 위해 싸워왔는데, 불과 몇년 사이에 인간은 벌레로 전락하고 만 것이다.

혐오, 곧 누군가를 싫어하고 미워하는 감정은 누구에게나 있다. 유학에서는 인간이 갖는 일곱가지 감정(칠정) 중 하나로 미워함을 꼽을 정도로 혐오는 자연스러운 감정이기도 하다.** 그런데 최근의 혐오 감정은 특정 개인이 아니라 특정 집단을 향한다는 데 문제가 있다. 여성, 외국인, 노인, 아이 엄마 등의 특정 집단이 혐오를 받을 만한 부정적인 속성을 가지고 있다고 단정하고, 그 집단을 대상으로 차별적이거나 모욕적인 언행을 드러내는 것이다. 특정 집단에 대한 혐오는 곧바로 차별로 연결된다. 실제로 국가인권위원회에서는 차별을 "사회적 소수자 개인을 그가 속한 집단과 동일시하여 그 개인 역시 그 집단의 속성을 가졌다는 전제 아래 그 개인을 불리하게 구분하고 배제하는 것을 말한다"라고 정의하고 있다.[2] 이 정의에서는 차별이 '그 집단의 속성'을 전제하는 데서 시작한다고 보고 있다. 특정 집단이 어떤 속성을 가지고 있다고 전제하고 '사회적 소수자 개인'도 그 속성을 가지고 있다고 집단과 동일시하여 그 사람을 불리하게 구분하고 배제한다는 것이다.

많은 사람들은 혐오의 사회적 문제를 지적한다. 혐오발언과 그에 따르

---

* '맘충' '급식충' '한남충' '틀딱충'은 각각 아이를 기르는 엄마, 미성년자 학생들, 한국의 남성, 노인을 가리킨다.
** 칠정은 기쁨(喜)·노여움(怒)·슬픔(哀)·두려움(懼)·사랑(愛)·싫어함(惡)·바람(欲)을 말한다.

는 차별은 혐오 대상에게 상처를 주고 심하게는 그들의 삶을 파괴하기 때문이다. 그러나 혐오의 주체는 이런 문제점을 지적해도 귓등으로도 듣지 않는다. 그들은 혐오의 대상이 되는 집단이 그런 혐오를 받을 만하다고 확신하기 때문이다. 자업자득이니 '상처를 받아도' 싸다는 것이다. 자신들의 혐오는 그냥 싫은 것이 아니라 상대방의 잘못에 대한 합리적인 반응으로 정당화된다고 본다. 그래서 이 장에서는 혐오의 논리적 문제점을 성소수자 혐오 문제를 통해 검토해보겠다. 혐오의 대상이 정말로 그런 대접을 받을 만한지 '합리적으로' 살펴보자는 것이다.[3]

편견의 고착화

인간은 살아가면서 무수히 많은 사례나 사물, 그리고 개인을 마주하는데, 매번 대상을 면밀히 살펴 개별적으로 파악하는 것은 사실상 불가능하다. 따라서 인간은 본능적으로 대상의 공통되는 속성을 뽑아서 이를 일반화하는 판단을 한다. 예컨대 독버섯을 먹고 탈이 난 적이 있다면 "모든 독버섯은 해롭다"라고 일반화한다. 그래야 독버섯을 만날 때마다 일일이 먹어봐서 탈이 나는지 안 나는지 확인하는 불편함과 위험을 덜 수 있기 때문이다. 이런 일반화된 판단을 심리학에서는 범주화, 철학에서는 귀납적 추론이라고 말한다. 귀납화나 범주화는 생존과 직결되는 문제로, 심지어 동물도 하는 추론이다.

그런데 이런 효율성에도 불구하고 귀납화나 범주화는 실패할 가능성이 있다. 크게 두 종류의 실패가 있는데, 하나는 귀납화가 제대로 되지 않는 경우고, 다른 하나는 귀납화는 성공적이지만 예외가 발생하는 경우다.

먼저 귀납화가 제대로 되지 않는 경우를 살펴보자. 어떤 개별적인 대상들을 보고 거기서 공통되는 속성을 뽑기 위해서는 당연히 그 대상들을 많이, 그리고 골고루 관찰해야 한다. 그래야 성공적인 귀납화가 이루어진다. 그런데 개인의 경험은 한정될 수밖에 없기 때문에 사람들은 자신의 불충분한 정보와 경험에 의존해 일반화를 하곤 한다. 예컨대 공공장소에서 아이의 버릇없는 행동을 방치하는 엄마들을 직접 보거나 인터넷을 통해 간접경험한다고 하더라도 그 사례는 손에 꼽을 수밖에 없다. 그런데도 수없이 많은 아이 엄마들을 뭉뚱그려 '무개념'이라고 범주화하는 것이다. 이런 경우를 논리학에서는 '성급한 일반화의 오류'라고 부른다. 위에서 말했듯이 일반화(귀납화) 자체는 생존에 도움이 되는 효율적인 추론이지만 성급한 일반화는 분명 잘못된 추론이다.

인간의 인지 과정은 백지상태에서 시작되지 않기 때문에 추론을 할 때는 이미 어느정도의 선입견을 가지고 있을 때가 많다. 내가 본 아이 엄마의 행동은 그 엄마의 행동일 뿐인데 왜 "아이 엄마들은 다 저래"라고 모든 아이 엄마를 단정할까? 아이 키우는 엄마들의 '진상' 행동을 이미 부정적으로 생각하고 있기 때문이다. 몇번 안 되는 사례들을 관찰하거나 전해 들었음에도 그 사례들은 자신이 가지고 있는 선입견을 고착화한다. 그러니 자신은 관찰하는 사례가 많다고 생각하더라도, 다시 말해서 성급한 일반화가 아니라고 생각하더라도, 여전히 잘못된 추론을 할 수밖에 없다. 선입견은 자신에게 유리한 사례만 선택적으로 관찰하게 만들기 때문이다. 공공장소에서 왜 '개념 없는' 엄마들의 행동이 보이겠는가? '개념 있는' 엄마들의 행동을 볼 때도 분명히 있다. 다만 선입견이 자신의 입맛에 맞는 사례만 눈에 쏙 들어오도록 만드는 것이다. 그래서 소설『82년생 김지영』[4]에서처럼 아이를 데리고 1500원짜리 커피를 마시고 있는 주인공을 보고 '맘충'이라고 부르게 된다. 이렇게 성급한 일반화는 아니지만 자신의 선입견에 맞는 사례들만을 바탕으로 추론하는 것을 논리학에서는 '편향된 통계의 오류'라고 부른다. 아무리 많은 사례를 관찰한다고 하더라도 선입견에 따른 편향된 판단은 신뢰성이 없다.

성급한 일반화와 편향된 통계에 의해 형성된 범주는 고정관념이 된다. "여자들은 의무는 다하지 않으면서 권리만 내세운다"거나 "이주 노동자는 위험하다"거나 "아이 엄마들은 개념이 없다"라는 고정관념은 그런 식으로 형성되고, 그 고정관념에 부합하는 사례에 다시 적용되어 "이것 봐. 내가 뭐라고 그랬어? 내 말이 맞지?"라고 자기 생각을 확증하는 악순환이 반복되는 것이다.

이제 귀납화는 성공적이지만 예외가 발생해 문제가 되는 경우를 살펴보자. 사람들은 날개가 달린 동물을 새라고 범주화하고 이 새들은 날 수 있다고 귀납화한다. 이런 귀납화는 성공적이다. 거의 대부분의 새들은 날기 때문이다. 그러나 날지 못하는 새들도 있다. 닭이나 펭귄이 그런 예다. 먹구름이 오면 비가 내린다. 그러나 대체로 그럴 뿐이고 예외가 있다. 곧 비가 올 것처럼 시커먼 구름이 몰려왔지만 비가 내리지 않을 때도 있다. 귀납 추론은 결론이 확실히 도출되는 연역 추론이 아닌 이상 이런 예외가 생길 수밖에 없다. 물론 일상생활에서 성공적인 귀납화는 아주 유용하고 우리는 거기에 기대어야 생존할 수 있다. 새는 날지 못한다고 생각하고 먹구름이 와도 비가 오지 않는다고 생각하는 사람보다 새는 날 수 있다고 생각하고 먹구름이 오면 비가 온다고 생각하는 사람의 생존 확률이 훨씬 높다. 자연에 대한 판단뿐 아니라 사람에 대한 판단에서도 이런 귀납화가 도움이 될 때가 많다. 자동차보험 회사에서 집단의 사고율에 따라 보험료를 다르게 책정하는 경우를 생각해보자. 예를 들어 20대는 50대에 비해 사고율이 높아 많은 보험료를 부과한다고 할 때, 같은 20대라도 안전한 운전 습관이 있는 사람은 억울할 것이다. 그러나 보험회사 입장에서는 한 사람 한 사람의 운전 습관을 검사하여 보험료를 차등 부과하는 것은 현실적으로 가능하지 않으므로 그 사람이 속한 집단의 평균적인 사고율에 따라 보험료를 책정하는 것이다. 그렇다면 개연성이 아주 높은 성공적인 귀납 추론이 왜 문제가 될까?

한 개인을 그 개인이 속한 집단을 보고 판단하는 것을 '확률적 편의주의'라고 부른다. 확률적 편의주의는 경제적인 측면에서는 용인될 수 있다.[5] 억울하게 높은 보험료를 납부해야 하는 사람이 있더라도 그 정도는 넘어갈 수 있다. 운전 습관이 좋은 20대는 억울하기는 하지만 불이익이 경제적인 부담 정도에 그치기 때문이다. 경제적인 부담이 사소하다는 뜻이 아니다. 그 경제적인 부담 정도는 인권의 측면에서 부정적으로 낙인찍히는 것에 비해서는 새 발의 피라는 의미다. 이번에는 전과자의 재범률이 전과자가 아닌 사람의 범죄율보다 높다는 통계가 있다는 가정하에 확률적 편의주의를 인권의 측면에서 생각해보자. 전과자의 재범률이 높다고 하더라도 그것은 어디까지나 집단의 평균적인 통계일 뿐이지 집단의 개개인이 그 평균치를 똑같이 갖는다는 뜻은 아니다. 그런데 특정 전과자를 잠재적 범죄자로 의심하는 것은 그 사람에게 단순한 경제적 손실을 훨씬 상회하는, 돌이킬 수 없는 피해를 준다. 비록 전과가 있어도 죗값을 치르고 충분히 반성한 사람이 그런 취급을 받으면 심한 모멸감과 수모를 견뎌야 한다. 이처럼 확률적 편의주의는 적어도 인권이 개입하는 문제에는 적용할 수 없다. '아니면 말고' 식으로 넘길 수 없는 성격인 것이다. 어떤 대상에 대한 부정적인 편견은 설령 상당한 개연성이 있다고 하더라도 차별의 측면에서는 문제가 된다.

성소수자는 무슨 피해를 주는가

우리 사회에서 성소수자도 대표적인 혐오의 대상이다. 성소수자 중 남성 동성애자(게이)는 항문 성교를 한다고 해서 '똥꼬충'이라는 이름으로 벌레의 대열에 선다.[6] 그런데 성소수자 혐오는 다른 종류의 혐오와 차이점이 몇가지 있다. 그 차이점을 설명하면서 성소수자에게 씌우는 고정관념의 실체를 드러내보겠다.

첫째, 대부분의 혐오는 자신이 특정 집단에 의해 피해를 입는다고 생각하거나 직접적인 피해를 입지 않더라도 그 집단이 정의의 기준에 어긋나는 혜택을 받는다고 생각하기 때문에 생긴다. 과거에 남성이나 백인 입장에서는 여성이나 흑인은 사람 취급을 하지 않고 무시해도 되는 존재였다. 그러나 여권과 흑인 인권운동이 활발해져 여성이나 흑인은 남성이나 백인이 독점하던 자리를 넘보게 되었다. 이러니 자신의 기득권을 빼앗기게 된 남성이나 백인 입장에서는 여성이나 흑인을 상대로 혐오를 표출하게 된다. 예전에는 그런 혐오 감정이 있었어도 굳이 표현할 필요가 없었지만, 자신의 자리를 빼앗기게 된 급박한 상황에서 혐오 감정을 드러내는 것이다. 나치 시대의 유대인 혐오나, 한국사회의 지방대 혐오도 마찬가지로 이해할 수 있다. 다음으로 직접적으로 손해를 보지는 않지만 특정 집단이 과도한 특혜를 받는다고 보고 그 집단을 상대로 혐오를 드러내는 경우가 있다. 노인 혐오와 장애인 혐오가 대표적인 예다. 사실 대중교통에 장애 친화적 설비를 마련하고 노인에게 경로 우대를 준다고 해서 비장애인이나 젊은 사람이 가진 것을 빼앗는 것은 아니다. 공적인 세금이 투여되는 것은 맞지만 여성이나 흑인이 자신들의 일자리나 지위를 빼앗는다고 생각하는 경우처럼 직접적인 손해가 눈에 보이는 것은 아니다. 그렇지만 장애인이나 노인이 너무 많은 것을 받는다고 생각하기에 혐오를 표출하는 것이다. 성소수자에 대한 편견은 이 중 어느 쪽에도 해당하지 않는다는 점에서 특이하다. 성소수자의 인권이 보장된다고 해서 비성소수자의 일자리를 빼앗는 것도 아니고, 정부에서 성소수자에게 과도한 특혜를 주는 것도 아니다. 그런데도 왜 성소수자를 혐오할까?

물론 성소수자 혐오세력은 성소수자로 인한 피해를 주장하고 있다. 성소수자, 특히 남성 동성애자는 에이즈를 퍼뜨리고 공적인 건강보험료가 그들의 치료를 위해 쓰인다는 논리가 대표적이다. 남성 동성애자는 에이즈를 퍼뜨린다는 편견이 얼마나 근거가 없는지는 앞서 2장 '동성애, HIV, 그리고 혐오'에서 이미 논한 바 있다. 그리고 건강보험을 통해 HIV 감염자의 치료를 지원하는 것은 불필요한 낭비가 아니라 국민 전체의 건강과 안전을 위한 마땅한 조치다. 건강보험료가 허투루 쓰이는 것이 걱정된다면 금연 운동에 앞장서는 것이 훨씬 더 정의로운 일이다.[7] 성소수자를 존중하기 시작하면 성수소자가 늘어날 것이라고 우려하는 사람도 많다. 심지어 "우리 애가 저거 보고 동성애자가 되면 어떡해요?"나 "댁의 자식이 동성애자가 돼도 괜찮다는 말인가요?"라고 말하는 이도 있다. 성소수자가 많아지는 것이 성소수자가 주는 피해라는 인식이다. 그런데 성소수자가 되면 어떤가? 성소수자가 늘어나는 데 우려를 보이는 사람은 성소수자가 문제라는 생각을 먼저 가지고 있다. 논리학에서는 이것을 '선결문제 요구의 오류'라고 말한다. 자신이 증명하려고 하는 명제('성소수자가 문제다')를 아직 증명하지 않은 채 새로운 주장('성소수자가 늘어나는 것이 문제다')의 근거로 쓰는 잘못이다. 그리고 성소수자는 되고 싶다고 해서 되는 것이 아닌데, 성소수자가 늘어난다거나 바뀐다고 오해하고 있다. 이 점을 바로 이어서 말하겠다.

성소수자는 치료의 대상인가

성소수자 혐오와 다른 종류의 혐오의 두번째 차이점은 성소수자의 경우 혐오의 원인이 되는 속성을 바꿀 수 있다고 생각하는 것이다. 여성 혐오와 흑인 혐오를 보면 여성이나 흑인에게 남성 또는 백인이 되라고 억지를 부리지 않는다. 오히려 남성이나 백인은 자신들이 결코 여성 또는 흑인이 될 리 없다고 생각하기에 마음 놓고 혐오를 표현한다. 반면에 노인 혐오와 외국인 혐오는 이 점에서 모순적인 면이 있다. 젊은이는 언젠가 노인이 되고 내국인은 다른 나라에 가면 외국인이 되기 때문이다. 자신 또한 혐오의 대상이 될 수 있음에도 역지사지하지 못하고 혐오를 드러낸다.[8] 성소수자 혐오는 이 경우와도 다르다. 성소수자가 자신의 정체성을 바꿀 수 있다고 오해하기 때문이다. 그래서 성소수자를 향해 당신들도 비성소수자가 될 수 있는데 왜 되지 않느냐고 비난하고, 노력하지 않았으니 혐오를 받아도 싸다고 생각한다.

그런데 왜 굳이 성소수자를 비성소수자로 전환시키려고 할까? 일례로 유명 드라마 「오로라 공주」(MBC 2013)에서 등장인물 중 한명은 동성애자였는데, 절에서 천 배를 올려 이성애자가 됐다고 말하는 장면이 방영되어 논란이 있었다. 한편 '바른 성문화를 위한 국민연합'이라는 성소수자 혐오 단체의 한 목사는 본디 동성애자였다가 믿음으로 이를 극복했다고 주장한다. 도대체 성정체성이 극복의 대상이 되는가? 성소수자가 뭘 잘못했기에 비성소수자가 되어야 하는가? 아무 잘못도 없는데 왜 바꾸어야 하는가? 우리 사회에서 성소수자로 사는 것이 얼마나 힘든지 잘 알기에 '진심으로 걱정하는 마음으로' 성정체성을 바꾸기를 권한다고 말하는 사람도 있다. 그러나 성소수자로 사는 고통을 잘 안다면 이를 조장하는 사회 분위기를 바꾸는 데 힘을 보태야 마땅하다.

노력에 의해 동성애자가 이성애자로 바뀔 수 있다고 생각하는 사람들은 동성애를 질병이거나 질병까지는 아니어도 적어도 부정적인 특성이라고 본다. 그러나 이미 1974년에 미국정신의학회는 동성애를 정신질환 목록에서 삭제했고, 1990년에 세계보건기구WHO는 동성애를 질병 목록에서 제외했다. 가장 권위 있는 보건의료기구가 질병이 아니라는데 질병 운운하고 치료('전환치료' 또는 '교정치료')에 의해 '정상'을 찾을 수 있다고 말하는 것은 무식함을 폭로하는 것뿐이다.[9] 성정체성은 자신이 원한다고 통제할 수 있는 속성이 아니다. 앞서 "우리 애가 저거 보고 동성애자가 되면 어떡해요?"나 "댁의 자식이 동성애자가 돼도 괜찮다는 말인가요?"라고 되묻는 사람들이 있다고 했는데, 이런 질문도 무지의 소치다. 동성애는 보고 배우는 것도, 되고 싶다고 되는 것도 아니기 때문이다.

그러면 도대체 왜 성소수자가 되는 것일까? 이런 질문 자체에 성소수자에 대한 편견과 논리적 오류가 듬뿍 들어 있다. 아무도 왜 이성애자가 되느냐고 묻지 않는다. 너는 왜 왼손잡이냐고 묻지 않고, 너는 왜 민트맛 아이스크림보다 체리맛 아이스크림을 더 좋아하느냐고 묻지 않는다. 그런데 유독 왜 성소수자가 되느냐고 묻는 것은 거기에 어떤 잘못이 있다고 전제하기 때문이다. 자신이 증명하려는 바를 오히려 증명의 근거로 삼는 선결문제 요구의 오류를 저지르고 있는 셈이다. 주변의 이성애자를 보면 이성을 드러나게 좋아하는 사람도 있고 그리 관심이 없는 사람도 있다. 우리는 그것을 개인의 취향으로 여길 뿐 질병으로 생각하지 않고 왜 그런지 묻지도 않는다. 성적 지향에는 그렇게 다양한 스펙트럼이 존재한다. 동성애도 그중 한자리를 차지할 뿐이다.

한편 성소수자 혐오진영은 동성애 자체는 질병이 아닐지 몰라도 동성애가 무서운 질병을 일으키기 때문에 혐오를 받아 마땅하다고 주장하기도 한다. 동성애가 에이즈의 주범이라는 억지는 성소수자 혐오진영의 대표적이고 끈질긴 레퍼토리다. 동성애와 에이즈의 관련성에 대해서는 동성애자의 에이즈 감염 확률이 일반인보다 730배 높고, UN의 보고에 따르면 에이즈 환자 160만명 중 절반이 동성 간의 성접촉으로 감염됐다는 가짜 뉴스도 난무하고 있다. 단언컨대 에이즈의 원인은 동성 간의 성접촉이 아니라 HIV 바이러스다. HIV 바이러스는 동성 간뿐 아니라 이성 간의 성접촉으로도 전염되고, 수혈이나 수유로도 전파된다. 동성이나 이성 간의 성접촉도 콘돔 사용 따위의 안전한 성관계면 예방이 된다. 에이즈는 이제 의학기술의 발달로 고혈압이나 당뇨처럼 관리 가능한 만성병이 되었다. 에이즈를 걸고넘어지는 공격의 근거가 많이 약해지다 보니 동성애 혐오진영은 다른 괴담을 퍼트린다. 성소수자 중 특히 남성 동성애자는 항문 성교를 하기 때문에 괄약근이 약해져 대변이 유출되는 '변실금'을 갖게 된다는 것이다. 하지만 모든 남성 동성애자가 항문 성교를 즐기는 것도 아니고, 항문 성교 시 괄약근이 약해진다는 확실한 근거도 없다. 무엇보다 항문 성교 반대가 터무니없는 가장 중요한 이유는 누구도 타인의 사생활을 함부로 재단할 수 없다는 점이다. 설령 괄약근이 약해져 '변실금'이 생기더라도 그게 왜 다른 사람이 왈가왈부할 문제인가? 위에서 말했듯이 건강보험료가 허투루 쓰이는 것이 걱정되어서인가? 정 그렇다면, 다시 말하지만, 금연 운동에 앞장서는 것이 훨씬 더 정의롭고 효율적인 일이다.

동성애는 질병도 아니고 질병을 일으키지도 않지만 설령 그렇다고 하더라도 비난의 대상은 아니다. 어느 환자가 특정 질병에 걸렸다고 비난을 받는가? 보통 병에 걸린 환자는 동정의 대상이 되거나 흡연 같은 부주의한 습관에 대해서 걱정 어린 질책을 받을지언정 도덕적인 비난을 받지는 않는다. 그런데 유독 동성애와 연관된 에이즈만 비난의 대상이 된다. 역시 여기에는 성소수자는 도덕적으로 비난받을 만하다는, 입증 안 된 근거가 전제되고 있다.

질병에 대한 말이 난 김에 성소수자 혐오세력을 가리킬 때 쓰는 말인 '호모포비아'homophobia가 적절한지도 검토해보자. 공포증을 뜻하는 '포비아'는 정신질환 중 하나이므로 호모포비아로 부르는 순간 성소수자를 혐오하는 사람을 일종의 정신질환자로 취급하게 된다. 그러나 이는 적절하지 않다. 흔한 공포증 중 하나인 고소공포증과 견줘보면 부적절함을 쉽게 짐작할 수 있다. 고소공포증이 있는 사람은 높은 곳에 올라가면 가슴이 뛰고 땀이 흐르는 따위의 불안 증세를 보인다. 반면 성소수자를 혐오하는 사람들은 성소수자를 만나도 그런 증세를 보이지 않는다. 오히려 더럽다고 손가락질하고 쌍욕을 퍼붓지 공포와 두려움을 느끼지는 않는다. 물론 혐오의 감정이 강하면 '병적'이라고 부르기는 하지만, 이것은 어디까지나 정상을 벗어나 불건전하고 지나치다는 비유적인 표현일 뿐이다. 동성애를 질병으로 모는 것도 옳지 않지만 동성애 혐오를 질병으로 모는 것도 옳지 않다.

동성애는 반대의 대상인가

　성소수자 혐오와 다른 종류의 혐오의 세번째 차이점은 동성애는 찬성과 반대의 대상이 된다는 점이다. 여성 혐오나 흑인 혐오나 이주노동자 혐오를 떠올려보자. 여성을 찬성하느냐, 흑인을 찬성하느냐, 이주노동자를 찬성하느냐고 묻는 사람은 아무도 없다. 그런 질문 자체가 무슨 말인지 이해하기도 어렵다. 길가는 사람을 붙잡고 "당신은 여성을 찬성하십니까, 반대하십니까?"라고 물어보면 여성이나 흑인은 원래 있는 건데 뭘 찬성하고 말고 한다는 것인지 의아해할 것이다. 그래도 "이주노동자를 찬성하느냐, 반대하느냐?"라는 질문은 어느정도 이해가 간다. 이주노동자가 국내에 머무는 것을 허용하느냐 허용하지 않느냐의 뜻일 테니까 말이다. 성소수자에 대한 찬반 질문도 성소수자가 존재하는 것을 허용하느냐 허용하지 않느냐를 묻는 질문으로 해석할 수 있다.

　그렇다고 하더라도 역시 혼란에 빠진다. 성소수자가 존재하는 것을 허용하거나 허용하지 않는 것은 또 무슨 뜻이란 말인가? 여성이 존재하는 것을 허용하거나 허용하지 않는 게 말이 안 되는 것과 마찬가지 아닌가? 이주노동자가 국내에 머무는 것을 허용하지 않는다면 그들을 고국으로 돌려보내라는 뜻일 텐데, 성소수자가 존재하는 것을 허용하지 않는다면 성소수자를 어디로 보낸다는 말인가? 아마 그것은 성소수자를 비성소수자로 바꾸자는 뜻일 것이다. 그러나 앞서 말했듯이 성정체성은 전환의 대상도 치료의 대상도 아니다. 여성이 존재하는 것을 허용하지 않는다고 해서 여성을 남성으로 바꾼다는 발상이 말이 안 되는 것과 마찬가지로 허무맹랑한 생각이다.

　여성을 찬성한다거나 반대한다는 것이 말이 안 된다고 했지만, 십분 양보해 이해하면 여성의 권리를 옹호하는 페미니즘 운동을 지지하거나 반대한다는 말로 해석할 수 있다. 마찬가지로 성소수자를 찬성한다, 반대한다는 것도 성소수자의 권리를 옹호하는 운동을 지지한다, 반대한다는 말로 해석할 수 있다. 더 구체적으로는 성적 지향성에 따른 차별을 금지하는 '차별금지법'을 지지한다, 반대한다로 이해할 수 있다. 이렇게 되면 명확하고 생산적인 논의가 된다. 그럼 차별금지법을 반대한다는 게 무슨 뜻일까? 그것은 성소수자를 차별해도 처벌하지 말자는 말일 테고, 이는 성소수자를 혐오해도 문제가 되지 않는다는 의미가 된다. 그런데 왜 성소수자를 혐오하는가? 성소수자가 되지 않을 수도 있는데 성소수자가 되었다고 혐오한다. 결국 우리는 출발한 곳으로 다시 돌아오고 말았다. 여자가 남자가 될 수 없는데 여자를 반대하는 것처럼 성소수자는 비성소수자가 될 수 없는데 성소수자를 반대하는 것이다.

성소수자를 찬성하거나 반대하느냐고 묻거나 이런 질문에 대답하기 위해서는 그 말이 무슨 뜻인지 명확하게 해야 한다. 그러나 2017년의 대통령 후보 간 토론에서 나온 대권주자들의 발언은 한국 인권의 현주소를 적나라하게 보여줬다. 당시 "동성애에 반대한다" "동성애를 좋아하지 않는다" "동성애 합법화에 찬성하지 않는다" 같은 발언이 쏟아져나왔다.[10] 다시 한번 말하지만 동성애는 찬성하고 말고의 대상도, 좋아하고 말고의 대상도 아니다. 그리고 현재 우리나라에서 동성애는 불법도 아니다. 그러니 합법화하고 말고의 대상도 아니다.* 동성애 찬성과 반대 발언이 성소

---

* 군형법 92조 5항(추행)은 "계간(鷄姦)이나 그 밖의 추행"을 불법으로 규정하고 있긴 하다. 그리고 '동성애 합법화'는 동성결혼 합법화를 의미할 수도 있다. 그러나 성소수자 인권도 제대로 보장되지 못하는 우리나라에서 정치인들이 동성결혼 합법화의 의미로 말했다고 보기는 힘들다.

수자들에게 어떤 의미를 주는지 고민하지 않고 표만 의식해서 내뱉는 이런 발언은 정치 지도자들과 한국사회의 낮은 인권 감수성을 단적으로 보여준다.

어느 사회나 성소수자를 둘러싼 차별적인 분위기 때문에 성소수자는 끼리끼리 모이게 되고, 그래서 비성소수자는 성소수자를 실제로 만날 기회가 거의 없다(만났어도 성소수자인지 모른다고 말하는 게 정확할 것이다). 대부분의 비성소수자는 성소수자가 뭔지도 잘 모르고 거기서 인권 문제가 생기는지도 잘 모른다. 그러니 성소수자를 어떻게 생각하느냐고 물어보면 "성소수자를 본 적은 없는데 나와는 다른 특이한 사람인 것 같아요" 정도로 말하는 게 일상적이다. 실제로 우리나라에서 동성애 혐오가 기승을 부리기 전의 풍경은 지금과 사뭇 달랐다. 1997년 15대 대통령 선거 토론회에서 후보들에게 동성애에 대한 질문을 던졌는데 동성애를 "찬성하느냐, 반대하느냐?"가 아니라 "어떻게 생각하느냐?"라는 질문이었다. 후보들의 대답도 진보든 보수든 대체로 '인정한다'거나 '공감이 간다' 정도였다.[11] 20여 년 전에도 그랬는데 성소수자 인권은 오히려 뒷걸음질하고 있다. 이제 질문은 대놓고 "동성애를 찬성하느냐, 반대하느냐?"로 바뀌었고, 성소수자 인권 감수성이 없는 정치인들은 동성애 혐오 진영의 표를 의식해서 반대한다고 대답하고 있다.

논리학에 '복합 질문의 오류'가 있다. 이를테면 "마누라를 아직도 때려요?"라고 물을 때 "아니오"라고 대답하면 예전에는 마누라를 때렸음을 인정하는 꼴이 된다. "마누라를 아직도 때려요?"라는 질문에 "예전에 마누라를 때린 적이 있나요?"와 "지금도 마누라를 때려요?"라는 두 질문이 복합되어 있는데 그것을 알아차리지 못하고 질문이 유도하는 바에 넘어가는 것이다. "동성애를 찬성하느냐, 반대하느냐?"도 "동성애가 찬성·반대의 문제라고 생각하는가?" "동성애가 찬성·반대의 문제라면 정확히 무엇을 찬성·반대한다고 생각하는가? 동성애자의 존재 자체인가, 동성애 차별금지법인가, 동성애자 결혼인가?" "당신은 이 질문에 대해 찬성·반대 중 어느 쪽인가?"라는 여러 질문이 복합되어 있다. 그런데도 찬성 또는 반대로만 대답한다면 "마누라를 아직도 때려요?"라고 물을 때 순진하게 "아니오"라고 대답하는 사람과 같은 함정에 빠진다.

성소수자 인권이 불과 20여년 전보다도 후퇴한 데는 사회 전체적인 혐오 분위기의 확산과 거기에 편승한 성소수자 혐오세력의 발호 탓이 크다. 특히 성소수자 혐오의 중심에는 기독교가 있다. 기독교의 성소수자 혐오는 겉으로는 에이즈 원인설을 내세우지만 내부적으로는 성경의 구절에 근거하고 있다. 구약에는 "여자와 한자리에 들듯이 남자와 한자리에 든 남자가 있으면, 그 두 사람은 망측한 짓을 하였으므로 반드시 사형을 당해야 한다. 그들은 피를 흘리고 죽어야 마땅하다"(레위기 20장 13절)라는 구절이 있다. 사회적인 물의만 일으키지 않는다면 특정 종교가 어떤 신념을 갖든 상관할 바가 아니다. 예컨대 피타고라스학파에는 콩을 먹지 말라는 교리가 있었다고 한다. 그 종교를 믿지 않는 사람들에게는 선뜻 이해되지 않지만 피타고라스학파가 학파 밖의 사람들에게 콩을 먹지 말라고 강요하지 않는 이상 그런가보다 하면 그만이다. 그러나 개인이 콩을 먹는 문제와 달리 혐오는 누군가를 대상으로 하는 것이기에 문제가 된다. 우리나라의 헌법 제20조는 종교의 자유를 인정함과 동시에 "국교를 인정하지 아니하며, 종교와 정치는 분리된다"고 명시하고 있다. 따라서 특정 종교의 교리에 의해 시민윤리와 국가의 차별금지 정책이 흔들리는 것은 헌법에 정면으로 위반된다. 기독교계는 성소수자 혐오가 특정 교리의 문제가 아니고 보편적인 윤리라고 말하겠지만, 앞서 논증했듯이 보편적이라고 내세우는 에이즈 원인설은 사실이 아니고 신의 말씀은 그 신을 믿지 않는 사람에게는 통하지 않는다. 사실 기독교인들은 신의 말씀도 왜곡하고 있다. 구약 구절에는 분명히 동성애가 '망측한 짓'일 뿐 아니라 그런 짓을 한 자는 '반드시 사형을 당해야 한다'고 적혀 있다. 그런데 왜 교회 안팎에서는 동성애자에 대한 사형을 주장하지 않는가? 구약이 나올 때와 시대가 변했다고? 동성애에 대한 시각도 시대가 변했다.

그냥 싫은 성소수자

이 장에서는 먼저 편견이 고착화되는 방식을 귀납화 또는 범주화에 의해 설명했다. 그리고 이는 귀납화가 제대로 되지 않거나 성공적이라고 하더라도 예외가 발생하기 때문에 잘못된 추론임을 확인했다. 그런 실패가 발생하기 위해서라도 편견이 귀속되는 집단의 구성원 일부 또는 상당수가 혐오를 유발하는 속성을 가지고 있어야 한다. 여성의 '의무는 다하지 않으면서 권리만 내세움', 이주노동자의 '위험함', 아이 엄마의 '무개념'이 그런 속성이다. 이런 속성을 집단의 구성원 중 소수만 가지고 있거나, 다수가 가지고 있더라도 예외가 있는데 이를 무시하기에 혐오세력의 이른바 '합리적' 추론은 합리적이지 않게 되는 것이다. 그런데 성소수자 혐오와 다른 종류의 혐오의 차이점 세가지를 살펴보면서 특이한 점을 발견했다. 성소수자에게는 혐오를 유발한다고 생각되는 그런 속성이 없는 것이다. 성소수자는 다른 사람에게 끼치는 피해도 없고 빼앗는 것도 없으며, 동성애는 질병도 아니고 반대의 대상도 아니다. 그런데도 왜 성소수자를 혐오하는가? 혐오의 합리적 근거를 도대체 찾을 수 없다. 결국 성소수자가 '그냥' 싫은 것이다. 혐오발언과 차별을 하는 사람들은 특정 집단이 그런 혐오를 받을 만한 합리적인 이유가 있다고 말하지만, 그런 근거는 없고 그냥 싫은 것뿐이다. 앞서 말했지만 누군가에게 혐오의 감정을 가질 수 있다. 그러나 그 혐오가 집단을 향하고 차별로 이어지는 것은 다른 문제다. 차별의 합리적 근거 없이 그냥 싫다는 것은 더 문제다.

사람들이 익숙하지 않은 것에 거부감을 느끼는 것은 당연하다. 그런데 그 거부감이 개인적인 차원에 머물지 않고 다른 집단을 향한 혐오로 이어지면 사회적 문제가 따른다. 앞에서도 지적했지만 우리 사회에서는 자주 접하기 힘든 성소수자를 향한 혐오 감정이 크게 드러나지 않다가 성소수자의 존재가 점차 가시화됨에 따라 사회 전체적으로 혐오 분위기가 퍼져가고 특정 종교가 거기에 가세하여 성소수자 차별을 정당화하고 있다. 특히 성소수자의 '익숙하지 않음' 또는 '자연스럽지 않음'은 그들을 특이한 존재로 받아들이는 선에서 끝나는 것이 아니라 성소수자 혐오를 정당화하는 수단이 되고 있다. 성소수자는 '자연의 섭리에 어긋난다'거나 '아이를 낳지 못한다'거나 하는 이유로 부자연스럽다는 논리다. 철학에서는 자연스러움에서 어떤 규범을 이끌어내는 시도를 '자연주의의 오류'라고 부른다. 자연스러움은 자연스러움으로 끝나는 것이지 거기서 어떤 옳고 그름을 이끌어낼 수 없기 때문이다. 예컨대 태풍, 가뭄, 전염병 따위는 자연스러운 현상이지만 이를 옳다고 할 수는 없다. 거꾸로 태풍, 가뭄, 전염병 따위를 극복하려는 인간의 노력을 자연의 일에 역행하므로 옳지 않다고 단정할 수도 없다. 성소수자는 아이를 낳지 못하고 그것은 '자연스러운' 일이다. 그러나 거기서 옳고 그름의 규범을 도출할 수는 없다. 만약 아이를 낳지 못한다고 해서 옳지 않다고 한다면 이 세상의 불임 부부들은 모두 비난을 받아야 한다. 그들에게 혐오를 보내는 것이 마땅한 일은 아니

지 않는가? 그런데 유독 성소수자의 '자연스럽지 못함'만 혐오의 대상이
되어야 하겠는가?

　이 장은 '합리적' 혐오에 대한 '합리적' 반박을 했지만, 혐오는 합리나
논리만 가지고 설명되지 않는다. 머리로는 이해하면서 가슴으로 받아들
이지 못하는 경우도 많다. 가슴으로 받아들이지 못할 때는 해결방법이 두
가지 있다. 첫째, 받아들이지 않되 그것을 다른 사람에게 강요하지 않으
면 된다. 둘째, 가슴으로 받아들이지 못하는 것은 익숙하지 않아서다. 거
기에 자꾸 노출되면 '자연스럽게' 받아들이게 된다. 그동안 우리 사회에
서 성소수자를 자주 볼 수 없었던 까닭은 성소수자들이 혐오가 두려워서
커밍아웃하는 일이 드물기 때문이다. 그런 혐오가 엷어지면 우리는 왼손
잡이나 민트맛 아이스크림을 좋아하는 사람처럼 성소수자를 드물지 않
게 볼 수 있다. 그러면 성소수자는 여러 지향 중 하나를 가지고 있을 뿐임
을 받아들이게 될 것이다.

6장
성소수자와 그리스도교
성공할 수 없는 그들만의 마녀재판

자캐오

신의 이름은 사랑이다

사랑하는 여러분, 명심하십시오. 하느님께서 이렇게까지 우리를 사랑
해주셨으니 우리도 서로 사랑해야 합니다. 아직까지 하느님을 본 사람
은 없습니다. 그러나 우리가 서로 사랑한다면 하느님께서는 우리 안에
계시고 또 하느님의 사랑이 우리 안에서 이미 완성되어 있는 것입니다.
하느님께서 우리에게 당신의 성령을 주셨습니다. 그러므로 우리가 하
느님 안에 있고 또 하느님께서 우리 안에 계시다는 것을 알 수 있습니
다. (요한의 첫째 편지 4장 11~13절, 공동번역개정판)

많은 사람들은 사랑받고 싶어 한다.* 또는 누군가 아끼는 존재가 되거

---

* 물론 모든 사람이 '당연히' 사랑받고 싶어 하는 건 아니다. 무엇보다 사람·관계·문화마
다 '사랑의 정의'가 다르기도 하다. 특히 우리 가운데 '에이섹슈얼'(asexuality, 무성애)

나 있는 그대로의 나를 이해받고 싶어 한다. 그래서 많은 종교는 사랑에 대해 이야기한다. 다양한 존재와 관계에 대해 이야기한다. 그 가운데 그리스도교*는 오랫동안 '사랑의 종교'라는 이름으로 불려왔고 스스로를 그렇게 설명했다.[1] 신이 우리를 죄로부터 해방시켜 구원하기 위해 예수 그리스도를 이 땅에 보낸 이유가 사랑 때문이라고 강조한다.[2] 이때 '사랑'은 모든 종교가 강조하는 '인류애'를 넘어 "제한이 없는 평등한 사랑의 나라"를 말하는 것이기도 하다.[3] 제한 없는 평등한 사랑이 이뤄지는 관계와 사회를 약속한 존재가 그리스도교가 고백하고 증언하는 신이라는 의미다. 이를 구약성서, 그러니까 히브리 성서의 옛 표현 그대로 얘기하자면 '고아·과부·나그네·더부살이의 하느님'이라고 할 수 있다.[4]

그래서 그리스도교는 신이 상대적 약자나 사회적 소수자를 다양한 방식으로 편든다고 믿고 가르친다. 그 신을 따르는 이들 또한 그런 신의 뜻을 실천하며 살아야 한다고 강조한다.[5] 이처럼 상대적 약자나 사회적 소수자와 다양한 방식으로 연대하고 동행하는 일이 중요한 신앙고백이자 행동이라는 가르침은 특정한 성서 읽기와 해석을 하는 일부 그리스도교 전통에서만 강조하는 게 아니다. 오래전부터 그리스도교 성서와 교회 전통은 우리 사회와 교회 안팎에 있는 여러 상대적 약자나 사회적 소수자를 "보잘것없는 사람"이나 "작은 자"라고 표현했다.[6] 그들이 실제로 그러하

등 다양한 성적 지향으로 자기 정체성을 인식하는 사람들이 있음을 잊어서는 안 된다.

* '그리스도교'(Christianity)는 나자렛 예수 그리스도를 (다양하게 이해하더라도) 자신의 시작이자 끝으로 여기는 모든 종교 공동체를 지칭하는 용어다. 한국에서는 'Christianity'를 한자로 음역한 '기독교(基督敎)'를 많이 사용하는데, 일부 개신교 신자는 이 용어를 천주교(天主敎, Roman Catholic Church)와 자신을 구분 짓는 표현으로도 오용한다. 그러나 그리스도교는 여러 동방교회들부터 서방교회인 로마가톨릭과 종교개혁 이후에 등장한 루터교, 성공회, 개혁교회나 장로교회, 아나뱁티스트(anabaptist), 오순절-성령운동 등을 모두 포괄하는 용어다.

다는 게 아니라 상징적이고 은유적인 표현을 통해 개인과 관계, 그리고 구조의 문제를 직시해온 것이다. 또한 작고 보잘것없는 사람 취급을 받으며 우리 가운데 유령처럼 존재하는 이들의 삶과 함께하고 그들의 목소리에 귀 기울이는 게 '진정 신을 마주하는 길'이라고 가르쳐왔다.

그런데 그리스도교 주류집단 가운데 어떤 이들은 노골적으로 혐오와 저주, 차별과 배제가 '성서의 가르침'이자 '교회의 길'이라고 주장한다. 그리고 이런 믿음이 집단 안에서 별 저항감 없이 통용되고 있다. 더군다나 이들은 한국사회와 교회에서 상대적 약자나 사회적 소수자를 향한 혐오에 반대하는 이들까지 비난하고 공격하기 시작했다. 그 가운데 특히 눈에 띄는 건 성소수자를 비롯해 그들과 함께하는 이들에 대한 공격이다. 성소수자 당사자에 대한 왜곡과 허위사실 유포는 물론, 성소수자와 함께하는 이들에 대해서도 '이단'이라는 낙인찍기를 시작한 것이다.

이들은 왜 한국사회와 교회 안팎에서 상대적 약자나 사회적 소수자와 함께하는 사람들을 이단성이 있다며 낙인찍을까. 성소수자 당사자나 그들과 연대하는 사람들을 낙인찍고, 근거가 빈약한 주장을 토대로 한 마녀재판을 일삼는 이유는 무엇일까. 인권 논의는 물론 의학·생물학·심리학·사회학 등 여러 전문 영역에서 이미 결론에 다다른 바를 계속 문제 삼으며 공포와 불안을 선동하고 조성하는 건 왜일까.

그들의 전략, 이단이라는 낙인

동성애 사상은 이단이다. 동성사상은 세상보다 교회가 앞장서서 합법화시켰다. 동성애 사상을 신학화했기 때문이다. 해방신학을 바탕으로 연구한 것이 퀴어 신학이다. (동성애 관련 무지개 깃발을 들고 촬영한) 장신대 채플을 지지하고 두둔한 사람들이 103명이다. 이들은 퀴어 신학에 물든 사람이다. 동성애는 죄일 뿐이다. 진짜 무서운 것은 동성애 사상이다. 공격무기가 필요하다. 이단대책위원회와 공조해 총회에 안을 올릴 것이다.[7]

이처럼 과격한 주장은 대한예수교장로회총회(통합) 대사회문제(동성애)대책위원회 위원장의 강연 내용 중 일부다. 이런 무책임한 주장이 2018년 한국 교회와 사회에서 꽤 영향력을 가진 개신교 교단에서 거침없이 통용되고 있다. 그리고 이들은 정말 그들 말대로 '공격무기'를 만들어, 성소수자 당사자들을 비롯해 성소수자들과 다양한 방식으로 연대하고 동행하는 이들을 적극 공격하고 있다.

우리 교단이 동성애에 반대하는 입장은 단호하고 분명하다. 우리는 동성 간의 성관계를 금지하는 성경의 가르침에 따라서 동성애는 윤리적인 죄로 간주하며, 동성애자를 공동체의 지도자로 세우지 않는다. 동성애를 단순히 성적 취향의 문제로 보지 않고, 동성애의 행위를 비롯한 성적 타락 일체를 죄로 간주한다. 한 남자와 한 여자의 결합으로 이루어지는 가정은 성적으로 순결한 부부가 창조원리에 따라 자녀를 낳아서 기르며 번성하는 터전이다.[8]

"우리는 동성애를 반대합니다"란 문장으로 시작하는 이 문서는 이들 교단에서 큰 권위를 갖는 총회의 이름으로 적극 배포되었는데, 성서와 교리의 언어를 빌려 편견과 혐오, 차별과 배제의 입장을 적절히 포장한 궤변을 펼치고 있다. 이런 게 그들이 말하는 공격무기의 실체였다.

문제의 심각성은 이게 전부가 아니라는 데 있다. 이들이 이런 궤변을 펼치기 1년 전인 2017년 9월 1일, 한국 개신교파들 가운데 8개 교단 이단대책위원장 연석회의는 성소수자들과 동행하는 개신교 목회자인 한국기독교장로회 소속 L 목사를 대상으로 무지막지한 마녀재판을 감행했다. 그들은 공정성을 상실한 편향성과 빈약한 논리로 급조한 것으로 볼 수밖에 없는 보고서에서 다음과 같은 무책임한 선동을 일삼았다.

> L 목사는 정통 교회를 공격하면서, 정통 교리의 성경해석은 성경을 잘못 해석한 것이고, 자기들의 이상한 교리와 주장이 성경적이라고 주장한다. 이것은 여느 이단들이 주장하는 내용과 전혀 다를 바 없는 것이다. (⋯) L 목사가 성경의 가르침과 반대되는 주장을 하며, '성경이 동성애를 죄로 규정하지 않는다'고 말하는 것은 하나님을 대적하는 것이다. 이런 L 목사의 이단적 주장이 동성애자들과 동성애를 옹호하는 자들 사이에서 급격하게 전파되고 있다. 한국 교회는 교회와 성도들을 보호하기 위하여 L 목사의 사상이 이단적 사상이라는 것을 알려야 할 것이다.[9]

또한 이들은 성소수자와 연대하거나 온건한 태도를 보이는 자기 집단 내부 사람들을 향해서도 재갈을 물리기 위해 마녀재판을 이어갔다.[10]

반복해서 변주되어온 마녀재판

사실 그리스도교 주류집단이 공포와 불안 마케팅을 생존전략 가운데 하나로 선택한 건 최근 일이 아니다. 그 유래는 꽤 오래되었고 그 대상은 계속 변해왔다. 변함없는 건 이들의 혐오와 저주, 차별과 배제가 항상 더 약하고 낮은 자들을 향했다는 점이다. 그리고 이들 주장은 대부분 '가짜 뉴스'라고 얘기되는 허위사실 유포에 기대어왔다. 이는 오래전부터 계속되어온 방식이다. 이들은 사회 주류세력에게 '필요한 허위사실'이나, 대중이 '보고 싶고 믿고 싶은 허위사실'에 종교적이고 윤리적인 의미를 부여해 선동하는 데 앞장서왔다.

이를 분명하게 확인할 수 있는 두편의 글을 살펴보자. 먼저 인용한 글은 무자비한 마녀재판이 횡행하던 1486년 독일 남서부의 한 도시에서 출판되어, 이후 '마녀재판의 교본'이자 무기로 사용되던 『말레우스 말레피카룸: 마녀를 심판하는 망치』의 한 부분이다. 나중에 인용한 글은 2016년 6월, 한국교회동성애대책위원회(한동위)에서 "전국교회에 성경적 성윤리를 제시하고 동성애의 폐해를 알리"겠다는 의도로 개신교계 신문 등을 통해서 널리 배포한 한동위 위원장의 설교문 가운데 일부다.

> 마법 이단이 다른 이단과 구별되어야 하는 이유는, 일반적인 이단이 악마와의 계약에 근거를 두지 않는 데 반해 마법 이단은 악마와의 의도적인 계약을 통해 창조주와 그 피조물들에게 해를 끼치려 하기 때문이다. 그리고 마법이 얼마나 큰 적의를 품고 있는지는 그 라틴어 이름(maleficium)이 maleficere, 즉 'male de fide sentrie'(신앙의 적의를 보이다)에서 유래했다는 사실만 보더라도 잘 알 수 있다.

마법 이단을 전파하기 위해 마녀들은 다음과 같은 만행을 저지른다. 첫째, 가톨릭 신앙을 모욕적으로 부정한다. 둘째, 자신의 영혼과 몸을 판다. 셋째, 세례받지 않은 아이들을 악마에게 넘겨준다. 넷째, 인큐버스, 서큐버스와 성관계를 맺는다.

아아, 이 모든 것이 거짓으로 꾸며낸 이야기라면 얼마나 좋을까! 아아, 이 끔찍한 신성모독이 교회를 뒤흔들어 놓지 않았다면 얼마나 좋을까! 하지만 교황의 교서가 입증한 바에 따르면, 상황은 우리의 바람과는 전혀 딴판으로 돌아가고 있다(마녀들의 자백을 통해서도 이를 확인할 수 있다). 만일 우리의 영혼이 구원받기를 원한다면 결코 이단 심문을 중단에서는 안 될 것이다.[11]

더구나 한 남자로서 생각해봐도, 어떻게 남자를 보고 성적 욕망이 끓을 수 있을까, 아무리 이해를 해보려 해도 이해가 안 되었습니다. 아무리 남자가 잘생기고 훈남이기로서니 어떻게 남자를 바라보고 키스를 하고 싶고 항문성교를 하고 싶은 생각이 든단 말입니까? 여러분은 한번이라도 그런 욕구를 느껴보셨습니까?

남자 성도들이여, 지나가는 남자를 보고 '아, 한번 품에 안아보고 싶다. 저 남자와 키스를 한번 하고 싶다' 그런 생각을 해 본 적이 있습니까? 여자 성도들 역시, 아무리 예쁘고 고운 여자가 있다 하더라도 그 여자와 포옹하고 키스도 하고 성적 관계를 경험해보고 싶은 마음이 한번이라도 있습니까? 정상적인 사람이야 절대로 있을 수가 없습니다.

(…) 그러나 사탄은 성적인 정체성을 혼돈시키고 공허하게 만드는 것입니다. 그래서 남자로 태어났음에도 불구하고 자기가 남자인 줄을 모릅니다. 또 여자로 태어났음에도 불구하고 자기가 여자인 줄 모릅니다.

왜냐하면 자기 안에 있는 성적인 정체성을 사탄이 혼돈하게 하고 공허하게 만들어버리기 때문입니다. 또한 동성애를 통해서는 생명을 생산할 수도 없고 번식할 수도 없습니다. 하나님이 원하시는 진정한 가정을 이룰 수도 없고 생육하고 번성할 수도 없다 이 말입니다. 그러니 동성애는 하느님 뜻이 아니요, 창조 질서에 역행되는 것이라는 말입니다. 그래서 우리는 동성애를 반대할 수밖에 없습니다.[12]

이 두 글은 530년이나 되는 시간 차이에도 불구하고 매우 닮아 있다. 자신이 어떤 대상을 이해할 수 없다면 존재 자체를 '비정상적인 범주'로 밀어넣고 난도질해버리는 무지와 폭력이 닮아 있다. 종교세력의 이해관계와 사회 주류의 통념을 유지하기 위해서라면, 그 실체를 정확히 알 수 없기에 누구도 반박하기 어려운 '악마·사탄'의 이름을 빌려 "신성모독"이자 "창조 질서에 역행되는 것"이란 굴레를 씌워버리는 적의와 의도된 계산이 닮아 있다. 무엇보다 이 모든 것이 종교와 사회 주류의 혐오와 차별, 배제에 근거한 신념이나 광기를 더욱 부추기는 방향으로 작동한다는 게 무척 닮아 있다.

이들은 당연하게 여기던 사회와 교회의 통념과 이해관계가 흔들리거나 도전받을 때마다 '희생양'을 찾아 헤맸다.[13] 이들이 믿고 지지하는 사회와 교회는 항상 '정답'이어야 했다. 그래서 그들이 제시하는 정답인 '이상 사회'를 주체적으로 벗어나거나 따라올 수 없는 존재들은 항상 공격 대상이 됐다. 그 이상 사회를 위해서라면 그들은 스스로 '통제 기준이자 수단'이 되기를 주저하지 않았다.[14]

신앙도 논리도 넘어서는 혐오

이를 위해 이들은 합리성 같은 건 쉽게 건너뛸 수 있다. 인권의 기본 개념이나 사회 불평등 해소, 다양성이 공존하는 사회 같은 공공선은 얼마든지 무시하거나 왜곡할 수 있다. 성서와 교회의 가르침이 보여주는 방향성 따위는 자신들의 입맛에 맞춰 얼마든지 취사선택할 수 있다. 이러한 예는 넘쳐나서 여기에 인용하기 벅찰 정도다. 이런 그리스도교 주류집단의 개념 왜곡과 논리 비약은 하루이틀 된 이야기가 아니다.

> 노예해방 후 23년이 지난 1888년에도 대브니는 여전히 이런 주장들을 펼쳤다. '권리에 대한 반(反)성경적 이론들'이라는 제목의 글에서 그는 노예제도를 옹호했다. 그의 주장에 따르면, "급진적 사회이론은 모든 인간이 자유롭고 평등하게 태어난다"고 말한다. 그는 강력히 주장하기를, "신약성경을 배우는 정직한 학생은 가정의 노예, 즉 하나님의 말씀 안에서 정의되었고 바울의 편지들에게서 명령된 방식으로 실행되었던 가정 노예는 과거만이 아니라 현재의 새로운 경륜 아래서도 여전히 합법적인 관계라고 주장할 수 있다."[15]

1888년 「권리에 대한 반(反)성경적 이론들」이란 글을 통해 "동 시대와 사회가 더이상 인정하지 않더라도 노예제도는 성경적이다"라는 주장을 펼친 로버트 루이스 대브니Robert Lewis Dabney. 그는 당시 버지니아의 유니온 신학교 교수로 미국 남부 장로교회를 대표하는 최고 신학자였다.[16]

그로부터 100여년이 지난 1997년 한국에서는 "성평등은 현대사회의 시각일 뿐이고, 성서가 가르치는 하나님의 질서는 성차별이다"라는 주장을 총신대학교와 대한예수교장로회 합동(예장합동)에서 존경받는 신학자이자 목회자가 적극 펼쳤다. 그에게 현대사회가 보편적으로 추구하는 '성평등'은 하나님의 질서에 어긋나는 급진적인 주장이자 궤변일 뿐이다.

> 성경이 말하는 여성의 종속성은 한 사람의 '여성임', 즉 여성이라는 존재와 관계가 있다. 이것은 한 여성의 무엇에 기인하는 것이 아니라 최초의 여성 하와의 창조와 타락에 기인한다. 창조 시 부여된 권위의 차이를 '평등'이라는 단어로 대체할 수는 없다. 하나님께서 권위적인 면에서 남녀 간에 차별을 두셨다면 이것을 궁색하게 인격적 동등성 내지 평등성이라고 부르기보다는, 차라리 하나님께서 그렇게 차별하셨다고 말하는 것이 더 성경적이다. 하나님께서 제정하신 이 차별을 '그러나 남녀의 인권은 동등하다'는 식으로 말하는 것은 남녀평등을 부르짖는 현대사회의 시각을 반영한 것이다. 하나님의 질서를 현대사회가 인간 차별로 부른다면 우리에게는 더이상 할 말이 없다. 하나님의 질서가 인간의 눈에는 차별로 인식되는 것이다. 성경은 이런 인간의 언어를 두려워하여 인권이 동등하다거나 인격이 평등하다는 식으로는 표현하지 않았다.[17]

이들은 100여년 전, 미국 사회와 교회에서 일정한 영향력을 행사하던 개신교 주류집단이 "인종차별철폐는 동 시대와 사회의 시각일 뿐이고, 성경이 가르치는 하느님의 질서는 인종차별이다"라고 했던 주장을 '여성 혐오와 차별'로 변주하고 있었다. 그래서일까? 한국 개신교회에서 첫째 둘째를 다투는 규모와 영향력을 자랑하는 교단에서는 아직도 여성 목사와 장로 등을 인정하지 않고 있다. 그리고 이런 논리 비약과 궤변은 성소수자 차별과 혐오에도 고스란히 변주되어 반복되고 있다.

그 대표 사례는 앞에서 인용했던 한국교회동성애대책위원회(한동위) 위원장의 설교문이다. 이 설교문은 성소수자 혐오와 차별에 적극 활용되고 있는데, 지금까지 살펴본 것과 매우 유사한 논리 비약과 궤변을 아무렇지 않게 반복한다. 즉 성소수자가 요구하는 보편적 권리인 '평등한 인권'을 전혀 다른 층위에서 논의되어야 하는 주장들과 섞고는 이를 성소수자의 주장인 것처럼 왜곡해서 퍼트리는 것이다. 말 그대로 진실과 거짓을 적절히 배합하는 '괴벨스의 선동 전략'과 매우 유사하다.

> 성적 평등의 논리도 마찬가지입니다. 동성애자들이 그런 식으로 동성애의 평등을 주장한다면, 나중에 평등의 의미가 너무 왜곡되고 변질되며 더 확대될 수밖에 없습니다. (…) 소수차별금지법도 마찬가지입니다. 소수자들 모두가 약자고, 그래서 그 약자를 보호한다는 논리를 편다면, 이 세상은 소수자의 소용돌이에 걷잡을 수 없는 혼란이 오고 말 것입니다. 동성애가 소수자면 앞으로 마약하는 사람도 소수자의 논리로 이해해야겠지요. 또 시체성애자, 유아성애자, 기계성애자, 수간성애자, 다 소수라고 해서 이 사람들을 약자처럼 보호해주어야 하겠습니까? 그렇게 가면 이 세상은 아주 끝없는 소용돌이와 블랙홀로 빠지게 됩니다. 그러므로 그들의 주장과 논리는 궤변이 아닐 수가 없습니다. 그러기 때문에 우리는 동성애를 반대 안할 수가 없는 것입니다. 아니 우리는 당연히 동성애를 반대해야 합니다.[18]

이 모든 혐오와 차별의 선동은 항상 그 시대와 사회, 교회에서 더 약하고 낮은 쪽에서 살아갈 수밖에 없는 존재들을 향해 변주되어 반복됐다. 그리고 이런 마녀재판을 주도하는 그리스도교 주류집단은 그 모든 혐오와 저주, 차별과 배제를 '하느님의 뜻을 전하는 성경'이 가르치고 있다고 강변해왔다. 그러므로 자신들은 성경과 교회의 '오래된 권위와 가르침에 순종하는 이들'이고, 따라서 '죄 없는 이들'이라고 주장했다. 그들은 그저 질문하지 않고 '성경 권위'에 순종했을 뿐이란 주장을 반복한다.[19]

질문 없이 권위에 순응하는 인간상

자신이 주류인 세계에서는 여성과 성소수자, 다른 인종과 종교를 차별하거나 배제하고 혐오하는 데 앞장서온 이들. 하지만 자신이 비주류인 세계에서는 종교와 양심의 자유나 인권의 논리로 자신의 권리를 지켜달라고 요구하는 그리스도교의 두 얼굴. 그 가운데 신학이나 체계, 작동 방식이 꽤 다르게 보이는 천주교회 주류와 보수 개신교회. 그런데 극과 극처럼 다른 철학과 방식으로 자신을 설명하며 다르게 작동하는 것 같은 이 둘이 깊고 넓게 공유하는 하나의 지배 논리가 있다. 바로 '질문 없이 권위에 순응하는 인간상'이다.

이를 위해 이들이 한결같이 주장하는 두가지가 있다. 하나는 '성서·성경과 교회 전통을 통해 그렇게 기록되어 전해지고 가르쳐왔다'는 주장이다. 또 하나는 '그들과 우리가 구원받기 위해서 필요한 어쩔 수 없는 선택이다'는 주장이다. 그리고 이 과정에서 질문은 불필요한 요소다. 더 나아가 질문은 의심의 발판이기에 '순수한 믿음'을 오염하는 부정적인 요인이 된다고 해석하고 주장한다.[20]

앞서 살펴봤듯 이들은 '이성애-가부장 중심 사고와 제도'heteropatriarchy 라는 명확하고 획일화된 질서에 반대하면 곧이어 이단으로 낙인찍는다. 그들은 그 질서를 통해서만 신을 만나고 교회 안에 머물며 동행할 수 있다고 믿으며 가르친다. 그리고 그에 순응하는 인간만이 구원받을 자격이 있다고 협박한다.

심지어는 그 과정에서 무엇보다 크고 넓고 깊고 높은 신의 이미지와 언어마저 이성애-가부장 중심 사고와 제도 안에 가둬버렸다. 그리고 이를 지속하는 데 가장 좋은 도구로 만들어버렸다.[21] 이들에게 신의 이미지와 언어는 항상 '그리스도교 주류에 속한 백인화된 남성'이다. 이를 유지하기 위해 그들은 다양한 형태와 방식으로 공포와 불안을 선동하고 적극 활용해왔다.[22]

그러므로 이들은 비슷한 패턴을 변주해가며 반복적으로 무모하고 무자비한 마녀재판을 일삼을 수밖에 없었다. 시대와 사회가 바뀌고 구성원의 의식이 변할 때마다 모래 위에 쌓은 그들의 권위와 기득권이 도전받고 흔들렸다. 그럴 때마다 이들은 변해가는 자신의 위상에 대한 책임을 돌릴 상대가 필요했다. 자신들의 불안과 공포를 그 시대와 사회, 교회 안팎에 있는 상대적 약자나 사회적 소수자에게 떠넘기기를 반복하며 위기를 모면해왔다.[23]

이들은 '권위'에 대해 "왜?"라고 질문하는 것을 '불경한', 다시 말해 '순결하지 못한 신앙'으로 인식하고 가르치며 순응만을 강조하기 바빴다. 그러니 천주교회 주류든 보수 개신교회든 그들에게 '주체적으로 질문하는 사람'이나 '그 존재 자체가 질문이 되는 사람'은 또다른 형태로 다가오는 '악마의 유혹'일 뿐이었다. 그들은 현실 세계에서 이룰 수 없는 '질문 없는 순결한 신앙'을 향한 시도가 실패하는 책임을 돌리기에 딱 좋은 희생양이었다.

눈에 보이지 않기에 쉽게 반박할 수 없는 악마를 상정하고, 그 악마와 동조하는 존재로 눈에 보이는 '마녀'를 만든다. 이들이 왜곡된 통념으로 구성하고 질문 없는 믿음으로 만들어낸 마녀는 사회와 교회를 더럽히는 존재라고 낙인찍힌다. 사회와 교회 안팎에서 상대적 약자나 사회적 소수자를 향한 이런 '악마화'는 기득권을 가진 이들의 주요 무기가 되어왔다.

그 가장 앞에, 그리고 마지막에 그리스도교 주류집단이 있었다. 이들의 지도자들은 합당한 질문을 불순한 의심이라고 죄악시하고, 그 조직에 속한 이들은 질문하기를 멈추고 맹목적으로 순응하기에 급급했다. 그리고 이들은 자신과 다르다고 상정된 타자를 억압하는 데 온 힘을 다했다. 자신이 상상하여 구성한 스테레오타입에서 벗어나는 모든 사람들은 악마가 되어야 했다. 특히 주체적으로 질문하는 사람이나 그 존재 자체가 질문이 되는 사람이 그랬다.

> 서양에서 억눌린 집단들에 대해 성찰하고 그들이 억눌린 이유로 억압자들이 제시하는 것을 듣노라면, 모든 주장에 놀랍게 공통된 경향이 발견된다. 여자, 동성애자, 유대인, 아메리카 원주민, 흑인을 막론하고 그들이 그렇게 억눌리는 이유인즉 그들은 본성에 어긋나게 존재하거나 행동하기 때문이라는 것이다. 그들의 운명을 선고하는 이들보다 그들은 '본성적으로 하위에' 있다는 것이다.[24]

신은 우리에게 낯선 존재와 질문으로 다가오신다

지금까지 살펴본 것처럼 결코 있어서는 안 되는 마녀재판을 아무렇지 않게 반복해온 그리스도교 주류집단이 있다면, 그리스도교 성서와 교회 전통이 들려주는 또다른 길을 기억하며 지켜온 이들도 있다.[25] 성소수자를 비롯해 시대와 사회, 교회에 존재하는 상대적 약자나 사회적 소수자와 다양한 방식으로 연대하고 동행해온 수많은 교회와 신자들이 그 계보나 흐름에 서 있다.

이들은 한마디로 '질문 없이 획일화된 그리스도교'를 적극 거부한다. 그런 그리스도교와 신자가 되면 결국 혐오와 저주, 차별과 배제가 생존전략이 될 수밖에 없음을 알기 때문이다. 이들은 자신이 배워왔고 지금까지 동행하고 있는 '또다른 길'을 대안으로 제시한다. 성서학자이자 온건한 성공회 신학자인 마커스 보그는 그의 책에서 이런 길을 다음과 같이 소개한다.[26]

첫째, 성서와 그리스도교 이야기가 간직하고 전하는 풍성함을 "천국과 지옥이라는 해석 틀"로 축소하거나 왜곡하지 말라고 강조한다. 성서와 그리스도교 이야기가 사용하는 '이미지와 언어'는 지금 우리가 사용하는 것보다 훨씬 풍성하고 다양한 맥락과 의미가 있다는 뜻이다.[27] 그러므로 우리는 어떤 이들이 자신의 이익과 영향력 유지를 위해 성서와 그리스도교 이야기를 축소하고 곡해하는지 적극 질문해야 한다.

둘째, 성서와 그리스도교 이야기는 근본주의 입장에서 문자적으로 해석하는 게 아니라, 은유적이고 역사적으로 읽고 해석해야 한다. 이는 문학적·상징적·신화적·역사적 맥락이라는 다양한 렌즈로 성서와 그리스도교 이야기를 받아들여야 한다는 뜻이다. 이때 '역사적'이라는 말은 공동체나 전수자들의 기억과 증언을 통해서 과거 특정한 사건들이 재구성되어 전해진다는 의미다. 그렇기에 성서와 그에 대한 해석 그리고 이를 각 시대와 사회, 교회에 전달하는 그리스도교 이야기는 어쩔 수 없이 일정한 한계를 갖고 있다.[28]

우리는 그리스도교 성서와 교회 전통에서 출발하지만, 그곳에 멈춰서는 안된다. 오히려 더 끈질기고 정직하게 질문해야 한다. 지금 이 시대와 사회 그리고 교회에서 '삭제된 존재'는 누구인가? 그리스도교가 고백하고 증언하는 신은 그 삭제된 존재들, 우리 가운데 유령처럼 살고 있는 존재들의 얼굴과 삶 그리고 목소리를 통해 우리에게 이야기한다. 우리는 이 사회와 교회에서 삭제되어 유령 취급받는 사람들과 우선적으로 연대하는 공동체에 속해 있으며, 그들이 행복한 세계야말로 모두가 행복할 수 있는 세계라는 해석 방향성과 적용 원리를 기억해야 한다.

그러므로 우리는 '몫 없는 이들의 몫'을 이야기하고 구성하며 함께 싸우는 게 이 시대에 신과 동행하는 또다른 길이라고 말할 수 있다.* 그리스도교 성서와 교회 전통이 줄곧 고백하고 증언해온 신은 분명 우선적으로 '연약한 이들의 신'이다. 구약성서에서 강조하는 신은 연약한 이들을 통해, 그렇지 않은 이들이 그들을 돕고 공생할 때 해방되고 구원받을 기회를 선물하신다. 신이 '연약한 인간의 모습'으로 이 땅에 오신 건 이 땅에서 약자로 사는 이들이 자신의 고유한 모습을 유지하면서도 다른 사람들과 동등하게 어울리는 세계가 '모두가 행복한 세계'이기 때문이다.

우리가 이렇게 다양한 성서 읽기와 해석 그리고 또다른 그리스도교 이야기를 만나게 되면, 마녀재판을 일삼으며 자신의 이해관계와 기득권 안

---

* '몫 없는 이들의 몫'은 단순한 분배나 재분배를 넘어선 정치와 주체의 구성 그 자체를 논하는 프랑스 철학자 자크 랑시에르의 개념이다.

에 신의 이미지와 언어를 가둔 이들은 만날 수 없는 '또다른 길'이 열린다. 그 길에서는 획일성이 아닌 다양성, 맹목적인 순종이 아닌 계속되는 질문, 하나뿐인 권위가 아닌 다양하고 다층적인 권위, 단층적이고 일방적인 이해와 입장이 아닌 중층적이고 교차적인 이해와 입장 등을 통해서 해방된 또다른 신의 이미지와 언어를 듣고 보며 만나게 된다.

이런 다양한 성서 읽기와 해석 그리고 또다른 그리스도교 이야기는 모든 인간과 존재를 '생산성의 통로와 도구'로만 바라보지 않는다. 이런 성서 읽기와 해석을 통해 또다른 그리스도교 이야기를 들려주는 이들도 신이 우리를 '사랑하는 존재로 창조하셨다'는 걸 중요하게 강조한다. 그런데 이때 '사랑하는 존재'라는 의미가 곧바로 '생산하는 존재'로 미끄러지는 건 아니다. 그건 사랑하는 존재가 가질 수도 있는 이야기와 특징 중 '하나일 뿐'이다. 이 땅의 모든 인간과 존재는 생산하는 존재 '그 이상의 의미'를 갖고 있다는 게 또다른 성서 읽기와 그리스도교 이야기가 들려주는 핵심이다. 또한 '사랑하는 존재'에서 말하는 사랑이 꼭 '둘 이상의 관계'만을 말하는 것도 아니다. 우리 한계보다 더 풍성하고 다양한 이야기를 자꾸 우리 한계 안에서 곡해하면 안 된다. '우리의 하느님'은 거기에 갇히지 않는다.[29]

이처럼 다양한 성서 읽기와 해석 그리고 또다른 그리스도교 이야기 가운데 '퀴어 신학'도 있다. 퀴어 신학은 마녀재판을 일삼는 이들이 낯설게 만들어 잃어버린 이들을 '사랑과 정의'라는 신의 시선과 마음으로 다시 만나는 과정이다. 그 과정에서 '인간에 대한 또다른 이해와 만남'을 제공하고, 그 가운데 '다양성과 상호교차성 그리고 연대'라는 맥락에서 또다른 신의 마음과 목소리를 만날 수 있도록 안내하기도 한다.

그러니 이제 우리는 만들어진 지 얼마 되지 않았는데도 특히 한국에서 오랜 시간 유행 중인 문자주의 성서 읽기와 해석 그리고 근본주의 교리에서 벗어나 한걸음 나아가야 한다. 자신만의 마녀재판을 일삼는 이들과 '그 끝이 다른 길'을 걸어야 한다. 신의 가르침을 운운하며 사랑 그 자체인 예수의 이름으로 혐오와 저주, 차별과 배제를 일삼는 이들과 끝이 같아서야 되겠는가.

우리는 기억해야 한다. 신은 우리가 낯설게 만든 이들의 얼굴과 삶, 목소리를 통해 다가오신다. 신은 우리에게 그 낯섦으로 질문하신다. 그 질문에 정직하게 답할 때, 우리는 신의 꿈에 한걸음 더 다가설 수 있게 된다. 우리는 잊어서는 안 된다. 그리스도교의 신은 '너머의 하느님'이다. 신은 항상 우리가 '안다'라고 생각하는 그 너머에 계신다. 그 너머로 우리를 초대하신다. 오늘날 우리가 분명하게 말할 수 있는 건, 그 신의 초대가 '사랑과 연대, 다양성과 교차성의 길'로 우리를 이끈다는 것뿐이다.

7장
청소년 성소수자의
안전지대를 찾아서

김지혜

분명히 존재하는 누군가가 보이지 않는다면 정말 아무 일이 없는 걸까? 이 글에서는 고요하게 침묵하고 있는 듯 보이지만 누구보다도 큰 외침으로 세상과 맞서고 있는 청소년 성소수자의 삶을 들여다본다. 청소년 성소수자들이 말하는 젠더와 섹슈얼리티에 대한 생각들, 소중한 사람들에게 솔직히 말할 수 없게 만드는 공포들, 그럼에도 커밍아웃을 결단하고 안전지대를 만드는 나름의 삶의 전략과 실천을 따라가려 한다. 사람과 사람으로 연결된 이 사회에서 그 연결이 불안함이 아닌 편안함으로 바뀌기를 희망하는 청소년 성소수자들의 목소리를 전한다.

---

* 이 글은 청소년성소수자위기지원센터 띵동에서 2016년에 수행한 「청소년 성소수자 인권친화적 환경 구축을 위한 기초조사 보고서: Q로 만드는 울타리」의 연구결과를 토대로 재구성한 것이다. 이 연구는 아름다운재단 2016 변화의 시나리오와 법무법인(유한) 한결의 지원으로 수행되었고, 연구팀으로 김지혜, 나영정, 류은찬, 박지영, 이인섭, 정민석이 참여했다. 연구에는 17~19세의 청소년 성소수자 15명이 인터뷰에 참여했고, 본문에 나오는 이름은 모두 가명임을 밝혀둔다.

젠더와 섹슈얼리티, 탐색과 성장의 시간

　가을은 자신의 정체성에 대한 생각이 많다. 처음에는 레즈비언에 가까운 바이섹슈얼(양성애자)이라고 생각했다. 얼마간 "레즈비언에 가까운 바이(섹슈얼)예요"라고 소개했는데, 생각해보니 이 말은 바이섹슈얼을 좋지 않게 보는 생각이 깔려 있는 것 같았다. 그냥 바이섹슈얼이라고 말하기 시작했다. 그러다 성별이분법적인 생각 자체에 의심이 생겼다. '바이'bi라고 하는 것 자체가 상대를 여성이나 남성으로 규정해버리니 말이다. 여럿을 뜻하는 '폴리'poly를 붙인 단어인 폴리섹슈얼이 더 맞는 것 같았다. 그때부터 자신을 폴리섹슈얼이라고 소개한다. 성별정체성에 대해서도 여러가지로 생각해보았다. 성별을 여성이나 남성으로 규정하지 않는 정체성도 생각해보았지만 자신과 맞지 않는 것 같았다. 결론은 시스젠더cisgender 여성이었다. 그래서 자신을 이렇게 소개한다. "저는 시스젠더 여성 폴리섹슈얼입니다".

　다빈은 정체화를 좀 미뤄두기로 했다. 처음에는 시스젠더라고 생각했는데, 내 안의 여성성, 내 안의 남성성 이런 성별이분법적인 말이 불편해지기 시작했다. 자기 자신에 대한 느낌과 잘 맞지 않았다. 그래서 여성과 남성이 혼합된 성별정체성으로 안드로진androgyne이 아닐까 하는 생각을 했다. 성적 지향에 대해서도 처음에는 양성애자라고 확고하게 생각했다가 아닐 수도 있겠다고 판단했다. 자신에 대한 탐구는 계속되고 있지만 다빈은 당장 정체성을 확정하지 않는다. 그 이유를 이렇게 말한다.

　"'나는 어떤 사람이다'라고 정체화를 해버리면 그 틀 안에 갇혀버릴 것 같아요. 좀더 자유롭게 생각하고 살고 싶어요. 그래서 정체화를 미루는 것도 나쁘지 않다고 생각하고 있어요."

왜 이렇게 세밀하게 정체성을 찾으려고 하는 걸까? 이 질문은 마치 왜 청소년기에 자신의 신체적·성적 발달에 관심이 많으냐는 질문과 같다. 대부분의 사람들이 잘 아는 청소년기의 특징들이 있다. 청소년기에 신체적·성적으로 발달한다는 점이다. 이 시기는 자신의 몸 안에서 일어나는 급격한 변화에 누구보다 놀라고, 어떻게 변할까 궁금하고, 원하지 않는 방식으로 변화할까 두렵기도 한 시기다.

신체적·성적 발달의 중요한 부분이 성적 지향과 성별정체성의 발달이다. 누구를 좋아하는 감정을 발견하고(성적 지향) 나의 성별을 탐지하고 표현하는 일(성별정체성)은 청소년기에 결코 사소하지 않은 인생의 사건이다. 청소년은 주변의 누군가에게 첫사랑을 느끼고 연예인을 보며 이상형을 꿈꾸기도 한다. 자신의 신체가 어떤 모습으로 변할지, 어떤 외모를 표현하고 가지고 싶은지 관심이 많다.

이런 정체성 탐구가 이상해 보인다면, 정확히 청소년 성소수자가 두려워하는 일이 일어나고 있는 것이다. 사람들은 어떤 성적 지향과 성별정체성은 당연하고 자연스러운 청소년의 발달이라고 한다. 하지만 어떤 성적 지향과 성별정체성은 이상하고 잘못되었다고 말한다. 그래서 정체성에 대한 복잡한 고민이 더해진다. 모든 청소년이 자신의 성적 정체성에 대해 같은 수준으로 고민하지는 않는다. 이성애자가 아닌 청소년이거나 성별을 선명하게 말할 수 없는 청소년에게 이 고민의 깊이와 무게는 더 크다. 자신의 정체성을 세상의 언어로 규명하기도 어려운데, 이걸 받아들여야 할지 부정해야 할지도 고민이다. 청소년 성소수자에게 정체성의 문제는 자기 부정과 수용 사이에서 줄타기를 하는 과정의 연속이다.

호진은 어렸을 때만 해도 게이나 트랜스젠더가 직업인 줄 알았다. 초등학교 6학년 때 자신이 게이인 것을 알았다. 호진은 그때 "정말 짜증이 났다". 스스로는 게이인 게 잘못이 아니라고 생각했다. 하지만 혼자 그렇게 우겨도 별 소용이 없다는 것도 알았다. 게이인 걸 알게 된 후 인간관계가 달라졌다. 친구를 깊이 사귀지 않는다. 부모님한테도 "밥 먹듯" 거짓말을 한다. 바꾸려고 노력했다. 호진은 "게이가 하기 싫어서, 이제 게이가 아니었으면 좋겠어서" 교회에 나가기 시작했다. 세례를 받으면 소원을 들어준다는 말에 꾸준히 다녔다. 드디어 세례를 받았는데 그러고 나서 발길을 끊었다. 하나님은 소원을 들어주지 않았다. 게이가 아니게 되기를 바랐는데 세례를 받아도 아무것도 바뀌지 않았다.

청소년 성소수자가 가능하다면 자신을 "고치려고" 하는 이유는 그것이 모두를 위해 가장 '완벽한' 해결책이기 때문이다. 다운은 자신이 레즈비언이라고 부모님한테 커밍아웃을 한 후 사이가 나빠졌다. 엄마는 다운을 "치료"하려고 교회 수련회에 보내기도 했다. 다운은 이런 불행한 상황을 끝내고 싶었다. 자신도 행복해지고 부모님도 행복해지려면 자신이 고쳐져야 한다고 생각했다. 그래서 중학교 때 거의 2년 동안 수요예배, 금요예배, 주일예배까지 모든 예배를 다 나가보았다. 다른 사람이 모두 떠날 때까지 교회에 앉아서 혼자 기도하고 울며 고쳐달라고 했다. 하지만 그래도 고쳐지지 않는 걸 보고 다운은 결론을 내렸다. "내가 잘못된 게 아니다. 고치려는 사람들이 잘못이다".

배척, 생존과 인생의 문제

　청소년 성소수자가 성적지향과 성별정체성에 대해 대단히 오랜 시간 깊은 고민을 하는 것에 비해, 부모나 교사에게 자신의 고민을 털어놓는 일은 드물다. 2016년 국가인권위원회에서 발표한 「성적지향·성별정체성에 따른 차별 실태조사」[1]에 참여한 청소년 성소수자 200명 가운데 엄마에게는 13.5%, 아빠에게는 4.5%만이 커밍아웃을 했다. 담임교사에게는 7.5%, 담임교사 외 한두명의 교사에게는 8.0%가 커밍아웃했다. 엄마에게 알린 사람이 겨우 10%를 넘고, 아빠와 교사에게 알린 사람은 10%도 되지 않았다. 왜 이렇게 깊은 고민을 인생에서 중요한 사람들과 나누지 않는 것일까? 그 이유는 이들이 "인생에서 중요한 사람들"이기 때문이다. 자신의 고민이 별것 아니라서가 아니라, 정말 소중한 것을 잃을까봐 무서워서 숨기는 것이다.

　청소년에게 가족은 단순히 정서적 친밀성으로 설명되는 관계가 아니다. 생존의 조건이다. '미성년자'는 법적 권리가 없거나 매우 적은 상태에 있으며, 대부분의 권리와 책임이 그 부모나 보호자에게 위임되어 있다. 학비, 생활비 등 기본적인 생계를 부모에게 의존한다. 일을 하려고 해도 보호자의 동의가 필요하다. 특히 주거의 문제는 크다. 부모는 자녀가 살 곳을 지정할 수 있는 법적 권리(거소지정권)[2]를 가지고 있을뿐더러, 그렇지 않다고 해도 청소년 성소수자가 부모를 떠나 안정적인 주거를 찾기는 매우 어렵다. 그러니 청소년이 부모와 사이가 좋지 않다는 것은 단지 기분 나쁜 정도에서 끝나지 않는 큰 사건이 될 수 있다. 실제로 집을 떠나는 경우도 적지 않다. 그 정확한 수치를 알기는 어렵지만, 강병철·김지혜(2006)의 연구에 참여한 청소년 성소수자의 29.6%가 가출 경험이 있었다.[3]

"만약에 내가 커밍아웃을 부모님한테 미리 해버리면, 학업에 지장이 생길 수도 있고, 학교를 못 나갈 수도 있겠다는 생각이 들어서, 그게 제일 걱정이었어요."

트랜스젠더 남성인 우진은 자신의 인생을 망가뜨리지 않기 위한 '현명한' 선택으로 커밍아웃을 하지 않기로 했다. 대학 진학을 준비하고 있고 유학도 갈 생각이다. 이 계획이 어그러지면 안 된다. 성인이 되어 호르몬 치료와 필요한 수술을 해서 트랜지션을 하고 전문인으로 살아갈 길을 모색하고 있는데, 부모님과의 갈등으로 일이 틀어지면 곤란하다. 인생이 걸린 문제이니 말이다. 이런 우려가 단지 기우이면 좋겠지만, 그렇지 않다는 걸 안다. 강병철·김지혜(2006)의 연구[4]에서, 커밍아웃을 한 후 아버지의 반응은 59.1%가 거부였고, 9.1%만이 수용의 태도를 보였다. 어머니의 경우에는 40.7%가 거부하고 18.5%가 수용의 태도를 보였다. 절반의 확률로 부모에게 거부당할 가능성이 있다면, 쉽게 커밍아웃할 수 있을까? 다른 트랜스젠더 남성 청소년인 해솔은 부모에게 커밍아웃을 했다가 폭력을 겪기도 했다.

"(아빠한테) 좀 많이 맞았어요. '너 여자로 산다고 안하면 내 손으로 죽일 거다' 하면서 칼까지 가져오셨어요. '무릎 꿇고 나랑 약속해라' 그러시는데 진짜 안 꿇으면 죽을 것 같은 (느낌이었어요). 어쩔 수 없이 꿇고 약속을 했죠."

학교에서의 위험도 적지 않다. 중고등학교에서 커밍아웃을 하면 왕따를 당하거나 학교에서 쫓겨나거나 무언가 무서운 일이 벌어질 것 같다. 장서연 외(2014)의 연구[5]에서 자신이 성소수자라는 사실이 알려졌거나 그렇게 보인다는 이유로 경험한 괴롭힘에 대해 청소년에게 물었다. 응답자 200명 중 47.5%가 다른 학생으로부터 놀림을 받거나 모욕적인 말을 들었다. 거의 절반이다. 14.5%는 따돌림을 당했고, 4.5%는 신체적 폭력도 당했다. 교사로부터도 안전하지 않다. 청소년 성소수자 응답자 200명 중에 15%가 성소수자라는 이유로 교사에게 모욕적인 말을 들었다. 내가 성소수자임을 알고 교사가 일상적으로 불이익을 주었다는 청소년이 3.5%, 신체적 체벌을 받았다는 청소년이 2.5%였다. 교사의 수가 적더라도 발언권과 영향력은 누구보다 크다. 만약 교사가 교실에서 이런 말을 한다면 어떨까?

"너희는 동성애 하지 마라, 내가 어제 카톡을 받았는데, 영상 보니까 더러워, 더러워."
"내가 군대 갔는데 내 옆에 게이가 있으면 소름끼칠 거 같다."
"너는 트랜스젠더, 뭐 그런 건 아니지?"

교실에 앉아 이 말을 듣고 있는 청소년은 자신에게 직접 향한 것이 아니라도 충분히 모욕과 적대적인 분위기를 느낀다. 자신과 같은 성소수자가 더럽고 소름끼친다고 말하고 "그런 거"라고 칭하는 교사 앞에서 당연히 위축되고 두려워진다. 교사의 이런 흘러가는 한마디가 성소수자를 함부로 대해도 된다는 분위기를 만들고, 또래들은 교사에게 들은 말을 재생산하며 잔인하게 행동한다. 기원은 중학교 때 자신이 동성애자라는 사실이 학교 전체에 알려졌다. 교사도 알고 학생들도 알게 되었다. 친구들이 전화를 걸어 "너 게이냐?" "맞나보네" 하면서 놀리기 시작했다. 어느날은 방과 후에 친구들이 전봇대에 기원을 묶어놓더니, 빨간색 뚜껑이 달린 하얀색 기름통을 들고 왔다. 기름 같은 걸 기원에게 뿌렸다. 나중에 알고 보니 물이었지만, 그 순간의 공포는 물이라 해서 다를 게 없었다.

트랜스젠더 청소년에게는 성별이분법적인 학교 공간 자체가 자신을 배제하는 느낌을 준다. 수민은 초등학교 입학식을 이렇게 기억한다.

> "입학식을 하면서 여자줄, 남자줄 이렇게 나눠서 세운단 말이에요. 근데 저는 그냥 어느 쪽에도 서고 싶지 않은 마음이 되게 컸어요."

여성과 남성의 구분은 학교를 다니는 내내 이루어진다. 중고등학교에서 교복을 입으면서 그 불편함은 하루 종일 계속되는 일상이 된다. 체육 시간에도 여성과 남성의 운동은 구분되어 있다. 남자들이 주로 하는 축구에 끼지 못하면 그것도 왕따를 당할 이유의 하나가 된다. 트랜스젠더 남성이면서 '여중' '여고'라는 이름이 명시된 학교를 다니는 것은 어떤가. 이건 단지 학교를 다닐 때뿐 아니라 졸업을 한 뒤로도 평생 짊어져야 하는 부담이 된다. 트랜지션을 해서 법적 성별을 남성으로 바꾼다 해도 출신학교 이름은 남기 때문이다. '남중' '남고'라는 말은 없어서 표시가 덜 나기는 하지만, 그 학교를 알 만한 사람이 있는 이상 트랜스젠더 여성 청소년도 마찬가지 어려움을 겪는다.

> "'여자고등학교'가 붙어 있다는 것 자체가 싫고, 그곳에 다니는 것 자체가 나를 부정하는 것 같다는 생각이 들었고. 근데 막상 그렇다고 대책은 없잖아요. 학교를 때려치울 수도 없고."

그렇다, 청소년은 쉽게 학교를 벗어날 수 없다. 꽤 오랜 기간 폐쇄된 공간에서 정해진 사람들과 관계를 유지해가야 한다. 물론 검정고시 같은 대안도 있다. 하지만 학교를 정말 자발적으로 떠나지 않는 이상, 어떤 방식으로든 학교에서 환영받지 못하여 어쩔 수 없이 떠나게 된다는 것은 인생의 실패로 느껴질 만큼 두려운 일이다. 그만큼 학교가 소중하기 때문에, 고통스러워도 매일 그 공간으로 향한다. 청소년은 침묵 속에서 고립되어 있으면서도 시간이 지나가길 기다리며 버티는 것이 최선이라고 느낀다. 그래도 도저히 벗어날 길이 없다고 느낀다면, 그 상황에서 청소년은 어떤 생각을 할까? 기원은 괴롭힘을 당하던 중학교 2학년 당시의 심정을 이렇게 표현한다.

　　"그때는 진짜 너무 죽고 싶다는 생각이 간절했거든요. 어떻게 죽을까 이런 생각도 하고. 어떻게 죽어야 진짜 잘 죽을 수 있을까? 그냥 고통 없이 죽을 수 있을까? 이 생각 했어요."

　안타깝게도 가족과 학교라는 소중한 것을 지키려고 붙들다가 자신을 놓아버리려 하는 일이 벌어지기도 한다. 청소년 성소수자의 자살 위험성은 여러 연구에서 지속적으로 매우 높게 나타난다. 2013년 「한국 LGBTI 커뮤니티 사회적 욕구조사」[6]에 참여한 18세 이하 성소수자 중 45.7%가 자살시도를 한 적이 있고 53.3%가 자해를 시도한 적이 있었다고 말했다. 또한 2004년 12월~2005년 5월에 실시한 강병철·하경희(2005)의 조사[7]에 참여한 청소년 동성애자 105명 가운데 70% 이상이 자살 생각을 한 적이 있고, 45.7%가 자살시도를 보고했다. 2006년 6~8월에 강병철·김지혜

(2006)가 실시한 청소년 동성애자 133명에 대한 조사[8]에서도 자살 생각을 한 적이 있는 청소년이 77.4%, 자살을 시도한 적이 있는 청소년이 47.4%로 나타났다. 청소년 성소수자에 대한 표집의 어려움 때문에 표본의 대표성에 한계가 있지만, 그럼에도 여러차례의 조사에서 자살시도율이 높은 비율로 보고된다는 사실은 청소년 성소수자가 직면하고 있는 자살 위험의 심각성을 충분히 보여준다.

커밍아웃, 숨구멍 내기

커밍아웃의 공포를 알지만, 그래도 청소년 성소수자들은 몇몇 가까운 친구에게 커밍아웃을 한다. 장서연 외(2014)의 조사[9]에서 200명의 청소년 성소수자 중 56.5%가 같은 학교의 친한 친구들에게 커밍아웃을 했다. 같은 학교가 아닌 친구에게 자신이 성소수자임을 알린 청소년도 49.5%로 거의 절반이었다. 왜 청소년들은 굳이 친구에게 커밍아웃을 할까?

청소년 성소수자는 친구 맺기를 할 때 딜레마에 빠진다. 정말 친한 관계가 되고 싶으면 자신에게 중요한 이야기를 솔직하게 나눌 수 있도록 커밍아웃을 해야 한다. 하지만 커밍아웃을 했다가는 지금까지 친했던 관계가 멀어질 수 있다. 이런 상황에서 나는 친구를 맺기 위해 커밍아웃을 해야 할까, 아니면 하지 말아야 할까? 상대가 어떻게 반응할지 정확하게 예측할 수 있다면 이 판단이 더욱 쉽겠지만 사실 예측은 어렵다. 누군가가 "성소수자도 똑같이 존중받아야지"라고 말한다고 해서, 정작 가까운 사람이 커밍아웃을 했을 때 환대할 것이라 확신할 수는 없다. 규범적이고 관념적으로 생각하는 것과 실제로 사람을 어떻게 대하는지는 다르기 때문이다. 그래도 만약에 커밍아웃에 성공해서 상대가 나를 있는 그대로 받아들이게 된다면, 고립의 상황을 벗어나는 탈출구가 생긴다.

레즈비언인 지원은 가장 가까운 친구 네댓에게 커밍아웃을 했다. 커밍아웃을 하기 전에 얘기하고 영화보고 책을 읽으면서 5~6개월 탐색하는 시간을 보냈다. 그렇게 공을 들여서 조심스럽게 커밍아웃을 했건만, 한명과는 결국 멀어졌다. 그 친구는 이해를 못하겠다고 반응했고, 지원은 거부당했다는 마음에 상처를 받아서 관계가 예전 같지 않게 되었다. 다행히 나머지 친구들은 잘 받아주었지만, 커밍아웃은 언제나 조심스럽다. 왕따 같은 일이 닥칠 위험도 무섭지만, 관계를 잃는 것 자체가 매우 슬픈 일이기 때문이다. 어렸을 때부터 오랜 세월 함께 시간을 보낸 소중한 친구들이라면 더더욱 그렇다. 지원은 이렇게 말한다.

> "친하고 제가 각별하게 생각하는 친구들은 틀어지고 싶지 않으니까, 그런 이유로 커밍아웃을 조심하게 되는 거 같아요. 모든 인간관계를 잘 지내고 싶어요. 절 (성소수자라는) 이유로 싫어한다면 그 사람하고는 볼 가치가 없다고 생각해요. 그런데 겁은 나죠."

연우의 학교 친구들은 "너 게이 같애"라는 말을 많이 했다. 연우에게 직접 한 건 아니어도 하루에도 몇번씩 그런 말을 하는 걸 듣는다. 연우에게는 "너 왜 여자친구 안 사귀어?"라며 종종 묻는다. 연우는 "남중에 여자가 있어야 말이지"라고 넘겼지만 계속 거짓말을 하는 게 마음에 걸렸다. 그래서 언젠가 친구들에게 커밍아웃을 하고 싶었다. 있는 그대로 사실대로 얘기하고 싶어서 말이다. 게이에 대해 잘못 알고 있는 것도 고쳐주고 싶었다. 그래서 친구 다섯명에게 커밍아웃을 했다. 어느날 교실에 앉아 벌어진 일이었다. 그중 한명이 소문을 퍼뜨렸다. 아우팅을 한 것이다. 결국 온 학교가 알게 되었고 괴롭힘이 시작되었다. 연우가 지나갈 때 "쟤 게이라며" 하고 들리게 말하고, "이상한 성행위를 했다"라며 헛소문을 퍼뜨렸다. 다행스럽게도 연우를 도와주는 다른 친구가 나타났다. 그 친구가 헛소문을 퍼뜨린 사람을 끝까지 추적해서 소문을 멈추게 만들었다. 어떤 아이들은 연우의 몸에 닿기도 싫어하는데, 그래도 처음 커밍아웃한 네명의 친구들과는 그전처럼 이야기를 나누며 친구로 지낸다.

지원이나 연우처럼 소수지만 몇몇 친구에게나마 커밍아웃을 하는 것은 청소년 성소수자들에게 일종의 생존전략이기도 하다. 인간은 완전한 고립상태에서 살 수 없다. 특히나 청소년 성소수자처럼 고민이 많은 사람에게는 어딘가 숨 쉴 구멍이 필요하다. 꼭 그런 고민을 나누지 않더라도 관심이 있고 좋아하는 사람에 대해 이야기하며 웃고 떠들 수 있는 친구가 어딘가 있어야 살아 있는 것 같다. 가을은 너무 좋아하는 사람이 있어 고민 상담을 해줄 사람이 필요했고 친구에게 커밍아웃을 했다. 주변에 몇명이라도 마음 편하게 얘기할 수 있는 친구가 있다는 건 무척 큰 위안이다. 커밍아웃은 어렵지만 친구 중 몇명이라도 나를 제대로 아는 사람이 생기면 작지만 안전한 공간이자 방어막이 만들어진다.

소통하기 위해 청소년 성소수자는 온라인을 찾곤 한다. 아이러니하게도 온라인은 자신의 신분을 숨기는 동시에 솔직할 수 있는 공간이다. 다른 성소수자들과 연결되는 공간이기도 하다. 트위터 프로필에 아예 자신이 성소수자임을 드러내고, 그렇게 다른 성소수자와 만난다. 온라인은 성소수자에 관한 정보를 얻을 수 있는 공간이기도 하다. 물론 성소수자에 대해 부정적인 내용들도 많지만, 대학 성소수자 동아리나 '청소년성소수자위기지원센터' 같은 모임에 대해 알게 되기도 한다. 지원은 온라인을 통해 알게 된 대학 성소수자 동아리 모임에 찾아갔다가, 대학생들에게서 부모님께 커밍아웃하는 방법과 학교생활을 위한 조언을 들었다. 그날 모임을 지원은 이렇게 기억한다.

> "저 그때 지하철에서 만나고 오는 길에 울면서 왔어요. 너무 좋아서. 저는 진짜 (성소수자가) 저 하나인 줄 알았거든요."

커밍아웃을 하고 상대가 자신을 수용할 때의 안도감은 그 반대의 상황을 생각했을 때의 두려움만큼이나 크다. 게다가 부모나 교사가 자신을 받아준다면 대단한 위로와 안심이 된다. 연우가 커밍아웃했을 때 선생님은 이렇게 반응했다. 그냥 "말해줘서 고맙다"는 이 반응이 연우에게는 가장 좋은 답변이라고 느껴졌다.

> "선생님이 먼저 말해줘서 고맙다, 고맙다 하는 반응이셨어요. 너같이 나한테 먼저 밝혀주는 친구들이 있으니까 그 친구들을 위해서 도와줄 수 있는 말, 멘트, 그런 것들을 선생님한테 먼저 알려줘라. 만약 그 친구가 힘든 상황이 됐는데, 나는 겪어보지 못했고 나는 그 입장에 서보지 못했으니까 대신 네가 알려줘라. 이렇게 말해주셨어요."

직접 커밍아웃을 하지 않더라도, 자신이 성소수자라는 사실이 언젠가 알려질 수 있다는 사실은 늘 잠재해 있다. 이 잠재된 가능성 자체가 청소년 성소수자의 삶에 배경처럼 깔려 영향을 준다. 호진은 그래서 "이미지 메이킹"을 한다. 자신이 성소수자라는 사실이 알려져도 괜찮을 수 있도록 "좋은" 이미지를 만든다. 뭐든지 더 열심히 하고 긍정적으로 하려고 노력한다. 호진은 이렇게 말한다.

> "왜냐면 저는 제가 성소수자라는 것을 알면, 사람들이 배척하고 그럴
> 거라고 생각하거든요. 그래서 지금도 언제든지 준비가 되어야 한다고
> 생각했어요. 뭘 해도 더 열심히 하고 공부를 해도 더 열심히 하고. 나는
> 다른 애들처럼 스무살 넘어도 부모님한테 기대어 지낼 수 있는 건 아니
> 잖아요. 전 그렇게 생각하거든요. 그래서 더 열심히 해야겠다는 생각이
> 들었어요."

성소수자라는 이유로 더 열심히 살려는 동기가 생긴다는 사실을, 누군
가는 바람직하다고 평가할 수도 있을 것이다. 청소년 성소수자 자신도 미
래의 성공한 모습을 상상하며 현재의 억눌린 상황을 이겨내기도 한다. 하
지만 배척의 공포 때문에 더 열심히 살아야 하고 남들과 똑같은 인정을
받기 위해 더 많이 노력해야 한다는 건, 그 자체가 차별을 의미한다. 그래
서 호진처럼 겉으로는 낙천적인 모습을 보여주고 있지만 속으로는 앞날
을 고민해야 하는 삶은, 행복과 거리가 있어 보인다.

이런 삶이 호진은 "힘들다"고 했다. 그래도 자신이 하고 싶은 일을 하
려면 앞으로도 철저하게 숨겨야 한다고 생각하고 있었다. 그 상황이 "안
괜찮지만 포기할 수 없다"고 했다. 이런 호진이 인터뷰 끝에 한 마지막 말
은, 그가 학교를 떠나더라도 맞닥뜨리게 될 또다른 공포와 억압을 예견하
고 있음을 알려 준다.

> "군대 가면 또 어떻게 숨기죠? 너무 힘들어요. 고등학교는 그렇다 치는
> 데, 24시간 있어야 하잖아요. 2년 동안."

사람이 만드는 안전지대

자신의 젠더와 섹슈얼리티에 관해 청소년 성소수자가 이렇게 고민하고 있다는 사실을 주변 성인들은 얼마나 알고 있을까? 장서연 외(2014)의 연구[10]에서 교사를 대상으로 성소수자 학생의 존재에 대해 얼마나 인지하고 있는지 물었다. 중고등학교 재직 중에 성소수자로 생각되는 학생을 알았다는 교사는 25%였다. 17%는 성소수자가 있다고 들었지만 누구인지는 몰랐다고 했고, 58%는 그런 학생이 없었다고 응답했다. 절반 이상의 교사는 수년 동안 교직생활을 하면서도 성소수자 학생을 만나지 못하고 지내고 있었다. 많은 청소년 성소수자가 분명히 존재하는데 말이다. 그럼 청소년 성소수자는 어디서 도움을 받을까?

'청소년성소수자위기지원센터 띵동'은 청소년 성소수자를 위해 만들어진 민간 비영리 기관이다. 평소에는 상담을, 위기에는 지원을 제공한다. 월 2회 토요일 낮에는 토토밥(토요일 토요일은 밥먹자) 프로그램을 한다. 청소년 성소수자들은 토토밥에 신청하고 참석해서 함께 밥을 먹고 놀고 이야기를 나눈다. 연우는 아우팅을 당해 힘들어 하고 있을 때 담임선생님의 소개로 띵동을 찾았다. 띵동에 와서는 자신의 성향을 숨기지 않고 마음 놓고 이야기할 수 있다. 그렇게 밝히고 나서도 여전히 웃고 떠들고 재미있게 지낼 수 있다. 편하게 놀다가 편하게 낮잠을 잘 수도 있다. 그냥 그런 공간이다. 긴장을 놓아도 되는 안전한 공간.

문제는 그런 공간이 많지 않다는 것이다. 띵동은 서울에 있고, 이런 공간이 지방에는 없다. 그래서 어떤 청소년은 지방에서 전날 올라와 밤을 새고 토토밥을 기다리기도 한다. 퀴어문화축제는 청소년 성소수자가 마음 놓고 사람을 만나고 자신을 표현할 수 있는 해방구이기도 하다. 그나마 이 행사도 일부 지역에서 일년에 한번 열리는 정도다. 그런 해방의 순간을 뺀 나머지의 일상은 답답하고 불안하다. 떵동 같은 단체가 많아지면 좋겠다. 하지만 그걸로 충분하지 않다. 일상의 모든 공간이 안전해지려면 사회 전체가 바뀌어야 한다는 사실을 청소년들은 잘 알고 있다.

최소한 세상이 좋아질 거라는 희망이 있어야 한다. 미국에서는 성소수자라는 이유로, 또는 성소수자라고 의심을 받아 괴롭힘을 당한 끝에 청소년이 자살하는 일이 이어지자 이에 대한 각성으로 "It Gets Better"(나아질 거예요) 운동이 시작되었다.[11] 게이 부부인 댄 새비지와 테리 밀러가 2010년 시작한 이 운동은, 성인 성소수자들이 10대 성소수자들에게 삶이 나아질 거라는 메시지를 전달하는 영상을 유튜브에 올리면서 시작되었다. 일주일 만에 200개 이상의 영상이 올라오며 빠른 속도로 캠페인이 전개되었고, 전세계에서 6만개 이상의 영상이 업로드되었다. 이 캠페인에 버락 오바마 전 미국 대통령도 참여하여 이런 메시지를 전했다.

"괴롭힘이 정상적인 통과의례이며 피할 수 없는 성장의 일부라는 신화를 깨뜨려야 합니다. 그건 사실이 아닙니다. 우리는 모든 청소년들에게 안전한 학교를 만들 의무가 있습니다. 그리고 세상의 모든 청소년들이 알아야 합니다. 어려움에 처해 있다면, 도움을 줄 따뜻한 성인이 있다는 사실을 말이죠."

세상을 바꾼다는 건 거대한 일이지만, 청소년 성소수자들을 숨 쉬게 하는 건 사실 대단한 것이 아니다. "나아질 거예요"라며 쏟아지는 격려의 영상처럼, 누군가 얼굴을 내밀고 목소리를 내어 청소년의 편을 들어주면

된다. 시연은 학교에서 숨통을 틔우게 해준 사람으로 국어선생님을 떠올린다.

> "국어선생님이었는데, 수업시간에 애들이 떠드는 자율시간이었어요. 그때 하리수 이런 얘기가 또 나오는 거예요. 또 놀리는 거예요. 국어선생님이 그 사람들은 그렇게 태어난 건데 너희들이 그렇게 얘기하면 되겠냐 했거든요. 그게 기억에 남아요."

떵동과 같은 안전한 공간을 학교에 만들려고 시도하는 청소년들도 있다. 미국의 학교에는 2016년 기준 4000개 이상의 GSA(Gender-Sexuality Alliance젠더-섹슈얼리티 연합 또는 Gay-Straight Alliance게이-스트레이트 연합의 약칭)가 있다.[12] 성소수자와 비성소수자가 연합으로 자율동아리를 만들어 활동하는 것이다. 물론 미국에서도 학교가 GSA 설립을 반대하는 일이 종종 있다. '게이'가 포함된 이름을 사용했다는 이유로 동아리 설립을 문제 삼는 경우도 있었다.[13] 하지만 여러 사건에서 법원은 일관되게 헌법상 결사의 자유에 비추어 학생들이 이 동아리를 만들 권리가 있다고 판결했다.

연구에 따르면, GSA 같은 동아리가 청소년의 학교생활에 도움이 된다. 학교에 GSA가 있을 때 청소년 성소수자는 더욱 안전감을 느끼고 안녕감도 높아진다. GSA가 있는 학교에서는 학생들의 성소수자 혐오발언이 적고, 폭력 피해도 적으며, 괴롭힘에 대한 교사의 대응도 더 적극적인 것으로 나타났다. 결과적으로 청소년 성소수자의 자살 위험성이 낮고 결석률도 낮았다. 즉 성소수자 학생과 비성소수자 학생이 함께 성소수자를 위해 활동하는 동아리의 존재가 학교 환경의 전반적인 안전성을 높이는 데 효과가 있는 것이다.[14]

우진은 GSA를 모델 삼아 학교에서 자율동아리로 성소수자 인권동아리를 만들었다. 학교 문화제에 참가하려고 신청도 했는데 교사회의에서 거부당했다. 실망스럽고 부당한 일이었다. 그래도 소득은 있었다. 이 과정에서 교사들은 성소수자 인권동아리의 존재를 알게 되었다. 학교 내에 성소수자 인권에 관심 있는 학생들이 있다는 사실을 아는 것만으로도 교사들이 말을 할 때 조심하게 되는 효과가 있었다. 성소수자에 대해 불편하게 여기는 교사도 학생들이 상처를 받을 수 있을지도 모른다는 생각을 하면서 조금 더 조심스러운 태도를 보였다.

안전한 환경. 청소년 성소수자에게 가장 중요한 키워드는 이 '안전'일 것이다. 안전한 가정, 안전한 학교, 안전한 사회가 보장된다면, 청소년들은 하고 싶은 일에 집중하며 미래를 계획해갈 것이다. 누구나 그러해야 하듯 말이다. 반면 안전하지 않은 환경이란 성소수자라는 이유로 조롱하고 괴롭히고 배척하면서 성소수자의 삶이 무가치하다고 느끼게 만드는 사람들의 말, 표정, 행동이다. 혐오표현과 혐오범죄의 문제는 겉으로 평온해보이는 청소년 성소수자의 삶에 일상적인 불안과 공포로 자리 잡고 있다. 그래서 세계 곳곳에서 일어나는 성소수자 관련 사건들은 청소년의 삶과 무관하지 않다.

미국 플로리다주의 올랜도 게이 클럽에서 일어난 총격 사건이 한국사회에 살고 있는 청소년 성소수자에게 충격으로 다가오는 이유가 여기에 있다. 그 사건으로 사망한 게이들을 보고 "잘 죽었다"라고 말하는 아빠를 보며, 청소년은 가정이 안전하지 않다는 걸 피부로 느낀다. 동성결혼에 반대한다는 교실의 친구들을 보면서 학교가 안전하지 않은 공간이라는 걸 감지한다. 트랜스젠더가 폭행을 당했다는 사건은 그 일이 일어난 곳이 한국의 이태원이든 프랑스 파리든 충분히 충격적이다. 나라는 존재가 세상에 드러나면 밟혀 죽게 될지 피어나게 될지, 세상은 얼마나 안전한 공간인지 청소년은 끝없이 탐지한다.

어떻게 해야 안전한 세상이 될까? 청소년 성소수자가 생각하기에 그 답은 의외로 간단하다. 미륵은 이렇게 말한다.

"성소수자가 아니라 장애인 인권친화적 환경 이런 것도 결국 크게 보면 다 같을 거 아니에요. 좀 관용적인 사회를 만들고 배려를 하고 인정하고 이런 거잖아요. 그 기본이 바뀌지 않으면 아무리 세부적인 걸 만들어도 진짜 인권친화적인 환경은 안 만들어질 거 같거든요. 근데 반대로 생각해보면 그냥 근본적인 거 하나만 바꾸면 되잖아요."

물론 말처럼 쉬운 일은 아니다. 하지만 우리 사회에 청소년 성소수자가 이렇게 존재하고 있다는 사실만 알아도, 최소한 상처받지 않게 조심하는 노력은 기울일 수 있지 않겠냐고 청소년 성소수자들은 이야기하고 있다. 안전지대는 내가 있는 그 자리, 나의 가정, 학교, 동아리, 교회, 동네 등 내 주변에서부터 만들 수 있으니 말이다. 성장, 아니 생존을 위해 분투하는 청소년 성소수자가 긴장과 공포를 내려놓고 나른한 오후에 단잠을 자듯 쉬어갈 수 있는 공간을 넓혀나가는 것이 이 사회가 당장 해야 하는 일이 아닐까.

성소수자와
학교교육

조대훈

   한국의 성소수자에게 학교는 암울한 공간이며, 그 안에서 이루어지는 공식적·잠재적 교육은 청소년 성소수자를 투명인간 혹은 조롱과 폭력의 대상으로 만들어왔다. 세계화와 다문화사회화의 진전에 따라, 우리나라의 학교교육은 '다양성', 그리고 타인 및 타집단에 대한 존중과 배려의 정신을 적극 수용하기 시작했지만, 이같은 변화에도 불구하고 성소수자는 학교교육 영역에서 여전히 첨예한 논쟁이자 금기의 주제로 머물러 있다.

   21세기 학교의 공식적 교육과정에서 두드러진 변화 중 하나는 '인권 기반 교육'의 강조라 할 수 있다. 인권 기반 교육은 사회적·교육적으로 차별받고 소외된 집단 및 학습자의 인권을 강조하고 이를 교육의 중요한 내용과 방법론으로 삼는다. 1997년 고시된 제7차 교육과정에서부터 2015년 개정 교육과정에 이르기까지 인권 기반 교육은 학교 안 학습자들에게 외국인 이주노동자, 다문화가정의 자녀, 북한이탈주민, 장애인 등 소수자에 대해 주류사회가 가지고 있는 편견과 고정관념을 성찰하고, 더불어 사는 사회를 지향하는 방법을 모색하는 기회를 제공했다. 그런데 유독 '성소수자'는 이같은 인권 기반 교육의 주제에서 제외되어 왔다. 단적으로 말하자면, 성소수자의 개념은 한국의 공식적 교육과정에서 전형적인 '영교육과정'null curriculum의 사례다. 즉 해당 주제를 교육과정에서 아예 삭제하고 감추어버리는 방식으로 다루어진 것이다.

성소수자가 국가의 공식적 교육과정에서 투명인간 같은 존재가 되어버린 상황은 최근 몇년간 언론에 보도된 몇건의 성소수자 관련 교육과정 논쟁과 무관하지 않다. 2014년 '동성애대책위원회'가 교육부에 제출한 교과서 관련 민원은 학교의 교육과정에서 성소수자 개념을 제거하려는 보수시민단체의 끈질긴 노력을 잘 말해준다.[1] 이 민원은 검정을 통과하여 공개된 총 15종 교과서에 등장하는 성소수자 관련 25개 부분에 대한 수정 또는 삭제를 요청했다. 동 위원회는 중학교 '도덕' 및 '보건', 고등학교 '생활과 윤리' 과목의 일부 교과서가 자연의 섭리를 거스르는 위험행동인 동성애를 옹호하거나 조장하고 학생들을 성소수자가 되도록 부추긴다고 주장하면서, 동성애자들의 불행한 삶, 다시 말해 동성애의 부정적이고 어두운 측면을 반드시 서술할 것을 촉구했다. 이같은 정치적 압박으로 인해 급기야 일부 교과서에서 동성애 관련 기술 내용이 부분 삭제되거나, 처음 내용과는 상당히 다른 관점에서 재서술되는 상황이 발생했다.

2015년 교육부가 발표한 「국가 수준의 학교 성교육표준안」(이하 표준안)의 사례 역시 성소수자가 학교교육 안에 설 자리를 빼앗고 있다. 해당 표준안은 성소수자의 개념이 아직까지 사회적 합의에 도달하지 못한 첨예한 쟁점이라는 이유에서 학교 성교육 시간에 성소수자 관련 내용을 다루지 말라고 규정했고, 여기에는 보수시민단체들의 지속적인 반대와 민원이 직접적인 영향을 미치고 있었다.[2] 또한 각 시·도교육청 홈페이지에 탑

재된 「국가 수준 성교육 표준안 전달연수 자료」에는 "다양한 성적지향 용어 사용 금지" "성소수자의 내용 삭제 요구" "동성애에 대한 지도: 허용 되지 않음" "성적 소수자: 인권 측면과 성적 가치 측면을 분리" 등의 내부 지침을 통해 성소수자 관련 교육을 원천 봉쇄하고 있다.

이러한 논란은 고등교육기관에서도 발생하고 있다. 2018년 3월 서울대 학교 대학신문은 최근 필수화된 온라인 인권교육 프로그램에서 성소수 자 관련 내용이 포함된 부분과 관련하여 평의원회와 인권센터의 대립을 소개했다.[3] 평의원회는 "성소수자 자체에 반대하는 차원이라기보다는 그 교육의 필수화가 사회적 합의를 거치지 않았다는 점"에 주목하면서 성소 수자 관련 내용의 필수화에 반대한 반면, 인권센터는 "인권교육 필수화 를 이유로 성소수자 관련 부분만 배제하는 것은 특정 집단에 대한 차별이 므로 교육 취지에 어긋난다"고 맞서고 있다. 이같은 논쟁은 교육당국과 주요 교육기관들이 사회적 합의를 판단 기준으로 삼아 공교육 안에서 학 습자가 성정체성 개념을 객관적으로 접할 기회를 차단하고, 학교 안의 성 소수자의 성적 자기결정권을 간과하는 있다는 점을 드러낸다.

공식적 교육과정에서 성소수자가 투명인간 같은 존재라면, 잠재적 교 육과정의 영역에서 성소수자는 괴롭힘과 폭력의 대상이다. 학교는 학생 들에게 가장 안전한 곳이어야 하지만 청소년 성소수자들에게 학교는 오 히려 불평등하고 불안한 삶의 공간인 셈이다. 유네스코 가이드북 『동성 애혐오성 괴롭힘 없는 학교』의 한국어판 서문에서 반기문 전 유엔사무총 장은 "안전해야 마땅할 학교나 교육기관 등에서조차도, 학생들과 교사들 이 동성애 혐오로 인한 폭력과 괴롭힘을 당하고" 있다고 지적하면서, 한 국을 비롯한 전세계 학교에서 성소수자에 대한 보이지 않는 규제와 폭력 이 심각하다는 점을 강조한 바 있다.[4]

서구 여러 나라의 교육계와 비교할 때, 한국 청소년 성소수자가 학교에서 겪는 경험을 구체적으로 들여다보는 연구는 지극히 드물다. 2014년에 공개된 국가인권위원회 연구보고서인 「성적지향·성별정체성에 따른 차별 실태조사」[5]는 국가 차원에서 시도된 거의 유일한 청소년 성소수자 관련 보고서다. 이 보고서에 따르면, 청소년 성소수자 응답자의 98%가 학교에서 교사나 학생들로부터 '혐오표현'을 접했고, 응답자 중 54%는 자신의 성별정체성이 알려진 뒤 친구들로부터 괴롭힘을 당한 것으로 나타났다. 또한 응답자의 19%는 소속 학교에 동성교제 금지정책이 있다고 보고했고, 응답자 중 4.5%는 동성애자로 의심되는 학생의 이름을 적어내게 하는 속칭 '이반 검열'을 경험한 바 있다고 했다. 이같은 수치는 극소수의 국내 관련 연구에서 드러난 청소년 성소수자의 이야기들과 부합한다. 즉 학교 안에서 성소수자의 개념과 정체성은 '묻지도 말고 대답하지도 말라'는 암묵적인 원칙에 따라 철저히 비가시화되거나 아예 부정적인 것으로 간주되고 있음을 보여주었다.[6] 하지만 사회 참여에 적극적인 청소년 활동가를 대상으로 한 몇몇 연구들은 폭력, 차별과 배제의 현실과 끊임없이 상호작용하는 과정에서 청소년 성소수자가 사회 변화의 주체로 성장할 수 있는 가능성을 함께 제시해주었다.[7]

　이러한 현실은 한국이 2011년 6월 유엔인권이사회의 '인권, 성적 지향과 성별정체성' 결의안에 찬성한 이사국 중 하나라는 점과 배치된다. 하지만 한국 정부 및 교육당국은 '아직 사회적 합의에 이르지 못한 쟁점'이라는 이유로 성소수자 개념을 학교에서 다루거나 이들의 인권을 인정하는 데 주저하고 있다. 성소수자가 혐오와 차별, 침묵과 금기의 족쇄에서 벗어날 수 있도록 학문적 연구와 정책 개발에 국가적·사회적 노력이 그 어느 때보다도 절실한 시점이다.

8장

성소수자와 가족
우리들의 커밍아웃

이지하

성소수자에게 가족은 '눈물'이라고 할 수 있다. 그들과 가족 이야기를 나누다 보면 자연스럽게 눈물을 보게 되고 나 역시 눈물을 흘리는 경우가 있다. 모든 눈물이 각각 다른 이야기를 가지고 있지만, 사연들을 곱씹어 보면 세가지 종류로 나눌 수 있다. 첫째, 커밍아웃하지 못하고 어쩔 줄 몰라서 막막해 하며 흘리는 눈물이 있다. 둘째, 용기를 내어 커밍아웃했지만 무시와 거부, 폭력을 경험하고 몸과 마음이 아파서 흘리는 눈물이 있다. 마지막으로, 커밍아웃을 하고 가족 안에서 고마움, 미안함, 속 시원한 마음으로 흘리는 눈물도 있다. 모두에게 그러하듯 가족에게 받은 상처는 그 어떤 상처보다 더 깊고, 가족으로부터 받은 격려는 그 어떤 칭찬보다 성소수자를 굳게 세우는 힘이 된다. 이 장에서는 성소수자와 그 가족이 커밍아웃을 통해 갈등과 화해를 공유하는 과정을 그리며, 성소수자의 삶에서 부모와 가족의 중요성을 이야기하고자 한다.

커밍아웃에 대하여

커밍아웃은 'coming out of the closet', 즉 '벽장에서 나오다'라는 말이다. 성소수자가 성적 지향을 숨기고 살아가는 그 숨 막히는 '벽장' 같은 시간과 공간 속에서 문을 열고 나온다는 뜻을 담고 있다. 그런데 성소수자에게 커밍아웃은 단 한번 벽장문을 여는 것으로 끝나지 않는다. 스스로 성적 지향을 발견하는 과정, 그 사실을 인정하고 스스로 받아들이는 과정, 자신의 성적 지향을 가족, 친구, 동료 등 주변 사람들과 공유하는 과정, 성소수자 커뮤니티에 참여하고 교류하는 과정 등 여러차례 다른 벽장문 앞에 서게 된다.

대다수의 성소수자는 벽장 안에서 숨이 막혀 답답하게 지내는 것이 벽장문을 열고 나가서 만나게 되는 공포보다 낫겠다고 생각하며 커밍아웃을 주저한다. 한 연구에 따르면 편견과 차별에 대한 두려움 때문에 동성애자인 응답자의 82%는 부모에게 커밍아웃하지 않았고, 88%는 형제나 자매에게 본인의 성적 지향을 알리지 않았다.[1] 성소수자는 가족이 자신을 수치스러워 할까봐, 상처주기 싫어서 커밍아웃을 망설인다.[2] 그래서 성소수자는 차라리 벽장에 갇힌 상태로 사는 편이 낫다고 생각해 주변에 자신의 정체성을 비밀로 한 채 살아가려고 결심하는 경우가 많다.[3] 하지만 이처럼 커밍아웃하지 않은 채 살아가는 성소수자는 지속적으로 자신의 정체성을 숨기는 데 기인하는 고립감과 우울감 같은 정서적 어려움을 직면한다.[4]

사람은 누구나 자신의 삶을 가족, 친구, 지인과 함께 공유하면서 사회적 지지를 받는다. 특히 성소수자는 자신의 성적 지향을 다른 누군가에게

'이야기할 수 있는 사실' 자체만으로 사회적 지지를 각별하게 경험한다. 실제로 성소수자가 성적 지향을 타인에게 공개하거나 성소수자 커뮤니티에 참여하면서 자신에 대해 긍정적인 감정이나 태도를 갖고 있는 경우는 그렇지 않은 경우보다 나은 삶의 질과 정신건강을 유지한다는 연구결과가 있다.[5] 또한 커밍아웃을 여러차례 할수록 성소수자가 가지고 있던 우울감이 점점 낮아진다는 연구도 있다.[6] 이처럼 주변과의 소통을 통한 사회적 지지는 성소수자의 정신건강 및 심리적인 안녕과 행복에 매우 중요한 역할을 한다.

하지만 커밍아웃이 성소수자 당사자와 그 대상에게 긍정적으로 작용하기 위해서는 반드시 확인할 부분이 있다. 커밍아웃은 일방적인 통보가 아니라 소통의 과정이라는 점이다. 커밍아웃의 순간은 당사자에겐 성소수자로서의 자신을 표현하는 시점이며, 상대방에겐 성소수자에 대한 자신의 생각이나 느낌을 깨닫고 표현하게 되는 순간이다. 일반적으로 커밍아웃을 하려는 당사자는 자신의 정체성에 관해 진지하게 고민하고 커밍아웃을 한 이후의 결과를 감당할 수 있는지 자문하는 준비의 과정을 거치지만, 상대방에게는 커밍아웃이 일방적인 통보로 느껴질 수 있다. 그러므로 커밍아웃의 과정에는 성소수자를 가족과 친구로 마주하게 되는 상대방의 입장을 고려한 준비가 필요하다. 최근에는 친구나 상담가와 예행연습을 하고 편지를 쓰는 등 준비과정을 거치며 가족에게 커밍아웃하기도 한다. 실질적으로 이러한 준비과정이 커밍아웃으로 인하여 상대방이 겪는 충격을 완화시킬 수 있다.[7]

일반적으로 성소수자는 커밍아웃을 했을 때 상대방으로부터 포용적이고 지지적인 소통을 기대하는 반면, 실제로는 거부와 회피 같은 소통의 부재를 마주하는 경우가 빈번하며 심지어 언어적·신체적 폭력을 당하는 등 상당한 스트레스와 고통을 겪는다.[8] 커밍아웃은 일회성 사건이라기보다는 생애주기 전반에 걸쳐서 지속적으로 발생하는 경향이 있기 때문에, 이러한 상처와 정신적 고통은 만성적인 정신건강의 문제로 이어지기도 한다.[9] 실제로 한국사회에서 많은 성소수자가 커밍아웃을 했을 때 사회, 학교, 직장, 혹은 가정에서 차별과 폭력이 있었다고 토로한다. 커밍아웃하지 않은 성소수자 중 16.2%가 차별과 폭력의 경험이 있는 반면, 대중에게 정체성을 공개한 경우는 73.7%에 달하는 것으로 나타났다.[10] 성소수자가 용기내어 벽장에서 나오더라도 벽장 밖 세상과의 소통은 쉽지 않으며 주변의 외면과 거부로 인해서 벽장 안에서보다 더 큰 상처와 고통을 받는 것이다.

반대로 성소수자가 커밍아웃을 통해 긍정적인 소통을 거치면 과거의 외로움과 우울함이 감소하는 등 정서적인 회복을 경험하기도 한다.[11] 커밍아웃의 과정에서 많은 성소수자가 상처입고 고통을 겪지만, 궁극적으로 커밍아웃을 통해 다다르는 '해방됨'은 여타의 부정적 결과와 비교할 수 없는 순기능을 갖고 있다.[12] 그리고 앞서 언급했다시피 이러한 순기능을 위해서는 커밍아웃 당사자와 상대방 모두의 준비와 노력이 필요하다. 커밍아웃을 대면한 상대방은 보통 충격에서 수용까지 '충격-부정-죄책감-감정표출-결단-용인'의 여섯단계를 거친다.[13] 상대방이 모든 단계를 뛰어넘은 즉각적인 수용, 혹은 시간이 흐르면서 이루어지는 단계적 수용에 이를 때 성소수자는 건강한 소통으로서의 커밍아웃을 완성하게 되는 것이다.

엄마 아빠, 저는 성소수자입니다

한국사회는 여러모로 빠르고 다양하게 변화하고 있지만 아직까지는 다수가 속해 있는 집단에서 벗어나기를 두려워하는 집단주의 사고와 권위적인 부모의 역할이 강조되는 가부장 중심의 가족관이 공고하게 자리하고 있다. 이러한 사회문화적 배경과 특정 종교의 배타성, 사회적 편견 등이 복합적으로 작용한 결과, 성소수자에 대한 혐오와 배척이 만연해 있다. 이러한 혐오와 배척은 가족 안에서도 그대로 재현되어 한국의 성소수자는 가장 이해받고 지지받기를 원하는 부모와 가족에게서 상처를 입고 고통스러워하고 있다. 성소수자가 가족의 지지를 원하는 이유는 편견과 차별의 사회에서 마음 놓고 숨 쉴 수 있는 안식처가 필요하기 때문이다.

자발적인 커밍아웃과 비자발적인 아우팅의 형태로 성소수자는 자신의 성적 지향이나 성별정체성을 드러내는데, 이때 대체로는 가족에게서 일방적인 회피를 경험하거나, 정신병자, 변태, 범죄자 같은 혐오표현과 독설을 들으며 거부당한다. 실제로 커밍아웃 이후 가족의 반응을 조사한 연구에 따르면, 가족의 연을 끊겠다고 협박하거나 집에서 내쫓고, 강제로 병원이나 종교단체에 끌고 가거나 감금하고, 신체적 폭력을 행사하기도 한 것으로 드러났다. 또한 부모가 극도의 실망과 절망을 드러내며 자살을 암시하는 표현을 하는 사례도 있다.[14] 특히 다수의 성소수자 청소년은 가족구성원으로부터 다양한 언어적·신체적 학대를 비롯하여 생명의 위협까지 경험한다.[15] 부모에게 커밍아웃했다가 집에서 쫓겨났거나 거리청소년 아웃리치 프로그램을 운영하는 사회복지 현장에서 집으로 돌아가지 못하는 성소수자 청소년을 만나는 것은 어려운 일이 아니다. 성소수자에 관한 논의가 다양해지고 사회적 논쟁이 일기도 하는 변화의 기로에서 여전히 많은 성소수자는 부모나 가족에게 외면당하고 학대받고 있으며, 가정의 울타리 밖에서 도는 차별과 편견에 가득 찬 시선으로 고통받고 있다.

이러한 가족으로부터의 상처로 인해 성소수자는 분노, 슬픔, 소외감, 우울감, 두려움, 무력감, 자존감 하락, 자살충동 등의 심리적 고통을 겪는다. 특히 커밍아웃한 청소년 성소수자에게 소통의 부재는 가족에 대한 유대감을 손상시키는 것은 물론 심각한 수준의 신체적·정신적 위험행동을 초래한다. 커밍아웃 이후 가족의 강한 거부를 경험한 청소년 성소수자들은 그렇지 않은 집단에 비해 자살시도, 우울증, 불법적인 약물 사용의 비율이 높은 것으로 보고되고 있다.[16] 반대로, 가족으로부터 수용적인 태도를 경험하게 되면 성소수자는 심리적 안정을 느끼고, 커밍아웃 이전에 느꼈던 불안감이나 우울감이 줄어들며, 자살충동 또한 감소한다.[17] 가족의 수용과 지지 행동은 성소수자의 신체적·정신적 건강의 위험을 줄이고, 삶의 질을 높이는 데 큰 기여를 한다고 학계에 보고되고 있다.[18]

성소수자 가족과 관련한 국내의 연구에서도 성소수자가 경험하는 가족의 부정적인 태도의 위험성에 대해 경고하고 있다. 가족의 부정적인 태도는 성소수자에 대한 편견과 공포심에 기인하며, 이는 관련 지식의 부재와 사회 전반에 만연해 있는 성소수자 혐오의 영향이라고 볼 수 있다. 국내의 한 연구[19]에 의하면 연구에 참여한 성소수자들이 대체로 자신의 성정체성이나 성적 지향을 숨기고 지내는 것에 답답함을 느끼며 가족에게 털어놓고 이해받기를 원했지만, 가족의 부정적인 반응과 거부에 대한 두려움으로 커밍아웃을 포기하거나 미루는 경향이 있으며, 커밍아웃을 준비하는 이들도 가족의 충격을 최소화할 수 있는 방법을 고민한다고 한다.

우리 아이가 성소수자라고 한다

저는 당신으로부터 편지 한통을 받았는데, 그 편지는 당신의 아들이 동성애자라는 내용을 담고 있었습니다. 저에게 그 무엇보다 놀라움으로 다가온 것은 당신이 아들에 대한 설명을 하면서 '동성애'라는 단어의 언급을 피하고 있다는 사실이었습니다. 저는 당신이 왜 동성애라는 단어를 언급조차 하지 않고 피하는지 이유를 묻고 싶습니다. 동성애라는 것이 분명히 장점은 아니지만 그렇다고 부끄러워하거나, 죄악시하거나, 비하할 이유는 절대 없으며, 질병으로 분류될 수 없습니다. (…) 고대 그리고 근대의 존경받는 사람들 중 플라톤, 미켈란젤로, 레오나르도 다빈치를 포함하는 많은 사람들은 동성애자였습니다. 동성애를 범죄시하여 처벌하는 것은 정의를 부정하는 잔혹한 일이라고 말씀드리고 싶습니다. (지그문트 프로이트)[20]

1935년 프로이트에게 편지를 보낸 미국의 한 엄마와 마찬가지로, 오늘날 한국의 성소수자 부모들도 자식의 정체성을 알고 어쩔 줄 몰라 하며 전문가에게 도움을 청한다. 내 아이가 성소수자임을 알게 된 부모는 자녀를 향한 사랑과 성소수자에 대한 부정적인 편견 사이에서 혼란과 갈등에 빠지기 때문이다.[21] 부모는 치밀어 오르는 분노를 느끼기도 하고, 마치 성적 지향이 자녀의 단순한 선택인 것처럼 받아들여 자녀에 대한 비난을 서슴지 않기도 한다. 한편으로는 부모로서 자식을 키우는 과정에서 언제 어떻게 무엇을 잘못했는지 되짚으며 스스로를 비난하고 죄책감에 시달리기도 한다. 또한 자식의 사회적·개인적·신체적 안위를 염려하며 앞으로 어떻게 해야 할지 걱정과 두려움으로 좌절한다. 친구나 이웃, 친지 같은 주변 사람들이 사정을 알게 될까 또는 이 사실을 주변에 어떻게 알려야 하나 노심초사하기도 한다.

자녀의 커밍아웃을 수용하는 과정은 애도의 과정과 유사하다고 할 수 있으며, 보통 커밍아웃 직후의 첫 일년을 가장 힘들어 한다. 많은 부모들이 이때 감정적으로 '거부'를 표현하거나 신체적 폭력을 행사한다.[22] 그러나 해외의 한 연구는 자식이 성소수자임을 받아들이는 과정이 변하고 있음을 보여준다. 과거에는 커밍아웃 이후의 풍경이 (지금의 한국과 유사한) 분노와 좌절의 눈물바다였다면, 최근 들어서는 초반에 가족구성원 사이에서 한바탕 '소란'을 경험하는 등 부정적인 양상이지만 점차 서로에 대해 이해하고 적응하고자 '협상'하는 단계를 거쳐 가정 및 사회 속에서 성소수자 가족구성원이 정체성을 인정받으며 살 수 있도록 '균형'을 찾아가는 "수용의 과정"을 보이고 있다는 것이다.[23] 또한 모든 자녀는 가족과 사회로부터 사랑받고 보살핌받을 가치가 있다는 보편적인 전제하에, 성소수자의 부모에게 자녀가 잘못된 것이 아니라는 사실을 전달하는 교육의 필요성도 강조되고 있다.[24] 한편 최근 엄마와 사춘기 청소년 성소수자의 관계를 연구한 논문에서는 청소년 성소수자의 정신건강의 중요성을 강조하며 엄마와의 긍정적인 관계가 건강한 성장에 매우 중요한 요인임을 시사하고 있다.[25]

마지막으로 부모로서 자신의 아이가 성소수자임을 가족 안팎으로 커밍아웃하는 과정에 대해 이야기하고자 한다. 이 과정도 성소수자 당사자의 커밍아웃과 유사하게 스스로 내 자식이 성소수자임을 인지하고 받아들이는 것이 가장 먼저 거쳐야 할 관문이다. 이런 과정은 시간이 필요하며 지속적으로 자신의 가치관과 자식에 대한 기대 등을 재정립해가는 작업이다. 첫번째 문을 통과하고 나면 부모나 가족구성원 누구든지 친척과 친구에게까지 커밍아웃할 수 있게 된다. 또한 성소수자 인권 활동과 관련한 성소수자 커뮤니티에 참여할 수도 있다. 하지만 자녀의 커밍아웃을 긍정적으로 수용해 부모의 커밍아웃 단계에 이를지라도, 부모 역시 가족 중에 성소수자가 있음을 받아들이지 못하고 배척하는 다른 가족구성원의 비난과 분노를 직면하게 될 수도 있다. 이처럼 부모도 자녀와 마찬가지로 차별과 편견의 사회에서 성소수자가 부딪히는 당황과 좌절을 경험하며, 더욱 단단한 자아를 만들어간다.

그러나 부모가 내 자식이 성소수자임을 커밍아웃하지 못하고 벽장 안에 갇혀 있다면, 이는 성소수자 자녀에게 암묵적인 메시지로 해석될 수 있다. "우리는 네가 성소수자여도 괜찮아. 하지만 우리 비밀로 하자". 어떠한 긍정적인 메시지를 전달한다 해도 '하지만'이란 단어 이전의 이야기는 효력이 없어지는 것이다. 또한 부모 역시 아이의 성적 지향이나 성정체성을 숨겨야하는 긴장과 스트레스를 경험하게 된다.[26] 자식의 커밍아웃을 온전히 받아들여 내 아이가 성소수자임을 부모가 커밍아웃하고 아이에 대한 지지를 공표하는 일은 성소수자 당사자와 부모에게 진정한 도전이자 마지막 관문이다.

PFLAG와 2019년 대한민국의 성소수자 부모모임

성소수자의 심리적·신체적 건강 및 안정을 위해서 부모와 가족의 수용과 지지는 매우 중요하지만[27] 부모가 이 단계까지 이르는 길은 결코 평탄하지 않다. 자식이 성소수자임을 알게 됨과 동시에 하늘이 무너지고 시간이 멈추는 듯한 충격을 추스르고 나면, 밀려드는 걱정과 함께 생각을 정리하는 시기가 찾아온다. 이러한 과정에서 많은 부모들은 속앓이를 하다가 주위를 둘러볼 정신이 들면 자신과 비슷한 경험을 하는 사람들을 찾게 되는데, 이때 접하는 집단이 PFLAG인 경우가 많다.

　미국에서 시작된 성소수자 지지단체인 PFLAG(Parents, Families, and Friends of Lesbians and Gays: 레즈비언, 게이, 바이섹슈얼의 부모, 가족, 친구들의 단체)는 성소수자 및 가족구성원 모두를 지지한다는 기치 아래 사회구성원을 대상으로 다양한 교육을 실시하고, 성소수자 인권 보장을 위해 활동하는 단체다. 1972년 진 맨포드*는 뉴욕시 게이 퍼레이드에 "Parents of Gays: Unite in Support for Our Children"(동성애자의 부모들은 우리의 아이들을 지지하며 연합한다)라는 피켓을 들고 행진했다. 이를 계기로 미국 전역에 성소수자 부모들이 하나둘씩 모여 서로를 위로하고 도우면서 나아가 아이들을 지지하기 위한 모임을 결성하기 시작했다. 이러한 모임이 점차 늘어나자 1981년에는 부모모임의 연합체인 PFLAG가 탄생하게 되었다. 결성 초기에는 단체의 활동이 개인적인 지지의 수준에 머물렀으나 점차 커뮤니티 및 사회 전반으로 확산되어 사회변화를 추구하는 인권운동 단체로 성장했다.

　현재 PFLAG의 미션은 세가지다. 첫째, 성소수자 가족구성원을 지지한다. 둘째, 성소수자와 관련한 대중 교육을 제공한다. 마지막으로, 성소수

---

* 　Jeanne Manford(1920~2013) 미국 성소수자 운동의 대모라고 불리는 인물이다. 게이 아들인 몰티 맨포드가 성소수자 인권운동을 하던 중 폭행을 당했지만, 성소수자라는 이유로 경찰의 적절한 보호를 받지 못한 사실에 분노하여『뉴욕 포스트』(New York Post)에 '나에게는 동성애자 아들이 있습니다. 나는 내 아들을 사랑합니다'라는 구절로 유명한 글을 기고하며 성소수자 인권운동에 앞장섰다. Rebecca Trounson, "Jeanne Manford dies at 92; co-founder of group for parents of gays," Los Angeles Times, 2013.1.9.

자 차별 폐지와 인권 보장을 위한 결속 및 지지를 목표로 한다. 또한 최근 들어 성소수자 가족구성원의 공개적인 지지의 중요성을 강조하고, 가족의 커밍아웃을 독려하고 있다. 부모의 공개적 지지는 성소수자 당사자에게 큰 힘이 될 뿐 아니라, 성소수자와 관련한 전통적인 가치관이나 편견에 도전하는 계기가 된다.[28] 성소수자 가족구성원이 사회에서 존경받거나 유명인인 경우는 가족의 커밍아웃이 더욱 인상적인 사례가 되기도 한다. 이러한 부모 및 가족구성원의 공개 지지는 성소수자를 향한 낙인을 없애고 성소수자의 인권 보장 이슈를 공론화하는 데 중요한 역할을 한다. 2019년 현재 PFLAG는 미국 전역에 400여개 지부를 두고 20만명 이상의 회원과 지지자가 속해 있다. 최근에는 점차 국제적으로 확산되고 있으며, 한국과 중국, 일본에서도 유사한 형태의 단체들이 활동 중이다.

한국의 PFLAG이라고 할 수 있는 '성소수자 부모모임'은 과거 한국게이인권운동단체 '친구사이'에서 활동하는 아이를 둔 부모들이 의기투합하여 소규모 모임을 갖던 것이 시초로, 2019년에 5주년을 맞았다. 현재는 '행동하는 성소수자 인권연대'의 활동가들과 함께 성소수자 부모들이 모임을 운영하고 있다. 2019년 한국의 성소수자 부모모임은 성소수자의 권익을 위한 논의의 장에 빠짐없이 참석하고 목소리를 내며 여러 현장에서 다양한 역할을 감당하고 있다. 우선 성소수자 부모모임은 성소수자 자녀를 둔 부모들 간의 지지, 정보 교환, 교육의 장을 제공하고 있다. 전국 각지에서 방문하는 부모들이 모여 함께 눈물 흘리고, 경험담을 풀어놓으며 서로를 위로하고 격려한다. 또한 온라인·오프라인 채널을 최대한 가동하여 혼란스러워하는 부모들의 온갖 궁금증에 답을 제공하거나 정보를 얻을 수 있는 자원을 소개하고 연결하고 있다. 다양한 배경을 가진 구성원 사이에서 때로는 갈등이 일어나기도 하지만, '성소수자'라는 무지개 깃발 아래에서만큼은 이러한 이질적인 배경이 다양하고 풍부한 자원으로 전환되어 부모모임의 동력이 되고 있다.

또한 성소수자 부모모임은 성소수자 당사자들과의 교류와 지지의 장을 제공하는 공간이기도 하다. 부모모임에 대해 처음 접했을 때 많은 사람들이 놀라는 것은 이 모임에 부모들뿐 아니라 당사자들의 참여가 더욱 많다는 점이다. 당사자들은 성공적인 커밍아웃을 준비하기 위해서, 그리고 부모와의 관계 개선을 위해서 정기모임에 참석해 배움을 얻는다. 부모들 또한 심장이 멈추는 듯한 커밍아웃 순간의 경험을 자식 같은 당사자들과 나누며 서로의 입장을 이해해간다. 나아가 '우리 아이가 이랬겠구나' 하며 나와 아이의 관계를 뒤돌아보고 더 나은 관계를 위해 새롭게 다짐하기도 한다. 또한 자신의 부모로부터 받은 상처를 이 모임에 와서 다른 부모로부터 치유받는 성소수자도 많다. 퀴어문화축제 때 이루어지는 '프리허그'는 이러한 치유의 장면을 보여주는 한편의 영화와 같다. 누구나 아무말 없이 눈빛을 나누며 서로를 꼭 껴안아주는 장면은 바라보는 모든 이들에게 큰 여운을 남긴다.

마지막으로 성소수자 부모모임은 성소수자를 혐오하고 배척하는 세상과 성소수자 간의 연결고리기도 하다. 성소수자를 불편하게 바라보며 거부하는 한국사회지만 성소수자 당사자 단체보다 부모모임에 대해서는 혐오의 정도가 다소 누그러지는 것을 볼 수 있다. 실제로 각종 퀴어문화축제에서 부모모임이 퍼레이드의 선두에 나설 때면, 성소수자 반대집단이 드러내는 혐오표현의 수위가 여타의 성소수자 단체의 젊은이들을 대상으로 할 때에 비해 눈에 띄게 누그러져 중노년기의 부모들에게는 비교적 여과된 반응을 보이기도 한다. 온라인이나 오프라인에서 드러나는 세상의 시선도 부모모임에 대해서는 조금은 덜 불편해한다고 조심스럽게 해석해볼 수 있다. 또한 외부에서 성소수자 문제에 관심을 가지고 접근할 때도 성소수자 당사자 단체보다는 부모모임에 먼저 연락하는 사례가 많다. 이제는 부모모임도 성소수자 혐오세력에게 많이 노출되어 곤욕을 치르기도 하지만 여전히 성소수자 커뮤니티의 든든한 대문이자 통로로서 묵묵히 자기 역할을 해내고 있다.

함께하는 커밍아웃

성소수자의 가족은 하늘이 무너지는 경험을 통해 성소수자의 가족이 되어가며, 지금껏 살아온 세상과 달리 내 가족을 불편하게 바라보는 차가운 시선을 만난다. 상처받는 가족을 바라보며 속이 상하고, 행여나 공격당하지 않을까 염려하는 일상을 보낸다. 이러한 세상이 쉽게 변하지 않을 것을 알기에 좌절하기도 하지만 성소수자인 아이가 당당한 사회의 성원으로 굳게 서기를 응원하고, 성소수자의 가장 든든한 지지자로 지낼 것을 다짐한다. 이러한 서로에 대한 다짐이 때로는 흔들리기도 하고 흐려지기도 할 것이다. 부모에게는 성소수자 자녀에 대한 믿음이 그 무엇보다 중요하다. '나는 누구인가, 내가 하고 싶은 일은 무엇인가'라는 질문에 성소수자 자녀가 스스로 답해가는 과정을 부모로서 믿고 기다려주는 일은 쉽지 않은 일이다. 세상 어떤 부모에게도 마찬가지일 것이다. 하지만 성소수자 자녀가 자신의 길을 찾을 것이라는 믿음을 놓치지 말아야 한다. 성소수자에게 부모나 가족은 세상으로 나아가기 위해서 만나는 첫번째 산이다. 부모와 가족에게 커밍아웃을 해서 긍정적인 경험을 한다면 이를 바탕으로 용기를 내어 학교, 직장, 사회로 한걸음씩 두번째, 세번째 산을 넘을 수 있는 힘이 생기게 될 것이다.

아직까지 내 가족이나 친구가 성소수자임을 알지만 받아들이지 못한다면, 차분히 이야기를 나누고 서로를 이해하기 위한 시간을 가져볼 것을 권유한다. 상대방이 내가 기대했던 길이 아닌 길을 걷는다고 해서 좌절하지 않고 실망과 분노로 어그러진 관계를 회복하기 위한 노력이 서로에게 필요하다. 스스로를 가다듬고 서로를 보듬으며 해결의 실마리를 함께 찾아가야 한다. 이러한 노력에는 사회의 응원이 큰 힘이 된다. 많은 이들이 '아직은 잘 몰라서' '그냥 싫어서' 나와는 다른 세상의 이야기로 여기며 성소수자를 불편하게 생각하며 거리를 두고 있다. 하지만 성소수자는 어디에나 언제나 우리 주변에 존재한다. 우리 사회가 성소수자를 가족처럼 여기며 안아주고 그들의 한걸음 한걸음을 응원한다면, 성소수자라는 존재는 가족 안에서 그리고 사회에서 상처로 남지 않고 점차 딱지가 되고 새살이 돋아나 가족과 사회를 더욱 단단하게 만들어나갈 것이다.

부모가 경험하는
자녀의 커밍아웃

이지하

자녀의 커밍아웃을 경험하는 부모의 입장을 학문적으로 분석하려는 다양한 시도가 있었다. 그중 대표적인 연구를 바탕으로 자녀의 커밍아웃을 수용하기까지의 다섯단계[1]를 부모들의 실제 경험담과 함께 소개하고자 한다.[2]

1. 잠재적인 인식

종종 아이가 보여주는 행동에서 전형적인 성역할의 특징과는 들어맞지 않는 약간 의심스러운 점들이 관찰된다. 사실 이러한 의심이 드는 것은 누구에게나 자연스러운 일이기도 하다.

> "좀 그런 건 있었어요. 남자애들이 말투가 세고 그러면 좀 겁내 하고, 기죽고, 되받아치지를 못하고. 저는 왜 그런지 그때는 몰랐어요. 얘가 좀 약하고 좀 여성스러운 면이 있긴 있었어요. 그때는 어려서 그런 걸

로만 쳤었는데, 중1 때부터 제가 얘기하다가 보면 약간 흥분해서 기분 좋을 때는 갑자기 막 제스처가 손으로 가리면서 약간 여성스럽게 그러기에 그러지 말라고, (…) 게다가 얘가 중학교가 기숙사 학교였는데 옷을 걔(룸메이트) 앞에서 못 갈아입더라고요. 꼭 화장실 가서 갈아입고. 왜 저럴까 그냥 그랬어요. 나중에 알았지만."(연구참여자 C)

"지나고 보니까 우리 아이는 어릴 때부터 일반 아이들하고는 아주 달랐어요. 근데 그 다름이 어릴 때는 그냥 좀 여성스러운 남자? 그래서 사실 애기 때부터 별명이 여자였어요. 그때는 그냥 자라면 괜찮아질 거라고 믿었고. 얌전한 남자다, 또 아빠가 좀 얌전한 편에 속하는 그런 사람이라서 아빠의 성격을 닮았구나, 이 정도였고."(연구참여자 E)

2. 충격

아이의 성적 지향이나 성정체성을 발견하는 경우와 아이가 스스로 커밍아웃하는 경우를 막론하고 실제로 겪게 되는 첫번째 단계는 충격이다. 이 과정은 충격, 부인, 혼돈, 비난, 분노, 죄책감을 경험하는 '위기'의 단계로 표현할 수 있다.

"(울음) 이제는 정말 안 울 거라고 생각했는데도, 참 그러네. (…) 아, 하나님은 왜 얘를 나한테 주셨을까. 참, 믿지도 않는 하나님이 원망스러울 때도 많았지만."(연구참여자 E)

"처음 아들이 동성애자라는 소리를 했을 때, 제가 그 소리를 듣는 그 순간에 시간이 딱 멈춰버리고, 세상이 다 하얗고, 심장도 멈춰버렸고, 시간도 정지됐고. 모든 게 다 그 시간이 정지되는 거더라고요. 그 시간이, 완전히 거기서 내 모든 게 딱 멈춰버리더라고요. 그리고 뒤로 갈 수도 없고, 앞으로 갈 수도 없고."(연구참여자 D)

"전혀 몰랐다가. (…) 아무 생각 없죠. 그냥 스톱이죠, 모든 게 스톱. 아무 생각 안 나고. 그때부터 저도 2년 넘게 생활이 안 됐어요. 일도 못 하겠고, 잠도 못 자고. 안 받아들여져서."(연구참여자 A)

3. 적응

자녀가 변화할 수 있을지도 모른다는 희망을 포기하지 못하는 단계로, 위기를 극복하려 시도한다. 일단 아이의 성적 지향이나 정체성을 비밀로 하고 가족이 사회적·경제적·전문적 기능을 평소와 다름없이 수행하는 과정이라고 할 수 있다.

"동네에 순댓국집이 있어요. 24시간 하는데 한 새벽 2시쯤 되면 거기 가서 못 먹는 술을 막 먹는 거예요. 진짜 막 괴롭고 잠도 못 자고 그러니까 한 2년 동안은 제가 술을 먹은 것 같아요. 어떻게 어디다 말할 수도 없고."(연구참여자 A)

"내 애가 어떻다는 거를 입도 뻥긋 안 하기도 하고 못 하기도 하고 그러고 살았죠."(연구참여자 B)

4. 해결

이 단계는 헤쳐나가는 과정으로, 내 자녀가 결혼을 하고 아이도 낳는 미래를 꿈꾸는 이성애자였으면 하는 바람과 작별하는 애도의 과정이라고 할 수 있다. 이 단계는 또한 성소수자에 대한 정보를 더 습득하고 자신이 가지고 있는 편견을 극복하는 노력을 동반한다.

"다른 부모들은 어떤지, 그리고 애보다 더 나이 많은 아이 부모님을 만나면, 걔들 잘 살고 있는지를 알고 싶었던 거예요. 그래서 부모님 만나야겠다. 그래가지고 연락을 한 거예요. 너무 너무 계속 힘들고, 잠을 못 자니까." (연구참여자 C)

"아이를 붙들고 얘기를 했죠. 네가 가지고 있는 정보를 엄마한테 다 내놔. 모르면 무서운 거야. 엄마는 지금 너무 겁이 나고 무서운데, 엄마도 공부를 좀 할 필요가 있을 것 같으니까. 네가 혹시 커뮤니티에 들어가 있다던가, 네가 가지고 있는 정보가 있다던가 그러면 엄마한테 다 줬으면 좋겠다, 그리고 함께 공유하자 하고 제안을 했죠." (연구참여자 E)

"어느날 낮에 들어와 가지고 애(아들)가, "엄마, 내가 만나는 형 집에 와도 돼?" 그러더라고요. 그래서 내가, "어, 그래. 오라고 그래." 그런데 그러자마자 "형, 들어와." 그러더니 문 밖에 걔(만나는 형)가 있는 거예요. (웃음) 나는 생각도 안 하고 있었다가 준비도 없었는데. 어쨌든 우리 아들이랑 (내가) 가까워지려면 환영은 해줘야 되겠다 (마음먹었죠). 그런데 딱 들어오자마자 내가 뭐라고 그랬냐면, "내가 너를 만나고 있는 거는 알고는 있었고, 궁금했는데 이렇게 막상 너를 보니까 생각했던 거보다 더 괜찮네?" 제가 그렇게 말을 했어요. 왜냐하면 우리 아들이랑 나랑 관계를 더 좋게 하려고. 내가 처음 본 걔(만나는 형)가 어떤 애인지를 내가 어떻게 알아요. 그런데 어쩔 수 없이 아들하고 나하고 관계가 더 가까워지려고 제가 일부러." (연구참여자 C)

5. 통합

애도와 배움의 시간을 모두 마치고, 이 단계에서 부모는 성소수자인 자녀가 있는 그대로의 모습으로 사회에서 받아들여지며 자연스럽게 함께하기를 소망한다.

"저는 어떻게 보면 좀 평탄하게 살았는데, 그 일을 겪으면서 그 시기에 조금 흔들렸어요. (…) 근데 누구나 총 인생에서 시련은 있는 거 같아요. 그게 어떤 형태로, 어떤 시기에 올지는 모르겠지만 시련이 없는 삶은 없고. 그 시련을 내가 잘 극복하면 성공적인 삶이 되고, 그래서 지금은 약간 성공적으로 극복해가고 있는 중이라고 생각합니다. 그런데 앞으로는 더 잘 극복해서 이 시련을 뛰어넘어 더 감동적인 일로 만들고 싶은 바람이 있네요." (연구참여자 F)

"나는 그냥 아주 지극히 평범한 엄마죠. 내 아이가 출세하기를 바라는. 건강하게 남들한테 인정받고 세상적으로 그렇게 살기를 바라는 아주 지극히 평범한 엄마죠. 단지 우리 아이는 변할 수 없는 게 트랜스젠더라는 것이고 그 트랜스젠더로 살기 위해서 우리가 해야 할 것이 무엇인가에 대한 고민의 지점에 있는 것이고. 그런데 어떤 삶이든, 그런데 우리 아이가 평범하게 살았다고 해서 고통이 없었을까요, 어려움이? 이 세상은 그렇지는 않은 거 같아요." (연구참여자 E)

"아들을 쭉 믿었어요, 어려서부터 믿었고, 그 말(커밍아웃) 딱 들었을 때, 그리고 알게 됐을 때, 그런(성정체성을 고칠) 생각은 없었어요. (…) 그냥 이렇게 엄마가 믿어주는 것도, 그 아이한테 힘이 되는 거 같아요." (연구 참여자 A)

"내 아이가 단 한번도 부끄러워 본 적 없어요. 단 한순간도. 그러니까 엄마들한테 커밍아웃할 때는 난 그렇게 이야기해요. 난 내 아이가 자랑스럽다고. 진심이기도 해요. 저는 아이한테 그렇게 얘기하거든요. 세상에 어떤 아이가 20대에 너만큼 자기 정체성에 대해서 치열하게 고민하고, 자기 삶에 대해 이렇게 고민하고 선택을 하는 사람이 있겠냐. 너는 멋진 일을 해낸 사람이지, 모자란 사람이 아니다. 그러니까 너 스스로 자부심을 가져라. 일반 아이들보다 네가 자부심이 없을 이유가 없다. 그래서 네가 (…) 당당하게 살고 나서, 그 삶이 아름다웠노라고 당당하게 말할 수 있을 날이 분명히 올 거라고 엄마는 믿는다. 아이한테 그렇게 이야기해요. 그날이 반드시 올 거다." (연구참여자 E)

9장

소수자의 가족구성권
정상가족 모델을 넘어서

김순남

'가족'을 반문하기

'동반자등록법 촉구합니다(지금 내 곁에 있는 사람이 내 가족입니다)' 라는 제목으로 2017년 10월에 진행된 청와대 청원에 많은 응답이 모였다. 그중에 "직계가족이 아니어도 나와 살고 있는, 내가 믿는, 절망 속에 언제 나 도움을 주었던 사람이 진정 보호자입니다"라는 표현은 이 시대에 많 은 사람들이 공감하고 동의하는 바일 것이다. 여기에 나타난 다양한 관계 에 대한 요구는 미래가 아닌 현재를, 타인이 아닌 나를 중심으로 살아가 는 삶을 가시화하는 것이며, 정상가족의 '그림자'로 여겨지는 삶의 양식 들을 공론화하는 것이다.

한국사회에서 여성은 결혼을 통한 출산을 강요당하는 인구정책의 도 구가 되는 한편, 장애 여성은 출산을 해서는 안 되는 대상으로 낙인찍히 고, 싱글맘은 국가예산을 축내는 이기적이고 무책임하다는 편견에서 자유롭지 않다. 생활동반자법이나 혼인평등에 대한 요구는 오히려 혐오나 차별로 이어지기 일쑤다. 이렇듯 국가는 '건강'하고 '이상적'인 '정상가족'과 그렇지 않은 관계들을 나누고 차별하면서 다양한 생애모델들을 억압해왔다. 이러한 현실에서, 다양한 가족구성권에 대한 요구는 '정상성'의 범주에서 벗어나 있다는 이유로 차별받아온 친밀한 관계들에 대한 인정을 요청함과 동시에 불평등을 공고히 해온 규범적인 가족제도에 개입하는 정치적 실천이다.

흔히 가족하면 떠오르는 이미지는 전형적인 이성애 핵가족이며, 이성 간의 사랑이어야 행복하고, 이성 간의 결혼을 통해서 삶의 의미가 완성되며, 위기의 순간에 나를 돌볼 사람은 그래도 내 자식이고 배우자라는 '막연한' 신념들과 연결된다. 그러나 사회적으로 무수히 반복되는 사랑에 대한, 행복에 대한, 돌봄에 대한 이러한 감정구조는 '정상가족' 내부의 불평등한 경험들을 드러내지 못하고 억압적인 삶의 시간을 연장하게 되는 원인이다. 지금까지 국가는 결혼 및 출산과 양육의 시기를 정하고 그러한 기능의 총합으로서의 가족의 형태를 규정할 뿐 아니라 가족 단위로 개인의 생존을 도모하고 자립의 의무를 부과해왔다. 심지어 가정폭력의 상황에서도 '선 가정보호, 후 사회보장'이라는 미명 아래 가족 내의 폭력을 용인하는 상황도 이어지고 있다.

한국사회는 IMF 경제위기 이후 부양과 돌봄, 교육, 주거, 교육의 책임을 가족에 전가해온 제도적 가족주의*의 위기를 경험하고 있다. 가족 단

---

* 제도적 가족주의란 "'선 가정보호, 후 사회보장'에 기반해서 한국의 사회복지 제도와 정책이 강력한 가족중심주의에 기반해서 작동해온 것을 설명하는 것이며, 복지제도뿐 아니라 교육, 주택, 일자리, 심지어 병수발조차도 가족이 중심이 되어 해결해야 하는 것"을 의미한다. 장경섭 『내일의 종언(終焉)?: 가족자유주의와 사회재생산 위기』, 집문당 2018, 30면.

위의 부양의무제가 오히려 가족을 해체하거나 가족관계를 단절하고 있는 것이다. 이제 우리의 숙제는 가족의 유지가 아니라 가족을 둘러싼 불평등과 차별의 해소이며, 개인의 삶에서 경험하는 위기를 이른바 '위기가족'이나 '취약가족'에 국한된 것이 아니라 시민 모두의 보편적인 권리의 문제로 접근해야 한다. 또한 가족상황으로 인한 차별을 공고히 해온 주거정책이나 고용정책 등 다양한 영역에서 개인이 맺고 있는 관계성을 인정하는 정책적인 변화가 필요한 시점이다.

여성가족부와 한국여성정책연구원이 2019년 실시한 「가족다양성에 대한 국민여론조사」 결과에서 응답자의 66.3%가 "혼인·혈연에 무관하게 생계와 주거를 공유할 경우 가족으로 인정한다"라고 했으며, "함께 살지 않아도 정서적 유대를 가진 친밀한 관계이면 가족이 될 수 있다"에 전체 응답자의 48.5%, 20대 응답자의 58.1%가 동의했다. 또한 비혼동거에 대해서는 응답자의 67%가 동의했고, 20대(89.7%), 30대(81.0%), 40대(74.3%) 모두 높은 찬성 비율을 보였다.[1] 이러한 가치관의 변화는 이성애 혼인·혈연을 중심으로 지속적인 생애모델을 상정하고 나머지는 임시적이고 유예적인 삶으로 구분해온 통념이 작동하지 않는 것을 의미하며, 이성애 혼인·혈연이 더이상 삶의 의지처로 자연스럽게 받아들여지지 않음을 반영한다. 또한 보건사회연구원 2017년 보고서에서는 20~64세의 조사 대상 1500명 중에서 691명이 원가족과 결혼관계에서 가족위기를 경험했다고 답했다. 가족위기의 내용은 가계 파산, 구성원의 자살, 재난 등으로 나타났으며 무엇보다 가족 안에 의존할 사람이 없다(32.7%), 물적 자원이 부족하다(30.7%), 도움을 요청할 곳이 없다(30.7%)고 토로했다.[2] 위의 조사 결과는 경제적인 어려움이나 정서적인 소속감의 부재를 야기하는 제도적 가족주의 내부의 변동뿐 아니라, 이성애 혼인·혈연으로 환원되는 삶의 질서를 반문하면서 '가족'의 의미를 스스로 정립하고 구성하는 다양한 개인들의 등장과도 연결된다. 이성 간의 사랑-결혼-자녀-죽음을 중심으로 한 생애 각본이 더는 자연스럽고 당연한 것이 아니게 되면서 많은 사람들은 가족관계의 불평등성을 문제삼으며 주류적인 가치로부터 일탈하고 비규범적인 관계성을 가시화하고 있다.

이러한 사회 분위기 속에서 '누구나 자신이 원하는 가족·공동체를 구성하고 어떠한 생활공동체라 하더라도 차별 없는 지위를 보장받을 수 있는 권리'를 요구하는 흐름이 나타난다. 즉 가족구성권에 대한 요구는 성별이분법, 신체정상주의, 인종주의에 기반한 가부장적·이성애 중심적 '정상가족'의 특권을 해체하고, 혼인·혈연가족에게 가족부양의 책임을 요구하는 규범적 가족문화 전반을 정치화하는 과정이다. 가족구성권에 대한 요구는 제도로의 편입에 대한 욕망 이전에 왜 제도가 특정한 가족만을 정상화하는지, 특정한 가족을 중심으로 공적인 가치와 제도가 구성되는지를 반문하는 토대가 된다.[3] 무엇보다 관계 맺을 권리를 침해당한 많은 존재에게 가족을 구성할 권리는 원가족과 다른 가족을 만드는 의미로 축소되는 것이 아니라, 자신을 '가족을 만들면 안되는 사람'으로 낙인찍고 존재 자체를 지워버려온 사회에 적극적으로 개입하는 것이다.

'생애 정상성'을 강화하는 가족제도를 질문하며

전통적인 삶의 방식의 핵심은 '동질성'이다. 즉 내가 어떤 삶을 원하고 욕망하기 전에 사회는 이미 주민번호 뒷자리의 첫번째 숫자가 1이냐 2냐에 따라서 '남자다운' 또는 '여자다운' 구도 속에 나의 삶의 방식을 정형화하고, 때가 되면 남녀가 만나 결혼하고 자녀를 양육하는 생애주기 속으로 배치한다. 이러한 동질적인 삶의 방식은 이질적인 삶을 미성숙하거나 위기를 조장하는 것으로 규정하고 재단하고 낙인찍어왔다. 무엇보다 성소수자에 대한 혐오와 마녀사냥은 성소수자뿐 아니라 자신만의 삶을 살고자 하는 다양한 요구들을 주변화해왔으며, 사회질서 유지라는 명목 아래 가부장제와 성별권력 이외의 다양한 가족구성권에 대한 요구를 마치 '존재하지' 않는 것처럼 외면해왔다. 그러나 이제 동질적인 삶의 방식의 변화는 당연하게 생각되던 생애주기의 연결고리들이 더이상 당연하지 않다는 인식의 변화와 맞물려 진행 중이다. 즉 사랑과 이성애의 고리들, 지정된 젠더로 살아야 된다는 당위성, 섹스와 결혼의 연결점, 결혼을 통한 자녀양육과 부모됨의 방식들, 혈연가족을 중심으로 한 돌봄의 양식들, 비혼이나 동거를 임시적인 경험으로 간주하는 사회적 가치 등 다양한 영역에서 변화가 일어나고 있는 것이다.

'생애 정상성'을 강화하는 가족제도는 이질적인 삶의 방식을 봉합하면서 누가 이상적인 삶을 살아가는지를 재단하고, 이상적인 관계의 상을 생산하기 위해서 사람과 사람이 아닌 자의 자격을 구분하고, 더 나은 사회나 국가를 위한다는 명분으로 이러한 개입을 정당화해왔다. 이같은 가족제도의 역사는 퀴어뿐 아니라 많은 주체들을 문제화해온 차별의 역사라 해도 과언이 아니다.

한국 가족정책이 수립되는 시점인 1968년에 창간된 대한가족계획협회 월간지 『가정의 벗』은 창간사에서 출산을 조절하지 않는 여성이나 '제대로 된' 양육을 하지 않는 여성들을 향해서 "사람으로서 짐승처럼 살 수는 없다. 사람으로서 벌레처럼 살 수는 없다"[4]라고 일갈했다. 이는 문명화, 근대화라는 이름으로 자행되어온 성차별과 가족질서의 억압성을 단적으로 보여준다. 누가 사람이고 누가 사람이 아닌지 그 자격을 판단하는 잣대가 된다는 점에서 "가족은 이렇게 하여 짐승 같은 삶과 인간다운 삶, 인습과 근대성 사이의 각축이 이루어지는 장으로 위상을 부여받게 되었다".[5] 2004년 12월 15일 서울역 광장에서 열린 '호주제 수호 범국민궐기대회'에서 유림儒林과 시민들이 외쳤던 "호주제도 폐지되면 국민모두 짐승된다"라는 구호 또한 가부장제 가족질서의 유지가 누구를 위해서 작동하는지를 잘 보여준다.

누가 인간이고 누가 인간의 자격이 없는가의 구분은 자명하고 자연스러운 것이 아니며, 인간의 도리 자체가 이성애 규범적인 가부장제의 가치 속에서 작동한다는 것은 한 반동성애단체의 성명서에서 적나라하게 드러난다. 이 단체는 "동성애는 개인과 가정, 나아가 사회에 심각한 폐해를 가져"다 주며, "우리는 가정과 사회, 청소년과 청년들에게 건전한 성윤리와 문화를 창달하고, 아름다운 결혼과 행복한 가정 문화를 보급하여, 건강하고 행복한 대한민국을 세워나갈 것"이라 한다.[6] 이같은 모욕과 차별의 순환고리는 단순히 '퀴어집단'만을 겨냥한 것이 아니다. 국가의 이상적인 미래를 위한 출산 도구로서의 몸, 생산적인 인구집단이 아닌 것으로 여겨지는 장애인이나 빈곤한 이들에 대한 낙인과 맞물려 있다. 인간의 존엄이 정상가족을 유지하기 위한 기능으로 소환되고, 출산을 위한 도구로 호명되며, 가부장제 가족질서로 삶을 귀속시키고자 하는 욕망에 동원된다. 이 가운데 많은 소수자들의 삶이 위기로 연결될 수 있음은 분명하다.

반동성애단체들이 주장하는 '건강하고 행복한 대한민국'이라는 가치는 한국사회에서 국가가 인구정책의 필요에 의해서 혹은 이상적인 양육을 위해서 시민권을 교환해온 논리와 연결된다. 1977년 "아들 딸 구별 말고 둘만 낳아 잘 기르자"라는 구호가 난무하던 산아제한 시절 청약제도는 청약가점이 1순위로 동일할 경우에 '해외근로자면서 영구불임시술자' '영구불임시술자' '해외취업근로자' 순으로 주택공급 우선권을 제공했다. 가장 뜨거운 청약 열기를 보였던 반포 일대는 '내시촌'이라는 별명이 붙기도 했다. 이는 선별적으로 시민의 권리가 구성되는 가족제도의 한 단면을 여실히 드러낸다.[7] 이렇듯 국가정책은 남성중심적 부양자제도, 정상가족 유지라는 미명 아래 시민의 삶과 자격에 개입해왔다. 무엇보다 이러한 가족정책의 근거는 가족구성원들을 동질화된 집단으로 소환하는 것이며, 이 속에서 성평등과 민주주의는 가족의 이름으로 은폐되고 지연되어왔다.

1990년대 급격하게 진행된 가족의 변화는 호주제 폐지운동이 확산된 조건 중 하나였지만 다양한 가족구성권을 확보하거나 제도적 가족주의에 기반한 이성애 결혼·혈족 중심의 가족체계의 변화를 담지하지는 못했다. 건강가정기본법 도입과 저출산·고령화위원회의 출현, 일·가정양립의 정책화 과정에서도 여전히 이상적인 가족과 차별의 대상으로서의 가족 구분은 공고했다.

호주제 폐지운동은 "가부장성을 극복한 평등한 관계" "개인으로서 갖는 인권과 가치" "다양한 가족의 삶 존중"이라는 의의를 갖지만[8] 이성애 결혼·혈연 중심의 협소한 양성평등이 아니라 성평등한 사회적인 기초를 위한 포스트-호주제 사회의 기획이 여전히 실현되지 못하고 있다는 한계를 지닌다. 특히 호주제의 남성 장자 중심의 부의 분배 시스템이나 호적 중심의 집안 구성은 변했지만[9] 개인의 자기결정권이 침해되고 혈연이나 이성애 결혼으로 귀속되는 가족가치는 지금도 작동하고 있다.

호주제 폐지 이후에도 민법에서는 가족의 범위를 "배우자, 직계혈족, 형제자매, 직계혈족의 배우자, 배우자의 직계혈족 및 배우자의 형제자

매"(779조)로 한정하고 있으며 2005년 호주제 폐지 과정에서 시행된 건강
가정기본법에서도 "혼인, 입양, 혈연"에 기반한 가족은 '정상가족'이며,
나머지 가족은 '위기가족'으로 규정하고 있다. 2005년 호주제 폐지는 페
미니즘 운동의 성과이지만 호주제 폐지를 통해서 만들어진 민법 조항은
여전히 결혼을 통한 양성 간의 '평등'을 상정하고 있으며, 시민으로서의
삶과 모델을 제한하면서 "정상가족 정상국가 모델"을 공고히 한다.[10]

　이렇듯 가족질서는 이상적인 가족의 상을 구상하는 것뿐 아니라 문화
적으로도 이상적인 개인이 누구인지와 시민의 자격은 무엇인지를 판단
하는 토대가 된다. 가족은 단순히 사적인 영역이 아니라 가장 우선적인
사회적 제도a social institution[11]라는 점에서 다양한 가족구성권에 대한 요
구는 사회제도에 대한 개입이며 이상적인 가족을 매개로 작동해온 생애
정상성을 흔들고자 하는 저항의 과정이다. 그러한 반란들은 동질화된 삶
의 양식을 반문하는 것이며, 동질화된 삶을 강제화는 사회의 공적 규범으
로부터 이동하면서 생성되는 '나'의 삶을 마주하는 것이다.

나의 옆에 있는 생애동반자

　이제까지 '정상적인' 가족 범주 밖의 관계들은 지속적으로 가족애가
부재하고 결핍된 관계로 규정되는 반면, 정작 혈연가족은 검증할 필요가
없는 신화화된 위치를 점유해왔다.[12] 이성애 결혼, 배우자, 자녀 중심의
규범적인 관계성은 그밖의 삶의 시간과 역사를 보이지 않는 것으로 배치
해왔다. 또한 민법에 규정된 가족관계가 아니라면 병이나 사고 등 개인의
삶에 위기가 닥쳐도 생활을 함께하는 동반자가 아무런 역할을 할 수 없는

'무기력한' 상황을 감내하게 하며, 생애동반자의 존재가 지워지는 '잔혹한' 현실을 정당화해왔다. 그러나 무수한 차별 속에서도 서로 돌보고 지지하면서 삶의 자리를 만들어온 생활동반자 관계들이 존재한다. 원가족과 다른 '내 집'이라는 소속감을 만들고, 사회적으로 '문제화된' 집단이 아니라 사회의 불평등에 대해 '문제'를 제기하고 변화를 촉구하는 많은 소수자들의 삶의 이야기들이 전수되고 있다.

> "그동안은 본가에 살면서도 '이 집은 내 집이 아니야'라고 생각했던 게 내 생활이 집에서의 환경과 섞이는 기분이 아니었거든요. 근데 동거하니까 "오늘 뭐 했어" 서로 물어보고 직장 욕도 하면서 일상을 공유하니 '내 집'이라고 느끼는 것 같아요." (레즈비언 동거커플)[13]

자신의 삶과 생활을 만들어가는 '내 집'이라는 감각은 단순히 한 공간에 머문다고 생성되는 게 아니다. '함께 머문다는' 내 집이라는 감각은 나의 존재와 삶을 지지하는 관계 속에서 형성된다. 위의 레즈비언 커플의 이야기는 다양한 방식으로 삶의 연결고리들을 함께 만들어온 많은 사람들의 삶과 만난다.

> "(이 관계를) 어떻게 표현해야 하나. 제 파트너인 형하고는 같이 살면서 계속 지내고 싶다, 이런 생각이 들거든요. 그러니까 이 사람하고 결혼했다, 이런 의미라기보다는, 계속 같이 있고 싶고, 같이 삶을, 이렇게 공유하고 싶은 거죠. (…) 진짜 동반자라는 말이 딱 맞는 게, 이 사람하고는 내가 삶을 살 때, 다른 누구보다도 같이 뭔가를 공유할 수 있는 사람인 거라고 생각해요. 그런 사람인 거 같아요." (게이 동거커플)[14]

'깊은' 관계는 혼인으로 맺어지고 동반자의 대상은 '남편'으로 제한되는 사회에서 동성관계의 소중함을 표현할 수 있는 정확한 언어는 주어지지 않는다. "다른 누구보다도 같이 뭔가를 공유"하고 싶은 사람이라는 표현은 관계를 의미화할 수 있는 유일한 방법이며 관계의 소중함을 드러내는 길일 것이다. 그것은 사회가 부여하는 잣대가 아니라 "계속 같이"하고자 하는 연결감이며, 이 사람과 함께 만들어온 관계의 역사를 보여준다. 퀴어관계뿐 아니라 이성애 동거관계에 대해서도 사회적인 편견은 '쉽게 헤어지고 쉽게 만나는' 관계로 규정한다. 모든 관계는 서로 맞지 않으면 언제나 떠날 수 있고 또다른 삶으로 이동하는 것이 우리들 삶의 여정이다. 그러나 '쉽게'라는 말이 이성애 결혼관계를 정당화하는 기제로 작동하면서 함께 만들어온 시간을 무의미한 것으로, 이미 '불안하고' '결핍된' 관계로 치부하는 것은 다른 문제다.

> "누가 볼 때는 되게 불안하고, 결혼을 해야 되는 사람들이 보면 일시성이라고 보지만 그 일시성이 굉장히 지금 지속되고 있고 그게 되게 중요하고 앞으로도 저는 그렇게 살 거기 때문에 (…) 주변에서 저를 불안정하다고 보는 게 답답하고 그렇죠." (이성애 동거커플)[15]

모든 관계는 순간, 순간을 통해서 관계성을 만들어간다. 모든 관계의 의미는 이미 주어진 실체가 아니며, 상호적인 실천을 통해서 변형되고 깊어진다. 생애를 함께 만들어가는 동반자의 의미는 커플로 국한되는 것이 아니다. 서로를 보살피고 돌봄망을 통해서 인생의 보호자가 되는 많은 생애동반자들의 삶이 존재한다.

"핸드폰에 이 친구를 가족의 폴더 안에 넣어놨어. (⋯) 강의가 끝나고 오는데 갑자기 이 친구가 죽거나 해서 이 세상에 없으면 어떤 기분일까? 이런 생각이 들었던 거야. 근데 너무 힘들 것 같았어. (⋯) 엄마, 아버지가 죽는다고 생각했을 때랑 별로 다르지 않은 감정일 거 같은 거지. 그래서 내가 오면서 '이 친구는 나한테 가족이구나'."[16]

"갑자기 같이 살던 사람 아팠어요 (⋯) 이 친구가 왜 아픈지에 대해서 너무나 잘 알고 있고 무엇이 필요한지 알고 있음에도 (혈연)가족이 와서 사인을 해야 되고 (혈연)가족이 이야기를 해야 되고 (⋯) 그래서 전화 연락이 안돼서 아프고 그런 상황인데 빨리 수술이 필요한 상황인데 가족들 연락이 안 돼서 그냥 핸드폰만 들고 발을 동동 구르고 그런 상황이 많이 발생하고 그래요."[17]

서로를 돌보고 생애를 함께 만들어가지만 삶의 보호자가 될 수 없는 구조 안에서 개인들은 관계적 결속과 무관하게 사회적인 소속감을 갖는 데 취약해질 수밖에 없다. 사적인 삶은 특정한 관계 안에 머무는 것이 아니라 공적으로 자신의 존재와 관계가 어떻게 인정되는가에 따라서 안정감과 소속감으로 이어지며, 사회적으로 삶의 자리를 갖지 못한 소수자들은 사적인 관계에서도 불안정성이 강화될 수밖에 없다. "사회 안에 자리·장소가 없는 사람, 사회의 바깥에 있는 사람은 자신을 위해 나서줄 제삼자를 갖지 못했기에, 사적 관계 안에서도 자신의 자리·장소를 지킬 수 없다."[18] 다양한 가족구성권에 대한 운동은 내가 원하는 가족을 만들고 관계를 형성하는 사적인 권리에 국한되는 것이 아니라, 공적인 공간에서 인정받고 존엄한 삶이 가능한 물적 토대를 확보하는 것이며, 이를 통해서 가족을 둘러싼 개인과 사회 혹은 국가에 대한 고민을 심화하는 과정이다.[19]

무연고화(化)하는 사회를 질문하며

무연고에 대한 일반적인 이미지는 가족과의 연결이 단절되거나 관계성이 상실된 존재다. 죽음의 순간에 애도가 불가능한, 애도해줄 주체가 없는 대상, 나와는 무관한 고독한 1인가구의 미래로 여겨지고 공포화된다. 무연고는 죽음의 순간뿐 아니라 다양한 차별과 연루되어 있고, 시민으로서의 권리를 보호받을 사회적인 지지망의 부재와 연결된다. 또한 동반자 관계성을 탈각시키는 무연고화(化)의 문제는 이성애 결혼·혈연 중심의 가족제도와 밀접하게 관련되어 있다.

한국사회에서는 민법 제779조에 근거해서 조세, 준조세, 재산, 의료, 입양, 주거뿐 아니라 고용 또한 가족정책 전반과 맞물려 시민으로서의 자격과 역할을 규정하고 이에 해당하지 않는 자들에 대한 차별을 공고히 해왔다. '가족'을 다루는 주거·고용··건강·의료·사회안전 등에 관한 현행법에서 이성애 결혼, 혈연 중심을 '벗어난' 다양한 동반자관계들을 인정하는 조항은 존재하지 않는다. 예를 들면 '해외재난상황의 보고 및 관리' 조항은 해외재난국민의 생사 확인 등을 요청할 수 있는 권리주체를 이성애 결혼, 혈연 중심의 가족 범주로만 한정하고 있다.[20] 사망, 질병, 재난 상황에서도 마찬가지다. 한국의 '장사 등에 관한 법률'에서 사망자의 '연고자'는 "배우자, 자녀, 자녀 외의 직계비속, 부모 외의 직계 존속, 그리고 형제·자매"로 한정되며, 동반자 관계에 있는 파트너나 그밖의 다양한 보호자 관계들은 장례를 치를 수 있는 권한조차 부여되지 않는다. "사실혼 관계로 20년을 살았던 남편이 본인 품에서 죽은 아내의 장례를 치르고 싶었지만 무연고 사망자로 보낼 수밖에 없었다"[21]라는 사연은 죽음의 순간에 애도의 주체로서의 자리 또한 상실되는 '사회적 죽음'의 순간을 드러낸다.

많은 사람들이 법으로 규정된 가족 속에서 불화를 경험하고 법적인 보호자의 자리를 떠나서 또다른 인생의 보호자와 동반자를 만들어가는 생애과정을 형성한다. 한국사회에서는 환자의 배우자나 친족만 환자 본인의 동의하에 수술 기록을 열람할 수 있으며 수술의 내용, 질병 상태, 퇴원수속에 대해서 물을 수 있는 권한이 주어진다. 또한 현재 의료법상 수술동의서나 입원동의서, 의료서비스 결정문제, 밤샘 면회나 간병 주체의 자격은 직계가족으로 제한되어 있지 않음에도 병원은 관행적으로 의료 분쟁을 막는다는 구실하에 직계가족으로 보호자를 한정한다. 수술동의서나 입원약정서의 서명 주체를 친족관계에 기반한 보호자가 아니라 실질적으로 환자를 돌보고 있고 환자가 믿고 의지하는 사람, 동거인으로 바꾸는 변화가 시급하다. 이러한 변화는 1인가구의 증가 추세에서 환자 중심으로 자기결정권이 확보되는 공적 영역의 제도화를 필요로 한다.[22]

이렇듯 이성애 결혼, 혈연 중심으로 체계화된 가족법의 규정은 의료, 질병, 죽음에 대한 개인의 결정권이나, 그러한 결정을 위임할 수 있는 관계인의 존재를 무력화할 뿐 아니라, 모든 시민이 '특정한 가족' 형태에 속하고 있음을 전제함으로써 가족 내부에서의 개인의 권리를 침해할 수밖에 없다. 이성애 예비부부-결혼-부모-조부모라는 고리로 생애를 한 단위로 묶고, 그러한 단위 속에서 지속적으로 혈연·결혼제도 안으로 생애의 '정상성'을 만들어갈 때 많은 개인들은 인생의 특정 시기만 정책의 대상으로 포함될 뿐이며, 가족관계에 진입하지 않는 개인들은 아예 배제될 수밖에 없다.

무엇보다 가족상황으로 인한 차별이 공고한 사회에서 차별금지법 제정은 가족을 매개로 작동해온 불평등을 해소하기 위한 중요한 토대다. 가족상황 차별 해소는 혈연·이성애 결혼 중심으로 짜인 주거와 고용 등의 체계를 재편하면서 개인의 삶에서 친밀성, 돌봄, 공동생활을 지원하는 방향으로 이동하는 것이며, 개인이 가족상황과 무관하게 존엄성을 인정받는 사회 토대를 만들어가는 것이다. 차별금지법은 "가족상황을 이유로 특정한 사람을 우대·배제·구별하거나 불리하게 대우하는 행위" "가족구성 과정, 가족구성원, 가족책임을 이유로 한 차별"을 명시하고 있고 가족상황 차별이 비혼·성별·성적 지향과 성별정체성·장애·빈곤 등 다른 차별 사유와 복합적으로 적용되는 문제로 보고 있다. 차별금지법 제정은 사회 전반의 평등을 요청하는 과정이며 다양한 가족구성권에 대한 요구와 분리되지 않는다. 주거, 고용, 의료 등에서 성차별과 소수자 차별의 관행이 해소되지 않으면 관계에 대한 권리 자체는 취약해질 수밖에 없다는 점에서, 차별금지법 제정은 관계권과 교차될 수밖에 없다. 2007년부터 차별금지법 제정이 매번 무산되는 것은 비단 반동성애단체의 훼방 때문이 아니라 국가와 사회가 여전히 공고한 이성애 가부장적 '정상가족'의 신화에 집착하고 있으며 인권이 아니라 차별의 편에 서 있음을 드러낸다.

"거의 모든 사람이 삶의 어느 시점에 이르면 부양을 하거나 받아야 하며 가족상황에 대한 권리가 수용되어야 할 필요가 있습니다"라고 천명하는 캐나다 온타리오 인권법은 가족상황으로 인한 다양한 차별을 금지하며 가족을 상호적인 의존과 돌봄의 관계로 규정한다는 점에서 시사하는 바가 크다. 온타리오 인권법에서 '가족상황'은 혈연관계나 입양관계만 일컫는 것이 아니라, 보다 포괄적으로 정의된다. 여기에는 보호와 책임과 헌신을 바탕으로 하고 있는 '부모-자식형' 관계가 포함된다. 즉 아동을 돌보는 부모(입양부모, 수양부모 및 의붓부모 포함), 노부모 또는 장애인 친척을 돌보는 사람, 가장이 성소수자인 가족 등이 가족상황으로 인정된다. 핵심 은 상호의존성과 돌봄을 통해서 삶이 이루어진다는 것이며, 이에 기반해 인권법은 성애적인 관계뿐 아니라 다양한 방식으로 서로를 돌보고 의존 하는 관계에 대해 주거·고용·가족서비스에서 사회적인 지원을 제공하고 가족상황 차별을 금지하고 있다.[23] 한국사회에서도 더이상 당연한 가족 은 없다는 인식이 확대되면서 다양한 방식으로 상호의존적인 돌봄관계 를 만들어가는 시민적인 유대와 결합에 대한 존중과 이들을 위한 주거, 노동, 다양한 사회권에 대한 논의가 시급히 요청되고 있다.

가족제도를 비트는 정치적 실천을 모색하기

사회적으로 모든 관계는 언제나 변해왔고 '정상성'이라는 관계 각본은 지속적으로 재구성되었다. 역사적으로 봤을 때 지금은 누구나 당연시하 는 가족 형태가 백인 부르주아 계급 등 재산이 있는 사람에게만 가능했던 시대가 있었다. 흑인과 백인의 결혼이 금지되던 시대 또한 있었다. 그런 가 하면 아프리카 수단의 누에르족에서는 여성과 여성 간에 '여성결혼' 이 가능했다. 한국사회에서는 근래까지 동성동본 결혼이 금지되었다. 이 러한 사례들은 모든 관계는 '본질적으로' 주어진 원형도, 그리고 그러한 원형을 '모방'하는 관계도 없다는 것을 드러낸다.

한국사회에서 가족을 정치화하는 흐름들은 2000년대 초반부터 페미니즘, 퀴어 정치, 진보적 장애운동을 중심으로 영역을 확대해왔다. 가족구성권 운동은 가족제도에서 배제된 혹은 낙인찍힌 존재들이 권리를 획득하는 문제일 뿐 아니라 이상적인 삶, 관계, 시민의 자격을 규정하는 이성애 규범적인 가족질서를 변형하면서 새로운 관계적 질서를 만들어내는 것이다. 이성애 규범성은 단순히 이성애를 정당화하는 제도뿐 아니라 이상적인 가정의 모습, 재생산 중심의 미래, 성적 낙인과 성별이분법, 자연적인 성애적 결합을 통한 결혼의 가치를 공고히 하는 사회적 규범이다.[24] 이성애 규범성은 퀴어에 대한 낙인뿐 아니라 싱글맘, 이주노동자, 장애인 등 무수한 타자를 '문제적인' 삶으로 내몰아왔다. 이러한 맥락에서 가족제도를 급진화하는 것은 이성애 규범적인 삶의 질서를 재배치하는 과정이며, 가족의 '정상성'을 통해서 구성되어온 좋은 시민/나쁜 시민의 경계, 그리고 가족제도 안과 밖의 공고한 위계를 정치화하는 과정이다.

가족구성권 운동의 일련의 흐름인 생활동반자법이나 비혼, 동성결혼 운동 또한 특정한 집단에게 가해지는 차별 해소뿐 아니라 권력화된 가족의 정상성을 흔드는 것과 연결되어야만 한다. 가족제도를 변형시키는 운동은 다양한 논의가 충돌되는 지점을 드러내며 사회적으로 '당연하다고' 생각하는 가족가치에 개입한다. 이는 『동성결혼은 사회를 어떻게 바꾸는가』의 많은 동성커플의 사례에서 확인할 수 있다.[25] 책은 페미니스트로서 동성결혼을 꺼리는 지점, 사적이고 개인적인 관계에 국가의 개입을 용인하기 힘들다는 의견, 개인적으로 동성결혼을 하지 않지만 정치적으로 동성결혼을 지지하는 입장, 여성뿐 아니라 독신자는 기혼자에 비해서 불이익을 받는다는 지적 등을 통해 동성결혼을 '당연한' 의제가 아니라 동성결혼을 '질문되어야' 하는 가치의 문제로 접근하고 있다. 또한 동성결혼을 선택하는 집단에서도 "내가 남자와 사귀었더라면 절대 결혼" 안 했을 거라고 이야기하거나 동성관계를 배제하는 것에 대한 저항행동으로 혼인평등을 주장하는 목소리는 정치적인 장으로서 동성결혼의 가치를 보여준다.[26] 동성결혼이 합법화된 나라일수록 다양한 가족상황을 수용하며 비혼커플 문제와 관련한 정치적인 변화가 활발하다는 것은 동성결혼 운동이 사회적으로 가족의 '정상성' 해체와 평등한 관계에 대한 인식을 확장하는 중요한 계기로 작용함을 보여준다.[27] 무엇보다 동반자법이나 동성결혼에 대한 '선택권'이 있는 것과 없는 것은 사회적인 배제와 차별에 대한 중요한 인식의 변화를 가져온다. 특히 동성결혼이 인정되는 나라에서 성소수자들이 사회적인 소속감이나 자신의 존재에 대해서 긍정하는 비율이 높다는 것은 혼인평등이 단지 혼인권의 문제가 아니라 사회적인 소속감을 갖는 시민권의 문제와 교차됨을 보여준다.[28]

그러나 가족을 정치화하는 과정에서 재생산 중심의 미래주의, 생산적인 인구집단과 아닌 집단을 구분하는 주류적인 가치를 어떻게 해체할 수 있을지에 대한 쉬운 정답은 없다. 한 연구자는 미국에서의 동성결혼 운동을 분석하면서 동성애 혐오자들에 대항하는 서사로서 "우리도 이성애 결혼과 유사한 책임과 이상적인 양육을 할 수 있다"라는 이야기에 주목한다. 이는 성소수자의 자녀들을 이미 '불행'을 내재한 타자로 사고하는 질서에 의문을 던지고 결혼을 이성만의 것으로 사고하는 규범적인 가치체계를 흔드는 중요한 정치 지형이라고 평가한다. 그러나 동시에 지금까지 이성애 결혼과 가족제도가 정상적인 양육과 그것을 위한 책임에 따라 좋은 시민과 나쁜 시민을 구분해온 가치에 '동화될' 수 있으며 재생산 규범성repronormativity과 유사한 한계가 존재함을 지적한다.[29] 차별 철폐를 위한 법적인 권리운동에서 성소수자 커뮤니티 내적으로 사회 정의에 포함되는 대상과 아닌 대상이 구분될 가능성이 언제나 존재하며, 특히 트랜스젠더·이민자·유색인·청소년·가난한 성소수자·젠더퀴어 주체들이 불평등이나 배제의 대상이 될 수 있기 때문이다. 실제로 소도미법 폐지 이후 혐오범죄 처벌 조항이 등장하고 성소수자 파트너 간 폭력에 대한 법적인 논의가 확대되고 있지만 여전히 '혐오'로부터 보호될 성소수자와 이미 혐오의 대상으로 간주되는 성소수자가 존재한다. 특히 1997년 샌프란시스코에서 67%의 트랜스젠더 여성과 30%의 트랜스젠더 남성이 투옥된 경험이 있다는 집계는 퀴어집단 내부에서도 사회적인 차이와 성적인 젠더규범에 따른 차별이 작동함을 보여준다.[30] 이러한 논의들은 정치화의 과정에서 권리의 주체로 상상되는 '우리'가 동일하지 않으며, 이 순간 지속적으로 배제되고, 문제적이고 퀴어한 인구 집단으로 내몰리는 대상이 누구인가에 대한 복합적인 사유가 필요함을 환기한다. 생활동반자법이나 동성결혼 운동 또한 마찬가지 맥락에서 이성애 결혼과 '유사한' 또는 '동일한' 관계의 인정이 아니라 국가에 의해서 규정되어온 '이상적인' 시민과 자격을 해체하고 권력에 주목하는 정치적인 현장이어야 한다.

나아가 가족을 정치화하는 것은 '정상적인' 가족관계를 문제화하는 다양한 사회적 소수자들의 성과 재생산 권리운동, 미등록 이주민과 자녀의 문제, 청소년의 친권 문제, 탈시설 운동 등과 교차되며 다양한 방식으로 연루되는 생애의 정상성에 개입하는 운동이다.[31] 가족구성권 운동은 가족제도의 안과 밖의 경계가 분명하고 그러한 경계에 따라서 차별이 공고한 사회에서 과연 제도 안의 사람들은 행복할 수 있을까라는 근본적인 질문을 던진다. 개인으로서의 시민권이 아니라 집단적인 가족을 중심으로 국가와 개인이 매개될 때, 가족관계 안에서의 인권, 성평등, 민주적인 가치는 주변화될 수밖에 없다. 우리 사회가 직면하는 가족의 '위기'는 가족의 '정상성' 밖을 꿈꾸는 존재들에 의해서가 아니라 제도적 가족주의 내부에서 비롯된 것이다. 경계 안과 밖을 넘나들면서 가족의 의미를 재사유하는 움직임들은 앞으로 더욱 가시화될 것이다. 기존의 '가족'의 의미를 해체하고, 재구성하면서 다양한 관계의 이름들이 만들어지기를, 이 사회의 무수한 마이너리티의 삶들이 관계 맺는 그 지점 어디에서 정치적인 흐름들이 이어지기를 바란다.

성소수자와
재생산권

나영정

　인간의 성과 재생산을 둘러싼 생존, 건강, 차별의 문제를 인권 이슈로 인식하게 되면서 1990년 이후 성과 재생산 권리에 대한 논의가 활발해졌다. 그동안 인간의 재생산 과정이라고 불리는 임신과 출산 과정에서 상당수의 산모들이 생명이나 건강을 잃어왔기 때문이다. 1994년 유엔 인구개발국제회의 ICPD에서 처음으로 '재생산 권리'라는 용어가 채택되어 "부부 및 개인이 언제, 얼마나 자녀를 가질 것인가에 대해서 자유롭고 책임감 있게 결정하고, 이를 위한 정보와 수단, 재화와 서비스를 이용할 권리, 이를 실행하는 과정에서 최고의 건강수준을 유지할 권리"를 의미하게 되었다.[1] 이후 재생산 건강은 성적 건강의 이슈와 함께 논의되어야 실효성을 가질 수 있는 연속적인 권리로 인식되기 시작했다. 국제보건기구 WHO에서 정의한 바에 따르면, 성적 건강은 "섹슈얼리티와 관련되는 육체적, 정서적, 정신적, 그리고 사회적 안녕 상태"다.[2]
　1995년 유엔 북경여성회의에서는 이에 대해 여성의 건강권과 의사결정권 강화에 초점을 두고 논의되었고 재생산을 여성의 권리로서 확립하고 선언했으나 "성적 권리"는 레즈비언의 권리를 포함할 우려가 있다는 이유로 제외되었다.[3] 이처럼 성과 재생산을 둘러싼 권리를 구성해가는 과정에서 성소수자의 존재와 삶의 방식은 제외되어야 한다는 의견이 존재한다. 이는 성과 재생산을 둘러싼 규범이 이성애 중심적, 혼인관계 중심의 성과 재생산 활동만을 국가가 보호해야 할 인권의 영역으로 한정하는 방향으로 만들어졌다는 증거다. 하지만 성과 재생산 권리의 연속선과 이 권리와 상호의존적이고 불가분에 있는 권리들을 교차적으로 인식해야 권리 증진이 가능하다는 문제의식이 점차 확산되고 있다.

2016년에 발표된 유엔 경제적·사회적·문화적 권리 위원회(이하 사회권 위원회)의 일반논평 22호[4]는 성 및 재생산 건강과 권리에 대해서 진전된 논의를 자세하게 제시했다. 이 논평에서 성과 재생산 권리의 실현을 위해서는 근원적인 결정요인(적절한 의식주의 마련과 안전하고 건강한 노동 조건 및 환경·교육 및 정보 접근, 폭력·고문·차별을 비롯한 인권침해로부터의 보호)과 사회적인 결정요인(사회적 불평등과 젠더, 출신민족, 연령, 장애 등으로 인한 권력의 불평등한 분배, 빈곤과 임금불평등, 구조적인 차별 등)을 모두 충분히 고려해야 한다는 점을 지적했다. 또한 성과 재생산 건강과 권리를 실현하기 위해서 각 국가는 반차별적이고 과학적인 사실에 근거하여 성과 재생산 건강에 대한 교육을 실행해야 하고, 일할 권리를 가지는 것과 함께 특히 이주노동자와 장애여성 같은 취약한 노동자가 모성보호 및 육아휴직에서 제외되지 않도록 해야 하며, 직장 내 성적 괴롭힘으로부터 보호, 임신·출산·부모 신분 또는 성적 지향·성별정체성·간성인intersex 지위에 따른 차별로부터의 보호를 보장해야 한다고 제시했다.

성소수자의 성과 재생산 권리

성과 재생산 권리는 신체의 자유 및 성생활과 성정체성에 관한 자신의 결정을 확보하고, 성적 파트너와의 합의에 기반한 평등한 관계를 맺으며, 성과 재생산 건강을 증진할 수 있는 정보와 의료서비스에 접근할 수 있고, 강간 및 강제 임신·낙태·불임이나 강제 결혼, 할례 강요 등의 폭력으로부터 자유롭게 살아가며 성과 재생산 활동의 과정에서 누구도 위협이나 강요, 차별을 받지 않을 권리로 구체화할 수 있다.

그런데 이 가운데 성소수자의 성과 재생산 권리는 매우 낮은 수준이라는 것을 알 수 있다. 구체적으로 권리가 침해되는 양상을 지적해보자. 성소수자의 정체성이 범죄시되거나 치료받아야 할 질병으로 간주되고 나아가 사회가 이를 교정하려고 시도하는 것, 성소수자가 가족을 구성할 권리를 갖지 못하고 파트너십 인정이나 결혼에서 배제되는 것, 성소수자가 경험하는 성적 폭력에 대해 국가가 제대로 대처하지 않는 것, 성소수자의 성적 건강 관련 정보에 대한 접근이 어렵거나 이를 교육과정에서 제외하는 것, 성소수자가 재생산활동을 해나가는 것에 대한 법적인 규제가 있거나 성소수자를 위한 적절한 의료서비스가 제공되지 않는 것, 트랜스젠더를 대상으로 불임수술을 강요하는 것, 인터섹스 아동에게 동의 없이 성교정 수술을 시행하는 것 등이 있다.

성과 재생산 권리를 다룰 때에는 단지 성적 행동여부와 파트너를 선택할 권리, 임신과 출산에 관한 시기와 터울을 결정할 권리로 그 범위를 한정하지 않고 다양한 차별적 구조를 함께 살펴야 한다. 성과 재생산과 관련된 각 개인의 선택과 그에 따른 결과까지 고려해야 삶과 권리가 분리되지 않을 수 있기 때문이다. 구체적으로는 자신이 선택한 성관계 혹은 임신 때문에 예상치 못한 위험을 만났을 때 이에 대한 대처가 가능한가, 어디에서 정보를 찾고 도움을 얻을 수 있는가, 이로 인해서 각자의 학업, 직업, 가족생활이 위협을 받지 않고 잠시 중단된다고 하더라도 이후에 이를 복구하거나 회복할 수 있는 기회가 주어지는가에 대해서 질문할 수 있다.

이러한 선택에 따른 결과의 평등 혹은 공정함을 논하기 위해서는 한국 사회에 존재하는 성적 위계와 차별적 구조에 주목해야 한다. 예컨대 지난 66년간 한국사회에서 여성은 원치 않는 임신을 했을 때 임신을 중단하면 임신의 당사자와 의사가 형사처벌을 받아왔다. 형법상 낙태죄는 여성만 처벌한다는 점에서, 주로 결혼관계 외부에 있는 자신의 의사로 임신중지를 선택한 여성이 고발되고 처벌받는다는 점에서, 법체계는 생명과 건강을 잃는 여성보다 잠재적인 생명 보호가 중요하다고 판단해온 것이다. 그러다 지난 4월 11일 헌법재판소의 헌법불합치판결을 통해서 형법상 낙태죄는 역사의 뒤안길로 사라지게 되었다. 하지만 특정한 시기와 사유를 제외하고 처벌해야 한다는 인식 또한 여전히 존재하기에 이를 극복해야 하며, 그동안 불법이었기 때문에 국가가 손을 놓고 있었던 정보제공, 교육, 의료서비스를 충분하고 차별없이 제공하기 위한 방법을 구체적으로 마련해야 한다. 누구에게, 어떤 서비스를 제공하는가를 둘러싸고 이전보다 더욱 첨예한 논쟁이 필요하다. 이를테면 성소수자에게 필요한 권리는 임신과 출산, 양육과 관련된 정보뿐 아니라 시스젠더-이성애 중심 사회에서 자신의 정체성을 찾아나가고 파트너와의 성적 관계를 자유롭게 맺을 수 있는 것까지 포함해야 하기 때문이다.

한편 저출산으로 인한 국가위기 담론이 만연한 상황에서 임신과 출산은 국민의 의무와 책임이라는 언설이 국가적 캠페인에 등장할 때 성소수자는 더욱 비난의 대상이 된다. 성소수자의 재생산 권리를 박탈하는 구조는 지적되지 않은 채, 단지 성소수자는 '자연적으로 임신·출산이 불가능하기에 비도덕적이다'라는 차별 선동이 나오는 실정이다. 하지만 애초부터 임신과 출산은 그 누구에게도 자연적인 과정이 아니다. 임신했을 때 모든 당사자는 이 임신을 지속할 것인가를 자신이 처한 상황과 함께 고민하고 결정한다. 산모의 나이와 조건에 따라서 한국의 법정책은 산모와 태아의 건강을 유지하기 위해서 다양한 의료기술을 동원하여 출산과정을 인위적으로 관리하며 태아가 '자연적으로' 질병을 가졌을 때 임신을 중단하도록 이끄는 환경을 조성하고 있다. 더구나 이 환경은 장애인에 대한 단지 의료적인 기준이 아니라 사회적인 낙인에도 큰 영향을 받아 만들어진다. 양육의 과정 또한 고도로 제도화된 과정에 놓여 있다. '자연적 임신·출산'이라는 논리에 가려진 임신·출산 당사자의 노동과 애씀의 과정, '자연에 반한다'는 이유로 배제된 성소수자의 존재, '자연을 망친다'는 이유로 차별받아온 장애인과 이주민의 경험을 통해 인권의 언어로 차별에 대항하며 새로운 인식의 틀을 짜야 할 때다.

임신과 출산은 점점 더 고도로 계획되고 관리되고 있으며 기술의 발전으로 인해서 이전에 생각하지 않았던 새로운 가능성이 열릴 수도 있다. 하지만 아무리 재생산 기술이 발전된다고 하더라도 재생산 권리가 배제된 성소수자의 인권은 제자리에 머물러 있을 가능성이 높다. 기술은 자본이 투자되는 방향에 좌우되고 바람직한 성과 재생산 행위라는 규범의 영향을 받기 때문이다. 따라서 성과 재생산을 둘러싼 차별을 해소하고 원하는 모든 사람에게 사회적인 자원을 배분하기 위해서는 성과 재생산을 둘러싼 가치에 대해서 폭넓게 토론하고 보편적 인권을 증진하는 방향으로 나아갈 합의를 만들어내야 한다.

성과 재생산은 인권, 건강, 평등의 이슈다

성소수자가 성과 재생산에 관한 권리를 확보하기 위해서는 성과 재생산의 영역이 더이상 국가의 인구통치, 경제성장의 도구이기를 그치고 인권, 건강, 평등의 이슈가 되어야 한다. 1960년대 인구폭발로 인해서 경제성장에 저해가 되니 산아제한을 강제했던 국가정책과 2000년대 이후 생산인구 부족을 걱정하며 출산율을 늘리려는 국가정책은 정반대로 보일지 몰라도 공통적으로 정책의 방향이 인권 증진과는 멀어진다는 점에서는 변함이 없다. 성과 재생산 영역은 해당 당사자에게만 영향을 미치는 것이 아니다. 이는 출생과 사망에 결부되어 사회구성원의 삶의 방식과 각각이 관계를 맺는 모양새에 영향을 미치며, 그 관계에는 인간에게 반드시 필요한 양육과 돌봄, 부양, 성적 만족과 쾌락의 문제가 포함된다. 성과 재생산의 영역이 인권과 멀어질 때 가장 크게 위협을 받는 이들은 소수자집단이다. 인구가 도구화될수록 태어날 필요가 없는, 재생산할 자격이 없는 집단으로 지목될 가능성이 높아지기 때문이다. 본인의 의사와 상관없이 생식능력을 박탈당하는 트랜스젠더와 인터섹스 그리고 동성 간의 커플 관계가 국가의 미래와 전혀 상관없고 오히려 해가 된다고 생각하는 통념, 비규범적인 성적 지향·성별정체성·성별표현을 가진 사람들의 성적 권리는 사회와 타인을 위해서 규제되어야 한다고 주장하는 차별 선동은 당장 현재를 살아가는 성소수자의 생명과 건강을 위협하며 이들이 마땅히 누려야 할 행복한 삶의 가능성을 박탈한다.

성과 재생산 영역에 존재하는 차별과 위험을 제거해가는 것은 성소수자를 비롯해 모든 구성원이 동등한 시민이자 존엄한 인간으로 관계 맺는 사회를 만드는 일이다.[5] 성소수자의 성과 재생산 권리에 대해 말할 때 그동안 은폐되어왔던 사각지대의 한구석이 선명하게 드러난다. 재생산과 연결되지 않는 섹슈얼리티, 가족제도를 바꾸거나 넘어서는 재생산 행위와 새로운 관계들, 국가의 관점에서 인구계획을 세우고 그에 따라 권리와 자원을 배분했던 시스템에 도전하고 바꾸는 노력은 우리 사회의 인권의 지평을 확장하고 인권을 더욱 인권답게 만들 것이다.

10장

퀴어운동과 민주주의
퀴어 죽음정치의 종언

김현미

지금 성적 소수자의 권리 문제는 세계적으로 열띤 정치적 아젠다이다. 지구 곳곳에서 성소수자들은 젠더와 섹슈얼리티에 근거한 차별을 문제시하고 그에 대한 대항담론을 만들어왔다. 성소수자는 자괴감을 느끼고 무시와 차별을 당하는 것을 당연하게 여기도록 강요되어왔으며, 이제 그러한 강제적 내면화가 사회적으로 해결해야 할 문제임을 인지하기 시작한 것이다. 성소수자는 LGBTAIQ(레즈비언, 게이, 양성애자, 트랜스젠더, 무성애자, 인터섹스, 퀘스쳐너리)라는 이니셜로 집단적 정체성을 드러내고 자신의 소수자성을 긍정하면서 차별과 무권력 상태에서 벗어나고자 한다. 사회변혁운동으로서 성소수자 인권운동은 모든 이의 인권을 확장하는 형태로 발전해왔으며 '퀴어운동'을 통해 다른 사회적 차별에 저항한다. 즉 성적 지향과 성별정체성의 문제뿐 아니라 이에 개입하는 모든 종류의 차별, 배제, 낙인에 반대한다. 성차별주의, 인종주의, 규범적 가족주의, 계급주의 등 주류의 가치가 어떻게 상호 결합하여 규범을 구성하고 이성애 중심주의를 지속적으로 구성해왔는지를 비판하고 한층 더 확장된 변혁운동을 이끌어내고 있다. 따라서 퀴어운동은 단순히 성해방이라는 목적을 추구하는 운동이 아니다. 이 장에서는 현대 정치학에서 부상하고 있는 성소수자 혹은 퀴어운동의 주요 아젠다를 살펴보고, 이들이 지향하는 다중적 지배에 대한 저항이 21세기 문화다원주의에 입각한 민주주의 확산의 중요한 자원이며 추동체임을 밝히고자 한다.

당사자 정체성과 권리운동

변혁운동으로서의 성격상 누가 운동의 주체이며 당사자인가라는 질문은 현대 성소수자 운동에서 중요한 이슈다. 우리는 종종 모든 성소수자는 자연스럽게 퀴어 정체성을 갖고 사회적 가치에 도전한다고 단정하기 쉽다. 그러나 비이성애적 방식의 성경험을 하고 자신의 퀴어 정체성을 인지한다고 해서 곧바로 성소수자로 나서는 것은 아니다. 경험이 정체성 혹은 당사자성으로 연결되지는 않는다는 의미다.

예를 들어 섹슈얼리티는 다음과 같은 세가지 의미로 이해될 수 있다.[1] 첫째는 인간이 가진 성적 욕망erotic desire과 정서를 말한다. 성적 욕망과 이와 관련된 심리, 판타지, 매력, 끌림 등을 포함하는 의미다. 둘째로 섹슈얼리티는 성적 정체성sexual identity을 의미하는데, 이는 성과 관련된 자기 규정이나 삶의 방식을 포함한다. 셋째는 성적 지위sexual status로, 이는 특정한 성적 정체성, 관행, 욕망에 사회적으로 부여되는 지위, 즉 성과 관련된 위계와 차별화된 지위를 의미한다. 예컨대 이성애는 이성에게 성적 욕망과 정서를 갖는다는 뜻이며, 이를 실천하는 사람은 스스로를 이성애자로 인지하면서 자신의 성적 지위를 '정상적이라' 인정받는다.

모든 이들이 성적 정체성을 획득해가는 과정은 다양하다. 어떤 사람은 생물학적 성은 타고난 것이기 때문에 사랑, 성적 욕망, 판타지에 대해 매우 확정적인 생각과 태도를 가지지만, 다른 사람은 생애 경로에서 성적 지향성이 달라지는 경험을 하며 정체성은 유동적인 것이라 생각한다. 또한 모든 인간은 강력한 사회적 규범이나 자신이 확고하게 믿고 있는 성적 지향에도 불구하고, 실제로 성적 정체성을 획득하고 인지하는 과정에서는 좀더 다양한 형태의 사랑과 성적 경험을 한다. 그러므로 모든 개인에게는 가치체계나 욕망으로서 성적 지향성이 존재하지만 이것이 확고한 형태로, 단일하게 경험되지는 않는다.

한편 지속적으로 어떤 성적 경험을 한다고 해서 그것이 자기규정으로서의 정체성으로 발전되는 것은 아니다. 인간 섹슈얼리티의 다양한 형태는 역사적으로 공존해왔지만 사회적 승인 여부에 따라 위계적으로 배열됨에 따라 자기규정이나 커밍아웃은 매우 오랜 시간이 지난 후에 수행될 수 있다. 성적 욕망은 지극히 개인적인 것이지만 이런 성적 욕망의 실현은 사회적인 것이기 때문이다. 예컨대 동성에게 매력과 사랑을 느끼는 사람이 자신의 성적인 매력을 얼마만큼 드러낼 것인지, 어떤 맥락에서 어느 정도로 성적 욕망을 드러낼 것인지는 개인적 선택의 영역이다. 하지만 많은 사회에서는 동성애에 대하여 이런 개인의 자유를 허용하지 않는다. 많은 사회는 동성애를 드러내는 것을 '금기'시하거나 제재하고 처벌한다. 동성애자가 자신의 성적 정체성을 어떻게 인지하는지는 개인 차원이 아닌 사회적 문제나 논란의 대상이 된다. 이처럼 성적 경험이 곧 사회적인 형태의 정체성으로 이어지는 것은 아니며, 이를 통해 실제 LGBTAIQ로 커밍아웃하는 사람들에 비해 더 많은 수가 성적으로 다양한 경험을 하고 있다는 점을 알 수 있다.

즉 동성애를 한다고 해서 모든 사람이 자신을 동성애자로 인정하고 성소수자 권리운동에 참여하는 것은 아니다. 2014년 미국정부에서 실시한 조사에 따르면, 미국인 가운데 자신을 게이나 레즈비언으로 인지한 응답자는 1.6%, 양성애자로 인지한 응답자는 0.7%였다.[2] 2011년 윌리엄스연구소가 갤럽을 통해 조사한 결과에서는 미국 성인의 3.8%가 자신을 게이, 레즈비언, 양성애자, 트랜스젠더라고 말했다. 반면에 동성애적 행동을 해본 적 있는 사람은 8.2%였고, 동성에게 성적으로 끌린 경험이 있는 사람은 11%에 이르렀다.[3] 양적 조사에서 사회적 낙인의 대상이 되는 소수자집단이 과소표집되는 것은 피할 수 없음을 차치하고라도, 이러한 조사는 성적 욕망과 행위, 성적 정체성과 인정 간의 간극이 존재함을 보여준다. 사실 여전히 많은 사람들에게 성소수자로 사는 것, 사회적으로 커밍아웃하는 것, 권리운동에 참여하는 것은 각각 다른 문제일 수 있다. 즉 성적 친밀성의 대상이 동성이라도 곧장 자신의 정체성을 동성애자로 규정하진 않으며 이 상황을 억압이나 배제로 보고 권리운동에 참여하지도 않는다. 성소수자에 대한 사회적인 제제, 모욕과 차별이 만연하여 자신의 정체성을 가족이나 친구에게 드러내는 것 자체가 억압되어왔기 때문이다.

권리운동으로 퀴어운동은 성소수자로서의 주변화된 위치를 인식하지만 '우리는 모든 곳에 존재한다'는 점을 공표하며 일련의 상징적·의례적·정치적 장을 만들어가는 것이다. 이런 공론화 과정은 자신의 섹슈얼리티를 개인적이고 특이한 성적 선호나 쾌락으로 간직하고자 하는 사람들에게 여전히 낯설고 받아들이기 어려운 과정이다. 실제로 성소수자 집단 내부에서도 퀴어운동에 대한 불편함 혹은 반퀴어 정서가 있다. 많은 동성애자가 이성애적인 형태의 연애를 하고 결혼을 하고 아이를 낳고 기른다. 한국의 경우에도 기혼 이반의 존재나 위장 결혼의 사례가 발견되는데, 이는 자신의 정체성을 인식하고 사회적으로 인정받으며 자신답게 사는 것이 불가능했던 상황을 반영한다.

한편 퀴어운동을 서구적이며 글로벌 시대의 유행이라고 보는 관점 또한 정체성의 정치를 제한한다. 동성애나 성소수자를 탄압해온 문화적 수사는 그것이 '식민주의의 산물' '서구적' '서구 퇴폐문화의 침공' '글로벌 소비문화의 영향력'이기 때문이라고 주장한다. 이런 담론들은 동성애가 식민시대 이전부터 아프리카나 아시아 전역에 존재했다는 사실을 부정한다. 글로벌라이제이션에 따라 세계는 동시대적으로 이미지와 감각을 경험할 수 있게 되었고, 사회적 상상력 또한 확장되었다. 이런 시대적 변화는 퀴어운동을 전세계로 확장해왔고, 성소수자에 대한 제도적 관용에 대해 사회구성원들이 예전보다 더 많이 알게 된 것 또한 사실이다. 그러나 전지구적 차원의 비교연구를 수행한 데니스 올트만은 현대적 의미에서 동성애는 세계화의 정도를 가늠하는 척도가 되고 있지만 "방콕, 리우, 나이로비 등에서 벌어지고 있는, 성적 자아를 이해하고 규제하는 새로운 형식의 창조가 단순히 서구에서 개발된 것의 되풀이 같지는 않다"고 하면서 특정한 형태의 성적 실천에 대한 지역적 특수성과 동시간성에 주목해야 함을 강조한다.[4]

마찬가지로 한국사회에서 동성애는 서구에서 '수입된' 퇴폐적인 성적 행위로 비난받는 경우가 많다. 이 때문에 퀴어 반대시위는 한국인의 고유한 미풍양속을 지키는 애국적 행위나 미국이나 유럽의 종교적 타락에 맞서는 한국 보수 기독교의 고유한 성전으로 선전되는 경우가 많다. 또한 퀴어가 갑자기 한국사회에서 중요한 이슈가 되는 것에 당황한 일부 시민들은 시기상조론을 주장하기도 한다. 즉 커밍아웃, 성전환, 공인된 동성애적 실천, 동성 간 결혼 등은 개인의 자유주의적 선택권을 옹호하는 민주주의가 발달된 서구사회에서나 가능한 현실이라고 믿는 것이다. 시민이나 국민의 이름으로 민주주의를 이룩한 성취에 대해 자랑스러워하면서도 정작 그 민주주의의 상징 안에 당연히 삭제되어야 할 존재로 퀴어를 상상한다. 이 때문에 한국의 퀴어퍼레이드나 성소수자 인권운동은 '행위자성' 혹은 '진정성'을 의심받고, 서구 혹은 미국이라는 '후견인'을 둔 때 이른 흉내내기로 비난받기도 한다.

하지만 인류학적으로 제3의 성을 포함한 성소수자는 언제 어디서나 존재해왔고 서구보다 더 오래되고 견고한 승인의 역사가 존재한다.[5] 또한 현대사회에서 퀴어성은 존재나 정체성의 문제를 넘어선 관점, 가치, 상호인정 등과 관련을 맺으면서 거대한 지지자층을 구성해내고 있다. 프라이드 행사나 퀴어퍼레이드는 퀴어의 정치적 의례가 일어나는 현장이지만 최근에는 다수의 횡포에 반대하는 소수자 지지, 다원주의적 가치, 차별반대라는 광범한 가치지향과 결합하면서 지지자를 규합하고 있다. 이 때문에 퀴어운동을 '동성애 조장'이나 '동성결혼 쟁취'로 협소화하는 것 또한 문제적이다. 성소수자의 현존에도 불구하고 이들의 사회적 존재 자체를 부정하고 교육, 취업, 정치, 종교 등 공적 영역의 기회 구조 안에 들어오는 것을 금지하는 것에 반대하는 것이다. 또한 퀴어 혐오적인 집단이 성소수자에 대한 담론이나 이해를 주도할 때 성소수자는 여전히 '낙인'을 넘어선 다른 사회적 위치로 이동할 수 없다. 퀴어 인권단체나 학자들이 활동하고 있지만 우리는 여전히 소수의 연예인을 통해서만 성소수자가 누구인지 알게 된다. 그만큼 성소수자는 평생 자기부정, 공포, 폭력의 내면화에 시달리며 민주주의가 제공하는 사회적 참여와 평등한 관계 맺기라는 기본권도 누리지 못하고 있다.

때로 퀴어성은 인권의 문제를 넘어선 대중문화와 상품화의 자원으로 사용되기도 한다. 한국의 경우 2000년대 들어서면서 '퀴어'는 금기의 영역이 아닌 세련된 문화적 코드나 취향, 개방성, 다양한 섹슈얼리티의 탐색 같은 긍정적인 의미로 등장하기도 했다. 하지만 바로 이런 점 때문에 퀴어 이슈가 백인 중심, 중산층 중심, 소비주의, 쾌락주의, 섹스 중심주의 등과 관련된 과잉 취향의 상징으로 소비될 뿐 정작 성소수자가 매일 일상에서 부딪히는 모욕, 위협, 해고, 따돌림, 자살시도 같은 생존 위협에서 멀어진다는 비판 또한 제기된다. 이처럼 퀴어운동의 당사자는 누구이고 어떤 가치를 추구하느냐의 문제는 종종 이미 익숙해진 '퀴어 소비'의 의미 체계 내에서 늘 논쟁거리가 되고 있다.

죽지 않을 권리

국제 레즈비언·게이·양성애자·트랜스젠더·간성인 협회ILGA 보고서에 따르면 2017년 전세계에서 동성애를 사형으로 다스리는 국가는 여전히 8개국에 이르고, 동성 간의 성교를 범죄로 규정하는 국가 및 지역은 72, 그중에서 여성 간의 성행위를 금지하는 곳은 45개국이다.[6] 동성 간의 관계를 계간죄, 항문 성교, 자연의 섭리에 반하는 행위 등 다양한 죄명을 붙여 징역형에 처하는 나라는 총 71개국에 이른다고 한다. 동성애와 LGBTQI 정체성은 반드시 일치하는 것은 아니며, 정체성은 단순히 섹스의 문제가 아닌 더 넓은 범위의 사랑, 신뢰, 의존, 관계, 친족, 생존, 정치와 관련된 영역이지만, 성소수자에 대한 혐오는 비정상적인 섹스행위로 귀결된다.

"LGBT가 차별, 낙인, 폭력으로부터 안전한 국가는 그 어디에도 없다"[7]는 말은 여전히 유효하다. 국가가 징역 혹은 사형으로 다스리진 않지만 여전히 스스로 자살을 택하거나 자해를 하는 성소수자는 어느 곳에나 존재한다. 이성애나 시스젠더는 어린 시절부터 적극적으로 장려되고 인정될 뿐 아니라 법과 제도를 통해 권리를 보장받는 반면, 동성애나 트랜스젠더에 대한 정보나 지식은 거론되거나 교육되지 않는 상황이 오래 지속되었기 때문이다. 성소수자에 대한 지식은 성소수자 자신의 경험과 관점에서 만들어지기보다, 이들이 아닌 '주류'에 의해 구성되었다. 비동성애자들이 동성애나 트랜스젠더에 대한 지식을 점유하고 이런 정체성이 사회적으로 허용 가능한지를 판단해왔다. 즉 이들에 대한 지식이 타자화되고 편견과 사회적 낙인의 형태로 구성되었기 때문에 성소수자는 더욱 병리적인 형태의 사회적 존재로 규정되어왔다.

이성애만이 본질적이고 정상적이며 종교적 섭리라 믿는 이성애 중심주의 사회에서는 다른 형태의 섹슈얼리티를 실천하는 모든 존재를 희생양으로 만들면서 이성애의 독보적 지위를 구성한다. 이성애 권력을 유지하기 위해 '바람직한 여성'의 범주에 들어가지 않는 여성들에 대해서도 다양한 폭력과 죽음정치를 수행해왔다. 이성애 중심 사회에서 동성애자를 다루는 방식 중 하나는 처벌이나 격리 등의 강압적 제재를 사용해 억압하는 것이다. 이는 동성애자를 '과잉 성애화된 존재'로 보며 이성애자와의 문화적·도덕적 차이를 부각하고, 이들의 성교를 병리적으로 담론화하며 동성애자 집단을 사회적 위험집단으로 낙인찍는 것과 관련이 있다. 또다른 방식으로, 동성애자의 존재를 부정하거나 완전히 배제하지는 않지만 동성애를 '유전적으로 결정'된 것, 혹은 어쩔 수 없는 '결점'으로 간주하여 동성애를 '포섭'하기도 한다. 다시 말해 '동성애자는 원래 그렇게 태어난다'고 인식하며, 그 점을 인지하여 '우리'가 '그들'을 받아들이자는 식이다. 이러한 방식들 모두 동성애에 열등한 지위를 부여하고 이성애의 배타적·우월적 지위를 구성하는 공통점이 있다. 또한 최근에는 사회적 소수자인 동성애자에게 어느정도 권리를 부여하고 주류사회에 '동화'시켜내면서 이들의 정치성을 약화하는 전략도 발견된다. 이처럼 성소수자에게 적대적인 환경에서 사회화되고 교육받은 성소수자나 비성소수자 모두 배제나 폭력, 시혜와 연민 이외의 다른 관계들을 실천하기 어렵다. 그런 점에서 특정 소수집단에 대한 배제와 폭력이 장기화되면 사회 전반의 적대감이 증가한다.

이런 점에서 퀴어의 권리가 폭넓게 보장받는다고 알려진 미국 및 유럽 국가에서도 최근 퀴어를 '죽도록 내버려두는' 식의 퀴어 죽음정치queer necropolitics가 더 다양한 형태로 구현되고 있다.[8] '죽음정치'는 죽음의 힘 앞에 생명과 삶을 예속시키는 정치를 의미한다.[9] 이는 삶과 죽음의 관계를 구성해내는 권력의 기술을 의미하며 특정 인구군은 살 만한, 살릴 만한 가치를 지닌 존재로 선택해 국가의 보호나 지지를 제공하고, 다른 인구군은 죽도록 내버려두거나 마치 죽은 존재처럼 취급하는 통치방식을 의미한다. 이런 죽음정치는 사형 같은 육체적 죽음뿐 아니라 사회적·정치적·시민적 죽음을 포함한다. 즉 오랜 기간 폭력에 노출되도록 방치하고 고통받게 하는 것이다. 성소수자는 오랜 기간 이런 죽음정치에 포섭된 대상으로, '삶의 정치' 안으로 초대된 정상적인 인구군의 대립항으로서 존재해왔다. 몸, 생산과 재생산, 섹슈얼리티, 혈연과 가족제도, 자원과 부 등과 연결된 사회적 인식 안에서 퀴어는 살해되거나, 제거되거나, 침묵되거나, 말살되는 존재여야 한다.[10] 이런 죽음정치를 지속적으로 구성해가는 권력과 지배체제가 존재하는 한 우리 모두는 퀴어 여부와는 상관없이 폭력의 지지자로 살고 있는 셈이 된다.

퀴어 혐오가 강한 사회에서 퀴어가 된다는 것은 죽지 않고는 견딜 수 없는 모욕과 배제의 상태에 머무르도록 강요당하는 것을 의미한다. 이런 상황은 '서서히 죽게 하기'slow death라 할 수 있다. 성소수자는 단순히 수적으로 소수이기 때문이 아니라, 이성애 중심 사회에서 조직적으로 억압되기 때문에 무권력 상황에 놓인다. 자아를 탐색하고 정체성을 정립하는 데 꼭 필요한 사회적 지식이 학교에서 전혀 제공되지 않고, 늘 숨고 위장하며 자신을 감춰야 하기에 그들의 삶은 결코 정신적·심리적·육체적 건강 상태로 이어지기 힘들다. 예를 들어 2015년 교육부가 발표한 '학교성교육표준안'이 학교 안에서 동성애에 대한 언급조차 불허한 것은 국가가 공적 교육기관이라는 통치 채널을 통해 성소수자 청소년의 존재를 부정할 뿐 아니라, 성적 호기심과 탐색을 가장 안전한 형태나 성적 결정권의 형태로 실행하도록 지도하는 교육의 의무를 방기한 것이다.[11] 한국의 성소수자 청소년은 안정적인 성정체성을 확보해가는 과정에서 필요한 인정을 받지 못함으로써 사회적 성장 자체가 부인된다. 또한 자신이 성적 소수자가 아니라고 믿는 이성애자도 알게 모르게 누군가를 혐오하고 이들의 무권리 상태를 지속하는 데 동조하는 폭력에 참여하게 된다. 국가가 성소수자의 생명, 안전, 생존, 건강에 관심을 갖지 않는 것은 결국 사회구성원의 '공존' 자체를 위협한다는 점에서 죽음정치로 이해할 수 있다.

그러나 점차 성소수자가 죽음정치로 인해 겪게 되는 다양한 박해의 유형들, 즉 혐오, 낙인, 부당한 구속, 구타, 고문, 강간, 직장에서의 해고, 학교에서의 지속적인 괴롭힘, 사생활 침해, 벌금, 태형, 사형 등이 민주주의 사회의 인권 개념에 위배된다는 인식이 널리 수용되고 있다. 특정 사회집단을 죽음정치의 대상물로 내모는 것은 내가 살기 위해 특정 집단의 죽음을 방치하고 용인하는 것이기 때문이다. 퀴어운동은 퀴어의 죽지 않을 권리에 대한 운동이며 동시에 누구라도 폭력에 가담하지 않기 위해 낯선 타자의 존재를 적극 우리 삶의 정치로 포함하는 운동이라 할 수 있다.

동성결혼과 재생산적 미래주의

2017년 대만에서는 아시아 국가 최초로 동성커플의 혼인을 인정하지 않는 현행 민법이 '위법'이라는 판결이 내려졌다. 대법관의 해석문은 결혼에 대한 기존의 입장을 다음과 같이 반박한다. 누구에게나 '결혼을 할지'와 '누구와 결혼할지'에 관한 자유가 존재하고, 자녀를 낳는 것은 혼인의 본질적 요소가 아니며, 따라서 자녀를 낳는 것이 불가능함을 근거로 동성인 두 사람의 결혼을 인정하지 않는 것은 명백하게 합리적 근거가 결여된 차별이라는 것이다.[12] 전세계적으로 동성결혼의 합법 혹은 비합법 여부는 성소수자 운동의 성과지표로 간주된다. 현재 동성결혼이 합법화된 국가는 총 24개국이며 시민결합 제도를 시행하고 있는 국가는 20여개국에 이른다. 동성커플의 공동입양을 허용하는 국가는 총 26개국이며, 동성 파트너의 자녀 입양을 허용하는 국가는 27개국에 달한다.[13] 하지만 여전히 많은 사회가 재생산과 생산의 기초 단위로 이성애에 기반을 둔 가족을 상정하기 때문에 이성애 이외의 인간 섹슈얼리티는 '예외적'인 것으로 간주된다. 때로는 위험하고 병리적인 행태로 치부되어 처벌받기도 한다. 이 때문에 동성에게 친밀한 감정을 갖고, 성적 판타지의 대상으로 동성을 상상하고, 자신을 동성에게 매력적인 존재로 보이게 노력한다는 것 자체가 '문제적인' 행위가 된다. 이성애자와 마찬가지로 동성애자 또한 친밀성과 신뢰를 바탕으로 지속적인 관계를 이어나가길 원하며 이런 관계가 '결혼'이나 '파트너십' 같은 사회적 인정의 제도화된 통로를 갖기를 원한다. 이 때문에 유럽을 포함한 여러 국가에서는 동성결혼을 시민의 성적 자기결정권이라는 권리의 형태로 보장하고 있다.

리 에델만Lee Edelman은 『미래는 없다: 퀴어이론과 죽음충동』No Future: Queer Theory and the Death Drive에서 재생산적 미래주의라는 개념을 통해 퀴어에 대한 혐오나 박해가 출산, 양육의 가치들과 어떻게 결합되어 있는지를 분석한다.[14] 재생산적 미래주의는 특정 사회의 바람직한 미래를 상상할 때 아이가 태어나고 자라는 데 필수적인 환경 등 아이를 중심적인 기호로 등장시킨다. 사회는 출산, 양육, 아동의 삶의 질, 그들이 새롭게 만들어갈 연속의 역사 안에서 미래를 상상한다. 우리의 현재적 욕망을 투사하고 미래와 연결하는 기호로서 아이가 사용되는 것이다. 이러한 미래에 대한 상상은 너무나 정당한 것으로 믿어지기에 깨질 수 없다. 모든 주의(-ism)가 그렇듯 재생산적 미래주의는 알 수 없는 미래에 대해 불안감을 가라앉히고 균열을 막기 위해 관습화된 방식으로 아이라는 상징을 끌어오는 것이다. 이 때문에 아이는 '바로 여기서'의 행동과 규범 및 정치질서를 규정하는 데 동원된다. 이런 강한 신념은 아이를 낳고 기르는 이성애 커플의 사회적 역할과 기여를 최고의 가치로 승인한다.

리 에델만은 이러한 재생산적 미래주의가 퀴어 정치학에 어떤 영향을 주는지 분석한다. 그는 이성애 핵가족이 정상적 가족을 대표하고 모든 좋은 사회적 가치를 표상할 때 아이를 낳을 수 없는 퀴어는 미래 없는 존재, 사회적으로 쓸모없는 존재로 취급당한다고 말한다. 아이를 못 낳고 기르지 않기 때문에 사회에 기여하는 바가 없다는 것이다. 이 때문에 재분배나 복지 혜택을 받을 자격이 없다는 논리는 2000년대 미국의 반퀴어 정서를 구성하는 데 좋은 구실이 되었다. 이처럼 성소수자 혐오는 섹슈얼리티가 재생산 같은 유용한 가치와 상관없이 변태적 쾌락에만 관여한다는 편견에서 비롯된다. 모든 국가는 출산을 통한 인구와 노동력의 안정적 확보를 국가의 근간이라 보기 때문에 이성애 정상성을 강화한다. 이성애 가족규범 안에서 아기를 낳는 것을 행복한 가족의 의미 혹은 국가에 대한 충성을 포함하는 애국의 행위로 간주하는 이데올로기가 힘을 얻는다. 또한 아이를 낳지 않거나 못 낳는 것을 이기적 선택이나 능력 없음으로 치부하는 사회적 분위기를 만들어낸다. 이런 이성애 가족주의가 국민이나 시민이 수행해야 할 '의무'나 '권리'로 이해될 때 퀴어적 존재, 비혼, 비출산자, 불임여성을 적대시하는 문화가 생산된다.

에델만의 논의는 사회에 만연한 재생산적 미래주의가 어떤 정치적 실천과 대안적 삶의 가능성을 제압하고 있는지 성찰할 수 있게 해준다. 재생산적 미래주의는 이성애 가족, 특히 아이 있는 부부를 사회적으로 책임감이 강하고 사회를 구성하는 유일한 존재로 상상하기 때문에 '배제'의 정치를 승인한다. 이성애자가 아닌 동성애자, 결혼을 통해 가족을 구성하지 않는 자, 결혼이나 동거를 했지만 아이를 낳지 않는 자는 책임 있는 사회구성원이 될 수 없다. 이 때문에 이들이 '처벌'이나 '응징'을 받는 것은 당연하다는 논리다. 즉 미래가 아이라는 특권으로만 상상될 때 인간 삶의 현재적 실천이나 공동적인 상상력은 발휘될 수 없다는 것이다.

동성결혼은 바로 이러한 이성애 가족주의에 대한 저항이며 가족의 의미를 혈연이나 출산의 문제로부터 분리해냈다는 점에서 변혁적이다. 또한 장기적 결속과 헌신, 아이 함께 기르기, 돌봄 등을 요청하는 가족을 열망하고 그러한 가족을 구성하는 권리를 쟁취하려는 성소수자 운동은 퀴어 섹슈얼리티에 대한 오해와 편견을 불식한다는 점에서도 의미가 있다.

이는 이성애 가족의 기준에 맞춰 그들이 누리는 권리를 획득하고자 하는 것이므로 퀴어권리의 신장으로 이해될 수 있다. 하지만 동성결혼이 퀴어권리의 잣대로 이해되는 현상에 대한 논란 또한 존재한다. 여전히 혼인이라는 제도를 통해 합법적 커플임을 승인받고 가족을 구성한다는 동성혼-가족 연결성이 과연 퀴어적인 운동인가라는 비판이 제기되기 때문이다. 1980년대 서구사회에서 동성애에 대한 가장 큰 두려움을 낳았던 HIV 감염이 치료약의 개발로 어느정도 통제가 되는 상황에서 1990년대 이후 성소수자 운동이 점차 동성결혼으로 귀결한 것은 에이즈로 인한 대규모 사망 이후의 회복과 삶, 안정성, 장기적 결속에 대한 욕망이 증대한 것으로 이해할 수 있다. 하지만 이것이 곧 중산층 위주의 핵가족의 전형을 답습하면서 결혼하고 아이 기르는 것을 시민권 획득이라고 간주하는 것에 대해서도 여러 비판이 제기된다. 그런 상황에 쉽게 도달할 수 없는 조건을 가진 저소득 계층과 유색인종 퀴어의 존재를 소외시키기도 하고, 여전히 전세계적으로 진행되는 퀴어 죽음정치와는 분리된 특권화된 퀴어의 이미지만 선택되기 때문이다.

에델만이 말하는 퀴어정치의 힘은 재생산적 미래주의가 장악하고 있는 사회적 장 바깥에서 그 장을 거부하고 "그래, 우리 미래가 없어"라고 선언할 수 있는 힘을 갖고, 오히려 거기서 새로운 평등정치의 가능성을 발견하는 데 있다. 즉 퀴어정치는 결혼제도의 규범에 안착하기보다는 대안적 삶의 가능성을 확장해 누구라도 사회적 장에서 배제되거나 위계화되지 않는 사회를 만들어가는 것이어야 한다. 가족의 전제조건으로 간주되는 '혼인'제도로부터 가족을 분리해내면서 정상가족 프레임을 탈중심화하여 가족의 개념 자체를 확장해낼 필요가 있다. 이는 동반자성, 대안가족성, 선택 가족성의 의미를 확장해내고 이에 걸맞은 시민적 권리를 확보하는 것으로 이어진다.

또한 커플 중심의 삶과 아이 양육이라는 프레임 또한 계급적이며 인종적인 가치를 담고 있기 때문에 결코 전복적인 실천이 될 수 없다는 비판도 제기된다. 최근 퀴어진영에서 '동성애 정상성'homonormativity 개념이 등장하는 것 또한 이런 맥락이다. 동성애 정상성은 퀴어 커뮤니티에서조차 정상, 바람직한 것, 이상적인 것으로 간주되어 유통되는 가치가 매우 이성애적 규범을 닮아 있거나 닮아가고 있으며 매력, 성역할, 멋진 퀴어의 이미지를 구성한다는 점을 비판한다. 퀴어커플이 결혼하고, 아이 낳고, 함께 양육하여 행복한 현대 핵가족을 이룬다는 것이 결코 부정적인 라이프스타일은 아니지만, 이런 각본이 '이성애 흉내내기'를 규범화하고 있는지를 성찰하는 것이다.

이처럼 기존의 이성애 규범 안에 놓인 질서를 전복하거나 바꿔내지 않은 채 정상성, 중산층 가치, 커플-아이 중심의 핵가족주의 내에서 평등을 이룬 것으로 퀴어권리를 확보하는 것의 한계를 지적하는 논의들이 존재한다. 하지만 '누구라도' 자신이 사랑하는 사람과 장기적 결속을 통해 서로 돌보고, 아플 때 그의 후견인이 되고, 재산을 상속하고 받을 수 있는 방법이 '혼인'이라는 제도뿐인 경우, 동성결혼은 이에 도달할 수 있는 유일한 방법으로 이해될 수 있다. 동성결혼은 퀴어운동의 성취와 한계를 동시에 노정하고 있다.

죽음정치 이후의 민주주의

성소수자는 인류사회 어디에나 어떤 시점에나 존재해왔다. 다만 성소수자를 사회가 어떻게 받아들이고, 그에게 사회적 위치를 부여하며, 그를 배제할지 통합할지를 결정하는 문화적 규칙, 법, 제도, 그리고 편견이 달라질 뿐이다. 성소수자의 자존감과 행복감은 자신이 속한 사회의 다양성에 대한 존중과 민주주의의 발전 정도에 비례한다. 오마르 엔카르나시온 Omar Encarnacion은 2013년이라는 해를 두고 게이 권리의 관점에서 가장 모호하면서도 모순적인 시기였다고 본다. 2013년에는 전통적인 가톨릭 국가인 스페인과 라틴아메리카, 그리고 남아프리카에서 게이 권리를 인정하는 법안이 제정되었지만, 동시에 가장 악의적인 게이 탄압법이 여러 나라에서 제정되었다는 것이다. 예를 들어 우간다는 동성애적 행위에 종신형을 구형하고, 동성결혼식을 한 사람에게 7년형을 구형하는 법을 통과시켰다. 러시아는 "소도미, 레즈비어니즘, 양성애, 트랜스젠더리즘"을 홍보하는 것을 금지하는 법을 제정했다. 인도의 경우, 동성 간 성행위를 금지해온 식민지시대 이후의 법을 또다시 법제화했다.[15]

이렇듯 전지구적 관점으로 볼 때, 성소수자의 인권은 단일한 방향의 항상적 발전의 개념으로는 이해될 수 없다. 어떤 지역의 성소수자들은 동성애 불법화나 반동성애 법안 같은 죽음정치에 맞서 동성애 비범죄화운동을 벌여나가고 있고, 다른 지역에서는 동성결혼 및 입양을 포함한 가족구성권 등 동등한 시민으로서의 권리 확보와 자긍심 갖기 같은 '긍정적' 권리운동을 벌여나가고 있다. 오마르는 게이 권리와 관련하여 "어떤 지역에서는 권리가 집중되고 있고 다른 지역에서는 퇴행을 보이는 형태로" 세계가 양분되고 있으며 널리 퍼지기보다는 그 강도가 심화되는 형태로 나가고 있다고 말한다.[16]

오마르는 게이 권리에 영향을 미치는 요소로 그 지역의 부의 수준과 종교적 영향력이 거론되어왔지만 사실 가장 결정적인 요소는 그 지역의 민주주의의 발전 정도라고 한다. 라틴아메리카 몇몇 나라의 사례에서 보듯 경제적 부의 수준이 아주 높지 않거나 종교적 전통이 강한 지역이라도 성숙한 민주주의 사회일 경우 게이 권리는 신장될 수 있다는 주장이다. 이런 의미에서 퀴어운동의 핵심은 오랜 기간 지속되어온 퀴어 죽이기 권력에 저항하는 민주주의의 확장이라고 할 수 있다. 누군가를 살리고 죽이기에 관여된 불평등한 체제를 지속한다면 그 사회는 참여 민주주의의 이상에 절대 도달할 수 없다.

사실 성적 박해를 용인하고 방관하는 사회는 대외적으로 민주주의적 가치를 옹호하는 사회라고 인정받을 수 없다. 예를 들어 흑인 지도자인 넬슨 만델라는 1994년 대통령 취임사에서 동성애자 인권을 언급했고, 남아프리카공화국은 성적 지향을 근거로 차별받지 않을 권리를 헌법에 명시한 세계 최초의 국가가 되었다.[17] 인종차별의 종식을 선언한 만델라는 동성애자의 인권 또한 민주주의로의 이행을 위해 필수적인 사회통합의 길이라는 점을 인식한 것이다. 한국 또한 포괄적 차별금지법 제정 등을 통해 다원주의라는 민주주의 원칙과 보편적 인권보호라는 측면에서 성소수자의 시민권을 보장해야 한다는 점을 강조했지만 번번이 종교계의 반대에 부딪혀왔다.[18] 아르헨티나의 경우 게이 권리운동은 독재정부에 투쟁하다 살해당하거나 실종된 자식을 둔 '오월의 어머니' 같은 인권운동조직과의 연대를 통해 크게 신장했다. 민주주의는 다양한 시민과 단체 간의 연대, 공조, 법제화 운동을 할 수 있는 사회적 토양을 제공한다. 이를 통해 퀴어운동은 성평등, 빈곤, 반독재투쟁 등의 다른 이슈들과 결합하면서 모든 이를 위한 권리 신장에 기여하고 있다.

하지만 전지구적 차원에서 퀴어운동은 여러 난관에 부딪히고 있다. 주로 종교적 근본주의와 남성 연대의 가치를 옹호하는 중동 일부 지역과 아프리카에서 동성애 혐오는 다른 이유를 들어 정당화된다. 게이운동이 '국가 전복적 행위'라는 이유에서 불허되거나 러시아의 경우는 여전히 동성애를 부르주아 퇴폐로 간주한다. 성소수자 운동이 때로는 광범위한 글로벌 정치역학에서 쉽게 이용당하는 주제가 되기도 한다는 점 또한 중요하다. 예컨대 반동성애 운동을 벌이고 있는 미국의 기독교 복음주의 단체들은 가장 악질적인 게이 죽이기 법안을 통과시킨 우간다를 지속적으로 지원해오고 있다. 오바마 대통령이 미국은 성소수자에게 매우 친화적이며 성적 자유를 옹호하는 예외적인 국가라 주장했지만 그 의도는 당시 미국과 정치적 대립관계였던 일부 무슬림 국가들을 겨냥한 것이었다. 즉이들 나라의 동성애 혐오를 부각함으로써 무슬림 국가의 야만성과 폐쇄성을 전세계에 각인하는 정치논리를 펼친 것이다.

비슷한 맥락에서 대만의 동성결혼 불허 조치가 위법판결을 받아낸 것에 대해 일본 우파 정치인들이 지지를 보내는 것은 이들이 동성애를 옹호하기 때문이 아니다. 일본 우파의 정치담론과 여론을 분석한 후꾸나가 겐야는 대만의 동성결혼 합법화를 'LGBT 친화적인 사회'로의 변화라며 환영하고 있는 배경에는 이러한 변화가 일본의 식민지배를 통한 문명화 덕분이라는 시각이 깔려 있다고 주장한다. 대만사회가 좀더 포섭주의적인 민주주의로 이동한 것은 지속적인 논쟁과 토론의 결과이지만 일본문화의 우월성을 강조하는 사례로 이용되는 것이다.[19] 이렇게 성소수자 인권운동은 정치인들의 세력 확장이나 반대파 제거에 이용되는 사회적 아젠다가 되기도 하고, 글로벌 정치의 역학을 구성하는 데 활용되기도 한다.

성소수자가 문화적 다양성을 가진 동등한 존재이며 '다문화주의' 관점에서 시민권을 보장받아야 할 사회구성원이라는 점을 우리 내부에서 인정하여 '죽음정치'를 끝내야 한다. 성소수자와 마찬가지로 우리 모두는 각자의 타자성을 내재하고 있다. 낙인된 타자로 규정당해온 억압의 역사에서 벗어나 '스스로를 대표'하면서 인간 섹슈얼리티의 다양성을 인정하고 공존의 삶을 추구하는 운동에 동참하는 것은 곧 우리 자신의 인권을 신장하는 길이기도 하다. 민주주의는 모든 이의 동등한 사회참여를 통해 권리는 소유하는 것이 아니라 공유하는 것임을 일깨운다. 인류의 많은 문화권에서 성소수자의 존재를 긍정하고 사회구성원으로 인정해왔던 것을 이어받아 퀴어운동이 현대 민주주의를 확산하는 길이라는 점을 인식하자.

성소수자에 관한
인류학적 사례

김현미

　　인류 역사에서는 종족 및 문화권의 수만큼이나 많은 젠더 역할이나 수행성이 현재 우리가 알고 있는 것보다 훨씬 다양하게 나타났다. 인류학자들이 수집해온 민족지적 사례들은 양성에 근거한 남성성과 여성성에서의 다양성뿐 아니라 성적 지향성에서의 다양성, 그리고 각 사회에서 '제3의 성'의 지위 및 인정 체제 또한 다양하다는 점을 밝혀내고 있다. 젠더 다양성gender diversity은 여성, 남성이라는 양분화에 기초를 둔 성차 개념보다 훨씬 다양한 젠더 질서와 성적 지향성이 존재한다는 점을 강조한다. 모든 사회는 언제, 어디까지, 누구와의 성행위를 허용하는가에서 문화적 차이를 보이는데, 섹슈얼리티는 인간의 욕망, 행동, 정체성과 재생산 행위가 어떻게 구성되는가를 이해하기 위해 필수적으로 연구되어야 할 영역이다. 성은 인간의 보편적 본능이기도 하지만 성과 관련된 믿음 체계와 가치는 역사적 변화에 따라 혹은 사회문화적 환경에 따라 달라지기 때문이다. 어떻게 사람들이 '성적 존재'가 되고, 성과 관련하여 자신의 정체성

을 구성해가는지는 인류의 오랜 관심사였다. 젠더 다양성이나 동성애 또한 이분화된 성별정체성이나 이성애와 마찬가지로 인류가 수행해온 섹슈얼리티의 한 형태로 그 역사 또한 장구하다. 또한 이분법적 성역할이 아닌 다양한 성역할과 정체성이 존재하고, 동성애가 수행되어온 맥락과 사회적 의미 또한 다양했다. 각 사회는 이분법적 섹스나 젠더 체계에 속하지 않는 존재를 사회에 통합해내는 다양한 문화를 발전시켜왔다.

젠더 다양성을 인정하는 문화들

아메리카 원주민 중 샤이엔족에는 '두 영혼을 가진 사람들'two-spirit people이 있다. 이들은 생물학적으로는 남자지만 신비 체험 이후 여성의 옷을 입고 여성의 역할과 활동을 한다고 전해진다. 유럽인들은 이들을 '베르다셰'berdache라 불렀다. 또다른 북아메리카 원주민 사회에서 '두 영혼'은 생물학적으로는 여성이지만 여성과 결혼할 수 있는 자들로, 이들은 레즈비언 관계로 알려졌다. 아메리카 인디언 사회의 "여자처럼 사는 남자와 남자처럼 사는 여자의 전통은 오랫동안 '동성애적' 개인을 그들의 문화에 통합할 수 있는 수단으로 해석되어왔다".[1] 이처럼 많은 문화권에는 생물학적 성과 반대되거나 남성도 여성도 아닌 '또 하나의 성'alternative gender이라는 범주가 존재한다. 이들 문화에는 세계가 이항대립적으로 분화되어 있지 않고, 중복되거나 모순되는 범주가 상당히 허용되고 있기 때문에 '또 하나의 성' 역할이 존재했다. 사우디아라비아반도에 위치한 오만에는 카니스xanith 혹은 한에쓰라 불리는 제3의 성이 존재하는데, 이들은 신체적으로 남성이지만 성역할이 고정된 것은 아니다.[2] 한에쓰는 남성으로 태어나 남성 성기를 가지고 있고 남성적 이름을 사용하며 문법적으로 남성형으로 지칭된다. 또한 이슬람 율법에서 규정한 남자의 권리를 갖기 때문에 여성과 달리 법정에서 증언할 수 있으며 모스크에서 예배를 본다. 동시에 한에쓰는 여자의 특성을 가진 것으로 이해되고 자신의 집에서는 여자의 일을 한다. 오만 사람들은 한에쓰를 여자도 남자도 아니지만 양쪽 모두의 특성을 지니고 있는 사람으로 생각한다.[3] 인도의 제3의 섹스인 '히즈라'도 비슷한 예다.* 한편 인도네시아 술라웨시 섬의 부기스Bugis 사회에서는 다섯가지 조합의 성범주가 존재한다. 남성적인 남자, 여성적인 여자, 여성적인 남자, 남성적인 여자, 야성적인 사제인데, 이는 생식기와는 별개로 다양한 성적 지향이 나타날 수 있다는 점을 보여준다. 파푸아뉴기니의 후아Hua 사회에서 구성원의 성정체성은 일생에 서너번 바뀐다.[4] 이처럼 인류사회에는 남성과 여성이라는 엄격한 양분법만 있는 것이 아니다. 때로는 이분법이 오히려 양성 간의 차이를 극대화하여 고정관념과 차별을 낳기도 한다. 이분법적 성차 외의 다양한 형태의 젠더를 실천하는 민족지적 사례를 통해 우리는 인간에 대한 상상력을 확장할 수 있다.[5]

동성애는 어디서나 존재한다

젠더 다양성과 마찬가지로 섹슈얼리티의 실천 또한 문화권마다 다양

---

* 히즈라는 남자의 신체로 태어났으나 사회적으로는 여성화된 삶을 살아가는 사람들로 양성성을 지닌 힌두신의 인격체로 대우받고 종교 의례를 담당했다. 하지만 이후 식민지 배와 현대화를 거치면서 그 사회적 지위가 크게 추락했다. 세레나 난다 『히즈라』, 김경학 옮김, 한겨레출판사 1998.

하고 유연한 형태로 나타나고 있다. 동성애의 개념이나 사회적 의미, 실천 방식 또한 다양하다. 동성애는 성적 정체성을 구성해가기 위한 사회적 압력이나 통과의례로 장려되기도 하고, 억압되기도 한다. 인류학자 길버트 허트Gilbert Herdt의 연구는 동성애에 대한 이해를 확장시켰다는 점에서 주목할 만하다.[6] 허트는 1970년대 파푸아뉴기니 고산지대의 삼비아Sambia족을 연구하여 '의례적 동성애'라는 개념을 밝혀냈다. 그는 성인식 등의 의례행위가 젠더, 섹슈얼리티와 정체성을 구성하는 데 어떤 역할을 하는지에 관심을 가졌다. 삼비아족 성인식은 소년을 '남자로 만들기 위해' 혹독한 경험과 훈련을 겪게 하고, 이 과정에서 성인 남성은 소년 남성에게 정액을 주입하는 펠라치오 의례를 수행한다. 겉으로 보기에는 동성애적 성인식지만 이후 남성의 섹슈얼리티는 엄격한 이성애적인 지향으로 옮겨가게 된다. 성인식은 삼비아족 남성을 양성애적 경험에서 이성애로 옮겨가게 하는 중요한 의례다. 하트는 이것을 '의례적 남성 동성애'ritualized male homosexuality라 불렀다. 즉 성인식은 '남자다운' 이성애자 남성을 만들기 위해 '성인 되기'의 과정으로 수행되는 동성애적 행위다. 이를 통해 동성애적 행위는 동성애자라는 정체성으로 이어지는 것이 아니라 오히려 이성애 남성을 구성해내는 문화적 압력이 된다. 즉 연장자 남성의 권위를 강화하고 연소자 남성에게 복종의 태도를 주입하는 남성 성인식은 남성 간의 연대와 위신을 강화하는 목적으로 진행되며, 이는 곧 여성을 통제하기 위한 장치가 된다. 허트의 연구는 성적 행위가 성적 정체성이나 지향과 일치하는 것이 아니라는 점을 강조한다.

전세계에서 수집된 인류학적 보고들에 의하면 동성애는 인류가 존재한 이래 현재까지 모든 곳에서 나타난 보편적인 현상이다.[7] 동성애는 서구의 산물이 아니라, 모든 곳에서 존재해왔다.[8] 삼비아족의 경우처럼 고대 그리스와 로마에서 성인 남자들 간에 행해지던 동성애는 주로 연장자 남성과 어린 남성 사이에 이루어졌는데, 이런 성관계는 교육적 차원에서 바람직한 것으로 간주되기도 했다. 중국의 경우 '동지'라 불리는 남성 게이들의 오랜 역사가 존재했다.[9]

여성 간의 관계에 대한 보고도 다수 존재한다. 예를 들어 케냐의 몸바사 지역의 부유한 무슬림 여성들 간의 동성애, 호주 원주민 사회에서 여자 사촌들 간의 성적 관계, 19세기 미국 보스턴 지역에서 유행하던 '보스턴 결혼'은 역사적으로 여러 지역에서 레즈비언 전통이 있음을 확인해준다.[10] 난디족을 비롯한 동아프리카의 많은 지역에서는 '여성 간 결혼'이 제도적으로 보장되었다. 지위와 부를 확보한 여성이 '여성-남편'이 되어 젊은 여성들과 결혼할 수 있었고 이 제도는 현재까지도 발견된다.[11]

근대 산업사회의 출현 이후 일터나 공장은 동성애 관계가 나타나는 새로운 장소로 등장한다. 19세기 중국 남부 광동지역에서 비단 짜는 수천명의 여성들 간에 널리 퍼진 동성애 관계가 그 예다. 이들은 '금빛난초연합' 또는 '상호이해연합'을 만들어 공동주택에서 함께 살며 아프거나 죽음을 맞이할 때 서로를 돌봤다. 평생 남성과 혼인을 하지 않기로 맹세한 이 그룹에는 채식을 하는 여성들이 많았기 때문에 '채식주의 자매들'이라고도 불렸다. 이들에 대한 탄압이 이루어진 것은 1949년 중국 사회주의혁명 이후이며, 그 때문에 이 여성들은 말레이시아, 싱가포르, 홍콩, 대만 등으로 피신해야 했다.[12] 아시아 지역에서 동성애의 출현은 서구의 영향력이 아닌 특정 사회의 맥락에서 해석될 필요가 있다. 메건 시닛Megan Sinnott(2004)의 연구에서 보듯, 태국에는 남자 같은 여자 '탐'과 여성스러운 여자 '디'가 존재했다.[13] 이들의 동성애적 관계는 오랜 기간 동안 도시의 일터, 공장 기숙사, 학교, 웹사이트의 토론장 등 곳곳에서 발견되어왔다. 여성을 비성애적 존재로 간주하는 태국 불교문화에서 이런 동성애적 관계를 암묵적으로 수용해왔다는 점이 흥미롭다. 탐과 디는 여자들 간의 하위문화로 여겨지는데, 이성애적으로 '난잡한' 성관계를 하는 이성애 여성의 '성적 문란'보다 오히려 관대하게 묵인되어왔다. 탐과 디는 여자들 간의 우정으로 이해되기도 하는 등 고정된 것이 아니라 유동적이며 유연한 개념이다. 여성 간 동성애와 남성 간 동성애의 수용과 금기는 문화권뿐 아니라 상황과 맥락에 따라 다르게 이해되고 표출된다. 스포츠 영역에서 남성 팀원의 커밍아웃은 강력한 금기지만, 레즈비언에게는 팀 스포츠가 종종 안정적 접촉의 장소 역할을 한다.[14] 남아프리카공화국 소웨토 지역의 여성 축구클럽은 성소수자 여성들이 우정과 사랑을 나누는 공간으로 기능했다.

한국에서도 동성애에 대한 기록이 존재한다. 『삼국유사』 『고려사』 『조선왕조실록』 같은 문헌에도 동성애가 언급되었다. 19세기 말과 20세기 초까지 남성 동성애가 강원도 지역을 비롯해 폭넓게 행해졌으며 '수동무' '맞동무' 등 동성애 남성을 일컫는 용어도 사용되었다. 1940년대까지 계층과 직업과는 무관하게 남성 동성애가 존재했지만 이후 일제에 의한 강제동원과 6·25전쟁으로 인한 징집으로 급격히 사라졌다고 한다.[15] 박차민정은 저서 『조선의 퀴어』에서 한국의 젠더 다양성이 공적 영역에서 가시화된 상황을 분석한다.[16] 이 책은 1920~30년대가 '변태성욕' '반음양' '여장남자' '동성연애' 같은 분류와 앎의 체계가 처음으로 등장한 시기였으며 당시에 다양한 성소수자들이 어떻게 재현되고 수용되고 병리화되었는지를 잘 보여준다. 한 예로 당시 '크로스드레싱'이라 불리는 젠더 혼종적 복장을 하고 다니는 사람들이 생겨나기 시작했는데, "성별화된 특권의 재분배에 도전"할 목적으로 혹은 "성별의 경계를 둘러싼 신경

증적 불안"의 표현으로 시도되었다고 한다. 1922년 신여성 강향린은 이발관을 찾아 모던 남성들의 머리 모양대로 자르고 "남자 양복에 캡 모자"를 쓴 차림으로 등장해 남학생들과 함께 수업을 받았다. 강향린의 크로스드레싱은 단지 여성의 신체를 가졌다는 이유로 교육에서 배제하는 것이 얼마나 불합리한지를 온몸으로 드러내며 이에 저항한 것이다. 그러나 점차 시간이 지나면서 이들은 "정신병적 변장자"나 "변태성욕적 변장자"로 불리며 훈육과 처벌의 대상이 되기 시작했다. 당시의 '경찰범처벌규칙'은 법적 성별과 정체성, 의복이 서로 일치하지 않는 경우를 식별하고 처벌하고 체포했다. 근대를 통과하면서 퀴어적 존재가 공적 공간에 존재할 수 없는, 배제와 폭력의 사회가 되는 과정이 드러나는 장면이다.

11장

성소수자 인권과
법적 쟁점

이승현

들어가며

근대 사회의 법의 발전은 모든 인간의 기본적 인권(이하 '기본권')을 보장하고 실현하기 위해 법률을 만들거나 바꾸어가는 과정이었다. 또한 헌법의 기본원리의 내용 및 판례 등에 대한 법 해석의 변화를 통해 그 의미를 재확인하고 발전시켜왔다. 이러한 과정은 한국에서도 마찬가지다. 헌법재판소가 설치되고 헌법재판이 이루어지기 시작한 첫해인 1989년 헌법재판소는 이전까지 한국의 국민주권이 '형식적'이고 '권력의 자의적·독단적 행사만을 합리화'하는 데 머물렀다는 점을 지적하고 국민주권의 실질적 실현을 위해 법률이 변화해야 함을 명확히 했다.[1] '인간 존엄성을 최고의 가치와 목표로 하는 헌법이 요청하는 모든 국민의 주권'이라는 국민주권의 의미를 상기할 때 이는 헌법상 기본권 역시 형식적인 법 문구에 그치지 않고 실질적으로 보장되도록 변화를 주문하는 것이기도 하다. 이후 기본권을 침해하는 많은 법률이 헌법재판소의 위헌결정으로 사라졌으며 대신 기본권 실현을 위한 법률들이 국회에서 제정되어왔다. 제도와 정책의 변화는 이와 같이 기존법의 위헌성, 법규범과 법현실 사이의 괴리 등 법적 쟁점을 면밀하게 살펴 법 개정과 판례 변화를 통하여 기본권을 침해하는 기존의 법을 제거하는 한편, 새로운 법을 만들면서 이루어진다.

이는 성소수자 인권을 둘러싼 법적 쟁점에서도 마찬가지로, 현행법상 명시적으로 기본권이 제한되는 경우와 관련된 쟁점, 성소수자가 처해 있는 사회적 현실에 비추어 적극적인 기본권 실현을 위한 법 개정과 관련된 쟁점으로 정리해볼 수 있다. 이와 더불어 기존의 이성애주의적 성별이원론의 젠더규범을 전제한 법제도 내에서 성소수자가 누락됨으로써 발생하는 기본권 침해의 쟁점도 함께 살펴보아야 한다.

명시적인 기본권 제한: 범죄화

동성 간 성행위의 처벌

성소수자의 기본권을 명시적으로 제한하는 대표적인 경우로 성소수자와 관련된 형사처벌을 들 수 있다. 특히 동성 간 성행위의 범죄화가 국내외에서 가장 주요한 법적 논쟁을 불러일으켰다. 16세기에 동성 간 성행위를 처벌하는 영국의 소도미법Buggery Act(1533)* 이 제정된 이후 19세기에

---

* 소도미(sodomy)는 '자연에 반하는 범죄'로서 임신·출산으로 이어질 가능성이 없는 성행위를 가리키는 용어였으나, 점차 동성 간 성행위나 남성 간 성행위를 금지하는 법을 통칭하는 용어로 쓰이게 되었다. Willian Eskridge Jr, Nan Hunter and Courtney Joslin, *Sexuality, gender, and the law (University casebook series)*, Foundation Press 2018, 29면.

이 법이 서구의 제국주의 식민지 국가에 이식되면서 동성 간 성행위 처벌법이 전세계로 확산되었다.[2] 한국에서도 해방 이후 미군정이 제정한 국방경비법과 해안경비법을 통해 '계간雞姦'으로 번역되어 처음 도입되었으며, 1962년 제정된 군형법에 포함되어 현재에 이르고 있다.[3] 한편 유럽에서는 20세기에 접어들며 동성 간 성행위 처벌법이 자취를 감추었고 미국에서도 2003년 연방대법원 판결[4]로 합의된 동성 간 성행위를 처벌하는 것은 위헌이라고 선고함으로써 해당 법률을 가진 모든 주에서 이를 폐지했다. 다만 미국은 이후에도 계속 군 환경의 특수성을 이유로 군대 내에서의 동성 간 성행위 처벌을 유지했고 성적 지향을 밝히지 않는 조건으로 비이성애자가 군에 복무할 수 있도록 한 '묻지도 답하지도 말라'don't ask, don't tell: DADT 정책도 유지했다. 그러다 2011년 이 DADT 정책은 논란 끝에 폐지되었고, 통일군사법전Uniform Code of Military Justice에 있던 관련 규정 또한 삭제되었다.[5]

한국의 경우 군대 내로 한정하여 동성 간 성행위를 처벌하는 군형법상 추행죄가 현재까지 유지되고 있다. 현행 군형법상 군인 등에 대하여 '항문성교나 그 밖의 추행'을 하면 형사처벌을 하는 것으로, 2013년 4월 5일 개정되기 이전에는 '계간이나 그 밖의 추행'으로 규정되어 있으나 계간이라는 용어가 비하적이라는 이유로 개정되었다. 이 규정은 성행위의 합의가 있었는가를 불문하고 남성 간 성행위에 대해 적용되고 있다.

동성 간 성행위 처벌의 문제는 성인 간의 합의된 성행위에 국가의 형벌권을 행사한다는 점에서 개인의 성적 자기결정권과 사생활의 자유를 제한한다는 것이다. 개인의 내밀한 사생활의 영역에는 국가의 개입을 최소화하는 것이 근대 이후 법의 기본정신이며, 누구와 어떠한 방식의 성행위를 할 것인가는 개인의 자기결정권에 맡겨져 있다. 다만 합의된 성행위라

할지라도 사회적 법익을 보호하기 위해 이를 일부 제한할 수 있다. 헌법재판소는 이를 근거로 군대 내의 합의된 동성 간 성행위를 처벌하는 것은 정당하다고 판단했다.[6] 즉 한국의 안보상황과 징병제도 하에서 '군이라는 공동사회의 건전한 생활과 군기'를 유지하는 것을 처벌의 목적으로 언급했다. 그런데 이 법은 처벌 대상이 군인이기 때문에 군대(병영) 바깥에서 이루어지는 군인의 행위에도 적용되고 있으며, 이성 간 성행위에는 적용하지 않는다는 점에서 처벌 목적을 달성하기 위한 것이라기보다는 동성 간 성행위 자체를 위험한 행위로 규정하고 접근하고 있음을 알 수 있다.[7] 이는 헌법재판소가 처벌 대상인 남성 간 성적행위를 '변태성 성적 만족 행위' '객관적으로 일반인에게 혐오감을 일으키게 하고 선량한 성적 도덕관념에 반하는 성적 만족 행위'로 이해하고 있다는 사실에서도 확인할 수 있다.[8]

성별표현에 대한 처벌

여성이나 남성에게 요구되는 규범적인 성별표현에서 벗어난 행위를 형사처벌하는 입법례도 있다.[9] 대표적으로 여성복을 입은 트랜스젠더 여성을 처벌하는 경우를 떠올릴 수 있다. 하지만 어떠한 정체성에 한정되어 적용되는 것이 아니라는 점에서 외모상 남성으로 보이는 모든 사람에게도 적용될 수 있다. 예를 들어 1987년 민주화 선언 이후 개정되기 전까지 경범죄처벌법의 처벌 대상에는 '성별을 알아볼 수 없을 정도의 장발을 한 남자'와 저속 의상착용자가 포함되어 있는데, 이는 남성답지 못한 머리길이나 복장에 대한 처벌 규정으로 활용될 수 있었다.

가족구성에 대한 법적 인정

성소수자를 법집행 혹은 법해석상 권리주체로 인정하지 않는 대표적인 경우로 가족 및 신분제도에의 포섭이 제도화되지 않거나 명시적으로 부인하는 경우가 있다. 근대 이후 국가는 생물학적 여성과 남성 및 양자 간 태어난 자녀를 기본단위로 상정하여 혼인 및 가족제도를 법제화했다. 이 과정에서 생물학적 여성과 남성을 확정하는 의료계의 판단을 기반으로 한 법적 성별 부여가 동반되었다. 법적 여성과 남성 간의 결합만을 보호하고 규율하는 혼인제도에서 법적 동성 간의 혼인은 누락되었으며 이후 동성애자 인권운동과 함께 동성커플의 법적 지위 보장을 둘러싼 논쟁으로 발전하게 되었다. 국가가 보호하고 지원하는 가족 단위에 동성커플을 포함시킬 것인가, 그렇다면 어떠한 제도를 설계할 것인가가 논의되었고 크게는 기존의 혼인제도에 동성커플을 포섭하는 방법과 이성커플의 혼인관계에서의 권리와 의무[10]를 유사하게 부여하면서도 다른 형식을 갖는 파트너십(생활동반자)제도의 두가지 방식으로 제도화되기 시작했다. 파트너십제도는 국가마다 다양한 형태로 실시되고 있다. 동성에게만 적용되는 경우, 동성과 이성 모두에게 적용가능한 경우, 동거법 등 파트너 간의 권리와 의무의 범위를 보다 다양하게 선택할 수 있도록 제도를 다변화한 경우도 있다.[11]

한국은 민법상 혼인의 상대방의 성별을 규정하고 있지 않으나, 혼인신고 시 가족관계등록부상 동성으로 표기된 두 사람의 신고는 반려되며 법원은 현행법상 이를 정당한 행정행위로 인정했다.[12] 법원은 "동성 간에 사실혼 유사의 동거관계를 사실혼으로 인정하여 법률혼에 준하는 보호를 할 수는 없다"[13] "'혼인'은 '남녀의 애정을 바탕으로 일생의 공동생활을 목적으로 하는 도덕적, 풍속적으로 정당시되는 결합'을 가리키는 것으로 해석되고, 이를 넘어 '당사자의 성별을 불문하고 두 사람의 애정을 바탕으로 일생의 공동생활을 목적으로 하는 결합'으로 확장하여 해석할 수 없"다[14]고 판단한 바 있다. 즉 혼인제도 외의 두 사람 간의 공동체에 법적 지위를 부여하고 있지 않다는 점에서 동성커플에 대한 법적 보호는 공백 혹은 불비 상태에 있다고 할 수 있다. 그로 인하여 현실에서 생활공동체를 형성하고 있는 동성커플의 상속, 보험, 세금, 질병·사고 발생 시의 보호 등 다양한 법적 문제에 대한 규율과 규제가 이루어지지 않고 있다.[15] 따라서 동성 간 결합을 법적으로 어떻게 제도화할 것인지에 대한 논의가 이루어져왔는데, 크게 기존의 혼인제도에 편입하는 방식과 새로운 제도를 구상하는 방식이 있다. 이때 고려할 점이 두가지 있다. 첫째, 혼인과 같이 두 사람의 관계에 부여되는 법적 지위는 결국 법적 권리와 의무를 규정하는 것을 말한다는 점에서 구체적으로 동성커플 생활공동체가 행사하지 못하는 권리와 부여되고 있지 않은 의무가 무엇인지를 하나하나 살펴보아야 한다. 예컨대 혼인관계에 적용되는 다양한 법률, 즉 임대차, 사회보장, 연금, 세금, 입양 등 각 제도를 영역별로 검토할 필요가 있다. 둘째, 동성커플과 이성커플 간에 이용할 수 있는 제도에 구분을 두게 되는 경우 평등원칙을 위반할 가능성이 있다. 예컨대 각 제도를 통해 보장되는 권리가 유사하더라도 동성커플과 이성커플을 구분하여 동성커플은 파트너십제도만 사용할 수 있게 하는 경우 separate but equal, 이러한 파트너십제도는 사회적으로 결혼이 가지는 무형적인 이익을 누리지 못하는 '이등시민'의 제도로 받아들여질 수 있다.

성별의 법적 인정

원칙적으로 법은 성별에 따라 다르게 규정되거나 적용되지 않는다. 하지만 일부의 법과 그 해석에서는 법적 성별에 따라 권리나 의무가 달라지기도 한다. 전술한 바와 같이 법적으로 유효한 혼인의 대상을 판단할 때를 비롯하여, 공직선거법상 여성할당제나 성폭력·성매매 관련법도 여성과 남성을 구별하는 경우가 있다. 한편 대부분의 국가에서 공문서상 성별표기 원칙은 남성이나 여성 둘 중 하나로 표기하는 것이다. 그러나 이 원칙을 뒷받침해줄 남성과 여성에 대한 법적인 정의를 법률에 규정하는 경우는 찾아보기 힘들다. 이는 남성과 여성의 정의를 규정할 필요 없이 두 성별을 명확하게 분간할 수 있다는 생각에 기인한다. 즉 태어나는 순간에 주위에 있던 의사나 조산사 등이 신생아의 외부성기 같은 신체적 특징을 기준으로 확인한 성별이 성별표기와 법적 성별로 확정된다.

특히 의료기술의 발달과 함께 성전환수술[16]이 이루어지면서 트랜스젠더의 법적 성별과 성별표기 문제가 가시화되기 시작했다. 해외 각국에서는 20세기 중후반에 걸쳐 관련법을 제정했는데, 성전환에 대한 의료적인 감독 하에 1) 성전환증 등 정신과 진단 2) 생식능력의 제거 또는 결여 3) 호르몬요법, 외과수술 등과 같은 의료적 조치를 받았을 것을 법적 성별정정과 성별표기 변경의 조건으로 요구해왔다. 그러나 요그야카르타 원칙*

---

* 2006년 11월 인도네시아 요그야카르타에서 유엔인권최고대표와 광범위한 국제인권법 전문가들이 현행 국제인권법에서 도출되는 성적 지향과 성별정체성과 관련된 29개의 원칙들을 요약해 국제인권 기준을 제시한 것으로 이후 유엔 등 국제기구와 각국 국가기관의 성소수자 관련 결정에 활용되어왔다. 2017년 일부 원칙의 추가 및 성특징(sexual characteristic)을 포함하는 요그야카르타+10이 발표되었다. 전문은 다음 웹사이트에서 확인할 수 있다. https://yogyakartaprinciples.org/principles-en/yp10/ (2019.10.25. 방문).

은 제3원칙 '법 앞에 인정받을 권리'에서 "개인이 스스로 규정한 성적 지향과 성별정체성은 인격의 일부이며 자기결정, 존엄성, 자유의 가장 기본적인 측면 가운데 하나다. 법적으로 성별정체성을 인정받기 위한 요건으로서 의료적 시술, 예컨대 성전환수술이나 불임, 호르몬치료 등이 강제되어서는 안 된다. 결혼이나 자녀여부와 같은 상태를 성별정체성에 대한 법적 인정을 막기 위한 근거로 사용해서는 안 된다"고 선언했다.[17] 이와 더불어 성전환수술, 불임, 호르몬요법을 법적 성별변경의 요건으로 요구하는 것은 명백하게 개인의 신체적 온전성에 대한 기본권을 침해하는 것으로 이해[18]되면서 해외 각국에서는 법적 성별변경의 의료적 요건을 지속적으로 완화하고 있다.[19]

반면 한국의 경우 관련법이 없는 상태에서 법적 성별변경은 2006년 대법원 판례와 그 이후의 대법원 사무처리지침을 참고한 개별 법원의 판단에 맡겨져 있는 상황이다. 대법원은 트랜스젠더의 법적 성별변경이 인간 존엄성과 행복추구권을 비롯한 헌법상 기본권을 보장하기 위해 필요하다고 판단하여 법적 성별변경을 허가했다.[20] 이어서 일선 법원에서 참고할 수 있도록 대법원 가족관계등록예규인 '성전환자의 성별정정 허가 신청사건 등 사무 처리 지침'을 제정했다. 이와 같은 대법원 예규는 행정규칙으로서 대외적 구속력을 가지지 않기 때문에 각 법원마다 다른 판단 기준으로 사건을 처리하는 경우가 발생하고 있다. 국민의 기본권에 대한 본질적인 사항이 행정규칙으로 규정되는 것도 위헌적이지만, 현실적으로 신청인이 법원에 제출할 서류나 판사의 판단을 예측하기 어렵고 때로는 불필요하거나 명백히 인권침해적인 방식으로 성전환 사실을 증명하라고 요구받는 문제도 발생한다.[21]

가장 근본적인 문제는 허가 요건이 지나치게 까다롭다는 점이다. 이 지침은 정신과 진단, 생식능력, 성전환수술 여부를 조사사항으로 포함하면서 이 요건을 만족시키지 않은 경우 대부분 기각되고 있다.[22] 게다가 비교법적으로 유일한 입법례로 평가되는 일본의 '미성년자 자녀가 없을 것'을 요구하고 있어서 트랜스젠더 본인뿐 아니라 그 자녀에게도 트랜스젠더 부모가 경험하는 차별과 어려움이 전가되는 부분 역시 문제점으로 지적할 수 있다.

적극적인 기본권 실현을 위한 법 제정

소수자의 적극적인 기본권 실현을 위한 법을 제정하는 문제도 중요한 쟁점사항 중 하나다. 대표적으로 헌법상 평등권을 구체화하는 차별금지법과 공직선거 등 공사 영역에서 할당제를 도입하는 경우를 들 수 있다. 전자는 평등권이 고용, 재화·용역, 주거, 교육, 의료, 노동 등 주요한 생활영역에서 실현될 수 있도록 구체화한 법률이며, 후자는 민주주의가 온전히 작동하기 위하여 과소대표되고 있는 국민에 대해 공적 영역의 진출 기회를 확장하거나 기업·학교 등 사회 진출을 지원하는 제도다.

먼저 차별금지법은 차별금지 사유별로 제정할 수도 있고, 차별금지 영역별로 제정할 수도 있는데, '장애인차별금지 및 권리구제에 관한 법률'과 같이 장애를 이유로 한 모든 영역에서의 차별금지가 전자에 해당한다. 후자는 예를 들어 고용차별금지법과 같은 형태로 인종, 종교, 성별, 성적 지향, 장애 등을 이유로 한 고용역역에서의 차별을 금지하는 것이다.[23]

한편 차별금지 영역과 차별금지 사유를 모두 포괄하는 차별금지법의 형태도 있다. 2007년 정부 발의 법률안으로 국회에 처음 제안된 이후, '성적 지향'에 따른 차별금지가 포함되어 있다는 이유로 반동성애단체의 반대에 부딪혀 여러차례 논의가 좌절되어온 차별금지법안들이 바로 이와 같은 '포괄적 차별금지법'이다.

현재 국가인권위원회법에 따라 국가인권위원회가 평등권 침해적 차별행위에 대해 차별구제를 위한 조사와 권고를 할 수 있다는 점에서 국가인권위원회법이 포괄적 차별금지법의 기능을 일부 담당하고 있다. 그리고 이 평등권 침해 차별행위에서 명시하고 있는 차별금지 사유에 성적 지향이 포함된다. 성별정체성은 포함되어 있지 않으나, 국가인권위원회는 트랜스젠더에 대한 인권침해 구제도 다루고 있다. 다만 국가인권위원회는 명령이나 처벌 등 강제력 있는 제재를 할 수 있는 권한이 없고 차별행위를 하지 않을 것을 권고하는 권한만 가지고 있다는 점에서 포괄적 차별금지법을 완전히 대체하기는 어렵다는 한계가 있다.

차별금지를 요청하는 규정은 차별금지법이 아닌 법률에도 존재할 수 있다. 현행법상 성소수자 관련 차별을 금지하는 규정을 두고 있는 법률은 '형의 집행 및 수용자의 처우에 관한 법률' '군에서의 형의 집행 및 군수용자의 처우에 관한 법률'이다. 또한 형사절차 등과 관련하여 행정규칙으로 성적 지향 혹은 성적 소수자에 대한 차별금지 조항, 일부의 지방자치단체 학생인권조례 등 조례 단위에서 성적 지향, 성별정체성, 성소수자에 대한 차별금지 조항이 포함되어 있다.[24]

국가 인식의 한계와 진통

특정 법에 의해 성소수자의 권리가 부당하게 침해된다면 관련법을 폐지하는 것으로 기본권을 보호할 수 있다. 법의 공백이 있는 경우에는 관련법을 제정하는 것을 통해 기본권을 보호할 수 있는데, 이때 구체적으로 어떠한 제도를 도입할지에 대한 입법자의 판단이 동반되어야 한다. 또한 현행법을 집행하고 적용하는 과정에서 성소수자를 배제하거나, 성소수자에 대한 편견이나 현실에 대한 이해 부족으로 부적절한 법 집행이나 해석이 있는 경우는 이를 시정할 필요가 발생한다.

이 문제들은 곧 법을 제정하는 입법부, 법을 집행하는 행정부, 법을 해석하는 사법부의 성소수자에 대한 이해와 인권보호 의지와 직결된다. 그러나 국가기관이 성소수자의 존재를 병리화하거나 부도덕한 행위를 하는 집단이라고 인식하거나, 성소수자를 둘러싼 실제의 상황을 인지하지 못하고 기존의 편견이나 막연한 짐작으로 사안을 바라보는 경우는 어렵지 않게 찾을 수 있다.[25]

예를 들어 앞서 본 바와 같이 동성 간 성행위에 대한 헌법재판소의 '호모포비아적' 인식[26]이나 자녀를 가진 트랜스젠더의 가족관계등록부상 성별정정을 불허하는 대법원 판결[27]에서 트랜스젠더와 그 가족이 처한 현실에 대한 이해가 부족하다는 것을 발견할 수 있다. 행정부의 경우, 트랜스젠더 여성의 병역면제 기준으로 비가역적 수술을 요구하는 관행과 비수술 트랜스젠더를 병역기피로 고발하는 병무청[28]의 법 집행 과정에서 트랜스젠더의 성별정체성과 의료실태에 대한 이해 부족이 적나라하게 드러난다. 또한 동성 청소년 간 키스 장면을 방송한 드라마에 '경고' 조치를 내린 방송통신심의위원회나 성소수자 인권을 지지하는 내용의 현수막 부착을 불허한 지자체, 성소수자 인권을 다루는 사단법인의 법인등록을 불허한 법무부, 대전광역시 성평등기본조례의 성소수자 보호 및 지원 조항의 삭제를 요청한 여성가족부의 사례와 같이 법 집행 과정에서 성소수자에 대한 편견과 이들을 법적 보호로부터 배제하는 태도를 계속해서 접한다. 현행 법령에서도 '병역판정 신체검사 등 검사규칙'은 과거 성별 정체성과 성적 지향을 병리화하는 '성주체성장애 및 성선호장애' 항목을 두고 있으며, 보건복지부 고시로 규정되어 있는 '헌혈기록카드'는 헌혈을 하지 못하는 조건으로 1년 이내에 '불특정 이성과의 성접촉 또는 남성의 경우 다른 남성과의 성접촉'이 있는 경우를 제시하여 이성 간 성접촉과 남성 간 성접촉을 다르게 취급함으로써 남성 간 성접촉을 보건상 더 위험한 행위로 이해하고 있다. 이러한 현실에서 국회는 앞서 언급한 대로 몇년째 차별금지법을 제정하지 못하고 오히려 발의 법안을 철회하는 등 성소수자 인권보호의 헌법적 요청을 실현할 의지가 미약하다고 평가할 수 있다.

성소수자의 기본권 제한은 정당한가

모든 사람은 동등하게 기본권을 누려야 한다

지금까지 성소수자 인권의 주요한 법적 쟁점을 소개했는데, 이를 특정 소수자에게 한정된 인권침해로 이해하는 것은 불충분하다. 소수자와 다수자('일반인')를 구분하여 법적 권리를 논하면 '일반인'과 다른 소수자 특유의 권리를 인정해야 하는가, '특수한' 분야의 인권을 인정할 것인가 라는 질문이 가지는 오류에 빠질 수 있기 때문이다. 즉 일반적 인권의 보편성을 인정하면서도 일반성이 결여된 대상에 대해서는 예외적인 인정이 필요하다는 방식으로 접근하게 된다는 것이다. 따라서 성소수자의 인권을 포함하여 소수자 인권을 접근할 때는 인간이라면 모두 동등하게 누려야 할 기본권 중 일부가 침해되거나 보장되지 않는 경우가 있는지를 살펴볼 필요가 있다. 이를 위해서 먼저 성소수자를 하나의 집단으로 뭉뚱그려서 이해하는 것이 아니라 모든 인간이 가지고 있는 성과 관련된 성질들을 떠올려보아야 한다. 사람은 누구나 성적 기관을 포함한 신체와 자신의 성별에 대한 인식을 가지고 살아가며, 누군가에게 성적 이끌림을 느끼며 함께하고 싶어한다. 즉 모든 사람은 자신의 성적 특징, 성별정체성, 성적 지향을 가지고 있는데, 상대적으로 다수의 사람은 성적 특징이 여성과 남성 둘 중 하나로 일치하며, 그 일치하는 쪽의 성별정체성을 갖는다. 또한 많은 사람들은 자신의 성별정체성을 기준으로 이성에 국한하여 성적 지향을 가진다. 일반적으로 성소수자를 칭할 때는 이 경우에 해당하지 않는 요소가 있을 때다. 신체상 성적 특징이 전형적인 남성 또는 여성과 일치하지 않는 경우, 성별정체성이 출생 시 외부성기 등을 기준으로 지정된 성별과 다른 경우, 성적 이끌림을 이성이 아닌 사람에게 느끼는 경우가 그러하다.

인간의 다양한 성질 중 비교적 소수에 해당하는 성질을 가지고 있다는 이유만으로 어떤 기본권을 누리지 못한다면 이는 그 개인이 동등한 인간으로 권리를 향유하지 못하고 있다는 의미다. 예를 들어 특정 성적 지향의 사람은 성행위나 혼인의 상대방을 결정할 수 있는 자기결정권을 행사하지 못하고, 신분증상 성별과 다른 외모로 살아가는 사람은 투표권을 행사하거나 병원에서 의료행위를 받을 권리를 행사하지 못한다. 또한 자신의 정체성이 드러나는 것이 곧 편견과 폭력에 노출되는 환경에서는 자신의 의지에 반하여 제3자가 정체성을 밝히겠다(아우팅)는 협박을 받는 경우나 성폭력, 가정폭력, 성매매 사건 등 정체성을 드러내야 하는 상황에서 경찰이나 상담기관의 도움을 받기 힘들다. 이처럼 성소수자가 법적으로 배제되지는 않지만 현실적으로 법제도를 이용하지 못하는 경우가 있다.

성소수자는 형식상·사실상의 권리 행사가 어려워지는 상황을 빈번하게 경험한다. 그리고 이런 어려움이 하나의 영역에 한정된다기보다는 다양한 영역에서 여러 유형의 기본권이 동시다발적으로 침해되는 환경에 노출되고 있다. 이 모든 개별 기본권의 제한이나 행사 과정의 어려움이 과연 헌법상 정당화될 수 있는 것인가를 각각 판단해야 한다.

법은 젠더규범의 변화를 수용해야 한다

전술한 바와 같이 성소수자 인권과 관련된 법적 쟁점을 이해하기 위해 어떠한 성적 지향, 성별정체성, 성특징, 성별표현을 가진 사람이 그렇지 않은 사람에 비해 기본권을 보장받지 못하는 경우에 기본권이 헌법에 근거해 정당하게 제한되었는가를 판단해보는 것과 함께 그 제한의 목적을 보다 깊게 생각해볼 필요가 있다. 만약 기존 젠더규범의 유지, 즉 이성애주의 성별이분법의 유지가 헌법이 추구하는 공익이라고 이해한다면 이런 규범을 거부하는 성소수자의 기본권을 제한하는 것이 헌법상 정당화되기 때문이다.

따라서 국제법규범이 천명하는 인권[29]과 헌법이 추구하는 기본권 실현이 과연 현재의 젠더규범에 부합하는가를 질문해야 한다. 인권의 가치가 법이 추구하는 최고의 가치로 자리매김한 근대 시민혁명 이후에도 여성의 참정권은 인정되지 않았으며, 남녀 간 고용상 불평등, 성폭력에 대한 남성중심적 해석과 가부장주의 가족제도 등 불평등은 지속되어왔다. 하지만 시간이 흐르면서 젠더불평등에 대한 문제의식이 심화되고 기존의 젠더규범을 반영한 법 역시 변하게 되었다. 헌법에 양성의 평등을 규정하여 성별에 따른 차별을 금지하며, 남성의 위계와 권력을 인정하는 가부장주의는 헌법이 수용하지 않는 가치임이 확인되었다.[30] 여기서 가부장주의는 단순히 '여성'과 '남성'의 위계를 지칭하는 것이 아니라 '여성'이 누구인가/누구여야 하는가, '남성'이 누구인가/누구여야 하는가를 규정한다. '여성'은 여성이 전형적으로 가지는 성기관과 여성의 성별정체성을 가지며, 남성에 의해 임신이 가능한 신체를 가지고, 남성과 애정에 기반한 공동체를 구성하고자 하며, 사회에서 요구하는 여성스러움의 성별표현을 하는 존재로 규정되거나 사회적으로 강요됨으로써 탄생한 '여성'이다. 이처럼 가부장주의의 규범은 이성애주의 성별이분법을 핵심으로 작동하고 있다.

이성애주의 성별이분법을 강화하는 젠더규범에서 탈피하여 젠더 다양성을 확보하고 구체화해가는 작업은 헌법이 추구하는 인간 존엄성 실현의 한 방법이며, 이는 법제도의 변화를 통해 달성된다. 이러한 점에서 성소수자 인권과 관련된 기본권을 다루는 과정은 한편으로는 현행법이 담고 있는 젠더규범의 틀을 변화시키는 연장선에 있다고 이해할 수 있다.

법의 역할과 한계

법은 과거의 사회규범과 시민의식을 반영하는 동시에 인권의 가치를 달성하기 위해 이들을 변화시키는 동력이기도 하다. 다시 말해, 법은 기존의 성소수자에 대한 편견과 차별을 반영할 수도 있고, 이를 바꾸는 역할을 할 수도 있다. 그리고 국제사회와 해외 각국의 법은 최근 반세기 동안 지속적으로 성소수자의 기본권을 침해하는 법을 개선해가는 흐름 안에 있다.

성적 지향과 관련된 법의 변천사는 크게 세가지 차원으로 나누어 볼 수 있다. 첫째는 비범죄화, 차별적인 법을 제거하는 방식의 법 앞에서의 형식적 평등이다. 둘째는 동성 파트너십의 인정, 셋째는 괴롭힘과 범죄를 포함한 모든 종류의 차별로부터의 보호다.[31] 성별표현과 성별정체성에 대한 법도 성소수자 인권을 존중하는 방향으로 개선되고 있다. 사회가 요구하는 규범과 어긋나는 성별표현이나 의료적 조치를 통하여 신체의 변화를 시도하는 것을 비도덕적·범죄적 행위로 간주하는 단계에서 이를 정신장애로서 치료의 대상으로 보는 단계로 발전했고, 현재에 이르러서는 성별의 다양성의 표현으로 이해해가고 있다. 이러한 변화는 곧 다양한 입법운동과 사법부의 법해석의 변화 및 법령의 개정·제정·폐지와 함께 이루어져온 것이다. 이처럼 법은 성소수자 인권 향상에 중요하고 결정적인 역할을 할 수 있다. 한국에서도 성소수자 인권에 대한 국가의 인지와 법제도의 변화는 있어왔으나, 여전히 법조계·법학계 전반에서 큰 관심을 받지 못하고 있는 가운데 성소수자의 존재나 기본권 자체를 부정하는 일부 세력의 영향 등으로 발전적인 논의가 지지부진한 것 또한 사실이다.

법의 변화를 통한 성소수자 인권의 확보는 매우 효과적으로 보이지만, 이를 뒷받침하는 사회현실과 시민의식의 변화가 없다면 법과 현실의 괴리 속에서 인권문제의 해결로 이어지기는 힘들다. 따라서 성소수자의 법적 권리의 실현을 위해서는 국가의 의지만큼 시민의 의지도 중요하다. 사회가 비규범적이라고 재단하는 이들에 대해 법을 통해 인권을 확인하는 작업만큼이나 사회의식의 변화도 필수적이라고 할 수 있다. 이러한 점에서 성소수자의 법적 권리는 사회적 편견 제거와 함께 진전될 수 있다.

마지막으로, 성소수자에 대한 법적 권리 보장을 통한 법제도에의 편입을 논하는 과정에서 다른 집단에 대한 배제가 발생하지 않는지를 반드시 살펴야 한다. 기존 법의 성질상 제도 밖의 주체의 편입에는 필연적으로 다른 주체의 배제가 뒤따른다. 기존의 법적 질서가 가지고 있는 주류 규범의식에서 허용하는 한도 내에서 일부 성소수자의 법적 권리만 인정되는 현상이 그것이다. 따라서 주류적 규범으로서의 이성애주의와 성별이분법 자체에 대한 끊임없는 문제 제기와 변화를 주장하지 않는 이상 성소수자의 법적 권리의 보장은 미완에 그치게 된다. 성소수자의 인권 보장을 위해서는 법적 권리 투쟁만으로 충분하지 않은 이유가 여기에 있다.

성소수자와
형사절차

홍기옥

이성애 중심 사회에서 형사절차는 성소수자의 특수성을 제대로 반영하지 못하며 수사 및 공판 담당자들이 성소수자의 속성을 제대로 이해하지 못해 많은 문제점이 발생하고 있다. 각종 범죄와 자의적 국가권력의 남용으로부터 국민을 보호하기 위한 형사절차 과정에서 성소수자는 오히려 인권이 침해당하는 것이다. 성소수자가 개입된 형사사건이 일반 형사사건과 동일하게 처리됨으로써 그 과정에서 부당한 대우를 받는 것이 단적인 예다. 이 글에서는 이처럼 형사절차상의 제도적 미비와 담당자들의 인식 미흡 탓으로 성소수자의 인권이 제대로 보장받지 못하는 한국 형사절차의 문제점을 살펴보고 개선방안을 제시하고자 한다.

아우팅

우리 사회에서 성소수자에 대한 사회적 편견은 마치 전통인 것처럼 느껴질 정도로 그 뿌리가 깊다. 편견이 고착화된 이런 사회에서 아우팅은 가족, 학교, 직장, 주변에서 철저한 배척과 소외를 당하게 하며, 가정을 비롯한 모든 관계와 존재 기반 자체를 잃게 만들 수 있다.

> 성소수자들은 종종 아우팅을 사형선고라고 표현한다. 이성애 중심인 사회에서 아우팅을 당한 성소수자는 이제까지 자신이 쌓아온 인생이 모두 물거품이 되는 듯한 느낌에 절망하게 되며, 나아가 자신의 생명 그 자체에 대한 위협에까지 시달리게 된다. 아우팅을 하는 행위는 상대방의 기본적 인권을 뿌리부터 침해한 행위로 여겨져야 한다. 특히 고의적 아우팅은 성소수자들이 처한 현실을 악용할 목적을 갖고 자행된 범죄라는 측면에서 죄질이 한층 더 나쁘다고 할 수 있다. 아우팅은 사적인 공간을 시작으로 사회의 모든 영역으로부터 철저한 배척과 소외 등 가정생활과 사회생활에서 피해를 받을 가능성이 매우 높다. 자본주의 경제체제인 우리나라에서는 직장을 잃으면 삶의 기반이 없어지므로 생존권 자체가 위협받을 수 있다.[1]

따라서 수사 및 공판담당자는 업무상 대면한 사람이 성소수자라는 것을 함부로 발설해서는 안 된다. 본인은 무심코 연못에 돌을 던지지만 그 연못에 사는 개구리는 그 돌에 맞아 죽을 수도 있음을 명심해야 한다. 범죄와 형사절차 과정에서 아우팅은 특히 치명적인 결과를 가져올 수 있다. 성소수자가 피해를 당한 범죄에서는 가해자가 아우팅을 빌미로 협박하는 문제가 발생할 수 있고, 성소수자가 고소를 하고 싶어도 형사절차 과정에서 또다시 아우팅 당할 것을 우려해 적법 절차를 밟는 것을 꺼리기 때문이다. 따라서 형사절차 과정에서 성소수자의 성정체성이 외부에 알려지지 않도록 수사 및 공판 담당자들은 세심한 주의를 기울여야 한다.

혐오표현

많은 성소수자들이 형사절차 과정에서 수사 및 공판 담당자가 내뱉는 비하와 혐오표현을 경험하고 있다. 많은 형사사건에서 담당자들은 '성소수자는 자연의 섭리에 어긋난다' '생식을 못한다' '동성애는 질병이다' '동성애는 선천적인 것이 아니다' '에이즈를 유발한다' '더럽고 구역질 난다' '나와는 다르다' 등의 편견과 차별적인 인식을 바탕으로 성소수자를 비하하거나 혐오한다. 이는 단지 성소수자라는 이유로 타인의 존재 자체를 부정하는 것으로, 보편적인 인간의 권리를 부정하는 것이다. 수사 및 공판 담당자에게 주기적인 교육을 실시해 혐오표현에 대한 경각심을 높이고, 혐오표현에 대한 규제를 만들어 이를 어길 시 적절한 조치가 뒤따라야 한다.

사건 외 질문행위

형사사건에서는 기본적으로 관련자에게 사건과 관련된 내용만 묻고 진술을 받는 것이 원칙이다. 하지만 성소수자에게는 이런 원칙이 제대로 지켜지지 않고 있다. 가령 어떤 사건에서 성소수자가 관련자가 되어 수사기관에 참석하여 진술할 때 외모와 신분증상의 성별이 다름을 가지고 호기심 때문에 사생활을 보호할 의무를 저버리고 사건 외 질문을 하는 경우가 있다. 수사 및 공판 담당자들은 성소수자 관련 사건을 처리하는 경우에도 사적인 정보에 불필요하게 접근하지 않아야 한다.

성소수자 관련 법령 부재

현재 주요 형사절차를 정한 형사소송법 등에 성소수자 관련 규정을 두고 있지 않다는 문제점도 있다. 국가인권위원회법[2], 형의 집행 및 수용자의 처우에 관한 법률[3], 군에서의 형의 집행 및 군수용자의 처우에 관한 법률[4]에서 일반 원칙만 규정하고 있는 실정이다. 사회가 다원화됨에 따라 여성, 장애인, 노인, 이주민, 노숙인, AIDS/HIV 감염인 등 여러 사회적 약자에 관한 법령은 (인권에 대한 기본적인 사항이나마) 존재하지만, 성소수자 관련 법령은 아예 제정되지 않고 있다. 우리나라의 국가기관 중 유일하게 경찰청에서 성소수자 관련 규정을 두어 운용하고 있었는데, 2005년 10월 제정된 훈령 제461호에는 "인권보호를 위한 경찰관직무규칙[5]" 중 '성적 소수자의 정의' '성적 소수자에 대한 배려' 등 성소수자 관련 규정이 있었다. 그러나 2018년 5월 이 훈령의 전부개정으로 제명을 "경찰인권보호규칙"으로 변경하면서 성소수자 관련 규정은 전부 삭제되었다. 다양한 정체성을 가진 시민들과 가장 근접한 거리에서 복무하는 경찰청에서 성소수자 관련 규정을 삭제한 것은 애석한 일이다.

성소수자에 대한 형사절차상 개선방안

형사절차상 성소수자가 경험하는 차별에 대한 어떠한 공식 집계도 없으며, 대안을 마련하기 위한 노력도 없는 것이 한국사회의 안타까운 현주소이다. 그나마 당사자들이 직접 성소수자 인권단체에 접수하는 사례들과 이들의 커뮤니티에서 나눠지는 경험담을 통해 구체적인 차별 사례들을 접할 수 있을 뿐이다. 하지만 성소수자의 존재는 점점 더 가시화되고 있으며 그에 따라 그들이 겪는 차별과 폭력의 경험 역시 수면 위로 떠오르고 있다. 이제는 인권 증진의 흐름을 좇아 성소수자와 관련한 모든 사건의 수사 및 공판 과정에서 성소수자의 성정체성을 최대한 보호해야 한다. 또한 성소수자 관련 범죄사건을 형사사법정보시스템KICS에 입력하게 함으로써 사건 유형, 발생 횟수나 추세 등을 집계하여 성소수자 관련 범죄의 통계 및 범죄 예방정책의 기초로 삼아야 한다. 지금까지는 성소수자가 당했던 차별을 의도적으로 외면했다면 이제는 한층 적극적인 자세로 이러한 문제들에 접근하기 위한 노력이 필요하다.

체포 및 수사 과정에서의 보호

형사절차는 수사에서 출발한다. 수사는 공소제기 후에도 허용되나 공소제기 전에 하는 것이 일반적이다. 이의 실효적 방법으로 체포와 구속이 있는데, 일반적으로 이 과정에서 성소수자가 수사기관에 의해 기본권을 침해받는 경우가 많다. 앞서 언급한 대로 수사 담당자의 편견에 기초한 수사가 진행되고 사건 관계자에 대해 모욕적인 언사와 사건 외 질문 행위, 아우팅 등의 인권침해도 벌어진다. 이는 성소수자들이 문제가 생겨도 공적인 해결을 기피하는 현상으로 이어지고 있다. 신고나 고소 이후 당면하게 될 상황에서 자신의 성정체성이 드러날 것에 대한 공포가 크기 때문이다. 또한 언론 매체에서도 성소수자 관련 사건을 보도할 때 피해자 및 피의자의 인권을 고려하지 않고 지나치게 선정적으로 다루는 것도 성소수자들이 피해를 당해도 형사사법제도를 통해 정식으로 피해구제 받기를 꺼려하는 원인이 된다.

피의자 및 피고인으로서의 보호

우리 사회에서 범죄자는 공동체의 질서를 파괴한 자이며 공권력은 그를 신속히 격리하여 재범 위험성 등으로부터 피해자와 기타 선량한 시민을 보호하고 혼란을 막는 것이 우선이라고 본다. 범죄자의 인권보호는 그 다음의 문제로 여긴다. 그래서 범죄로 인하여 체포·구속된 성소수자는 외부와 고립됨으로써 심리적으로 불안한 상태에 빠져 자신의 정당한 방어권을 충분히 행사하지 못하게 된다. 그런 까닭에 현행 형사소송법 및 각종 규정에서는 수사과정에서의 인권침해를 방지하기 위하여 각종 규정을 마련해두고 있다. 하지만 세부적으로 들여다보면 소년, 성폭력, 가정폭력, 외국인 범죄 등에서는 특칙이 있지만, 성소수자 관련 조항은 거의 없고 규정이 있더라도 원칙적인 수준이어서 이들의 실체에 대하여 애써 외면하고 있다는 평가를 피하기 어렵다.

성소수자 범죄 전담부서 설치 및 운용

성소수자 범죄에 대한 전담부서 설치 및 운용이 필요하다. 이성애자 파트너 가족에서처럼 성소수자 파트너 가족에서도 가정폭력은 벌어진다. 성소수자 파트너 간 폭력도 이성애자 파트너 간의 폭력처럼 특수성이 존재한다. 하지만 동성 간 결혼권, 파트너 관계상 법적 의무 및 권리가 전혀 보장되어 있지 않다. 게다가 함께 살고 있으면서도 주변에 서로의 관계를 밝힐 수 없는 경우가 상당수이기 때문에 피해자가 겪는 고립의 정도는 더욱 심각하다. 이성애자 파트너의 가정폭력은 경찰청 내 '여성청소년과'라는 전담부서에서 법적·제도적 지원을 받고 있으나 성소수자 파트너의 가정폭력은 전담부서가 없다. 이성애자 파트너 간의 범죄발생 시 여성과 청소년은 조사단계에서부터 신뢰관계에 있는 자를 동석시키고 피해자 보호시설에 입소한 경우 비밀을 유지하여 주는 등 가정폭력의 특수성을 상당히 고려하고 있다. 이러한 법적·제도적 지원을 성소수자에게도 적용하여 전담부서를 설치 및 운용해야 한다.

12장
퀴어문화축제
가시성과 자긍심의 축제

조수미

    한국의 퀴어문화축제는 2000년 서울에서 시작되었다. 처음에 대학로에서 50여 명이 참가했던 서울퀴어문화축제[1]는 여러 난관에 부딪치면서도 해마다 성장하여 2015년부터는 한국의 대표적 집회·행사 장소인 서울광장에서 개최되고 있다. 또한 2019년 20회 축제에는 광장 행사에 연인원 7만 명, 광화문 앞의 세종대로를 통과한 퍼레이드에는 8만 명(서울퀴어문화축제 추산)이 참가할 정도로 발전했다. 지방에서는 2019년 제11회 대구퀴어문화축제가 '퀴어 해방, The Pride'이라는 슬로건으로 퀴어문화축제의 시발점이라 할 수 있는 스톤월 항쟁 50주년을 기념했다. 한편 2017년에는 부산과 제주, 2018년에는 전주, 인천, 광주에서 처음으로 개최되었으며, 2019년 가을에는 창원에서 경남퀴어문화축제가 열릴 예정이다. 가히 퀴어문화축제의 르네상스라는 표현이 어울릴 만한 시점이다. 개최 횟

---

* 이 글은 조수미 「퀴어문화축제 공간의 상징과 의례」, 『한국문화인류학』 52(3), 2019의 일부를 수정·보완한 글이다.

대형 무지개 깃발을 들고 광화문 앞을 통과하고 있는
제20회 서울퀴어문화축제 퍼레이드 행렬(2019.6.1)

수와 규모가 성장함에 따라 이제 퀴어문화축제는 성소수자를 대표하는
행사로 사람들의 인식에 자리하고 있다고 볼 수 있다.

　해외에서 흔히 성소수자 행사에 붙이는 '프라이드'(자긍심)라는 명칭이
시사하듯, 성소수자들의 축제는 '자긍심'을 핵심 메시지로 하는 반차별
인권운동임과 동시에 가두집회나 법적인 변화를 촉구하는 다른 사회운
동과는 달리 '축제'라는 형식을 띤다. 성소수자는 왜 '축제'라는 형식을
택했을까? 축제를 통해 표현하고 전달하려는 메시지는 무엇일까? 사적
인 영역으로 간주될 수도 있는 성적 지향이나 성별정체성의 차이를 왜 굳
이 공적인 공간에서 드러내고자 할까? 축제 형식의 성소수자 운동의 기
원은 무엇이며, 한국에서는 어떻게 발전해왔을까? 이 장에서는 이러한
질문들에 답해보고자 한다.

성소수자의 낙인과 (비)가시성

성소수자는 왜 축제라는 형식을 빌려 떠들썩하게 자신을 드러내는 것일까? 대답에 앞서 평소 성소수자를 보이지 않게 하고 고립되게 하는 조건을 생각해볼 수 있다. 어느 사회나 구성원들 사이에는 성별·연령·종교·재산·신체·기질·능력·취향·소속 등 무수한 차이가 존재한다. 그중에서 어떠한 '다름'은 종종 병리적인 것으로 간주되거나 죄악시되어 정상·보통·자연스러움의 범주에서 제외되고, 결함을 가진 존재로서 낙인 stigma이 찍히기도 한다.[2] 다수가 실천하는 성별이분법과 규범적 이성애에서 벗어나는 성적 지향이나 성별정체성 등도 그런 '다름'의 한 예라 할 수 있다.

성소수자는 종종 비규범적인 성의 실천을 철저히 사적인 영역으로 제한하고, 주류사회의 행동양식과 규범에 따라 행동함으로써 일상적인 차별을 어느정도 피할 수 있다. 소수자가 불이익을 피하기 위해서 평상시에 자신의 낙인을 감추고 보이지 않게 숨는 것은 성소수자뿐 아니라 다양한 조건의 소수자에게서 볼 수 있는 현상이다. 낙인이 되는 정체성을 숨기고 '정상인'으로 통하는 것을 영어로 '패싱'passing이라고 부르거나, '벽장 속에 숨는'closeted 행위로 표현하기도 한다.[3] 그러나 개인의 정체성 중에서 핵심적인 부분을 벽장 속에 가두는 성소수자는 자신의 진정한 모습을 드러내지 못해 고립감을 느끼거나, 제한되고 경직된 인간관계, 일상적으로 맞닥뜨리는 공공연한 혐오와 편견에 의한 모멸감, 노출에 대한 공포와 자기혐오 등의 정신적 부담을 오롯이 지게 될 수 있다. 또한 소수자 개개인이 침묵하는 것은 주류사회의 구성원에게 그런 소수자들이 존재하지 않거나 극소수에 불과하다는 착시현상을 불러일으킨다. 따라서 보이지 않게 숨는 것은 개인적으로 경험하는 차별을 피할 수 있지만, 사회 전체적으로는 소수자들 각각의 고립과 소수자에 대한 차별과 편견을 온존시키는 결과를 가지고 온다.

성소수자가 처한 이러한 조건 때문에, 프라이드 퍼레이드에 대한 연구들은 퍼레이드가 가지는 '집단적인 커밍아웃'으로서의 효과에 주목한다.[4] 성소수자 퍼레이드나 축제의 가장 대표적인 특징은 '차이를 드러내기'(가시화)와 '자긍심'이다. 성소수자 축제는 차이를 공적인 장소에서 내보여 자신들의 존재를 드러내는 가시성의 실천이며, 참여자가 개별적 혹은 집단적으로 자신의 자긍심을 수행·연행하는 과정인 것이다.[5]

스톤월 사건: 동화에서 해방으로

사회가 낙인으로 간주하는 차이를 오히려 자긍심의 원천으로 드러내는 프라이드 행사의 시발점은 1969년 미국의 스톤월 항쟁으로 볼 수 있다. 1960년대 미국의 동성애 옹호단체들은 동성애자에 대한 법적·사회적인 인정을 위해서 '다름'을 감추고 '같음'을 강조하며 이들의 삶의 방식을 주류사회의 가치관과 행동규범에 맞추려는 동화주의assimilationism적 태도를 취했다. 또한 자신들의 요구나 주장을 내세우지 말고 주류사회가 받아들이기를 조용히 기다려야 한다는 정적주의quietism의 태도를 취했다.[6] 이들은 '동성애자의 권리를 상기시키는 모임'The Annual Reminder이라는 집회에서 남성은 정장과 넥타이를, 여성은 드레스를 입고 조용히 피켓 시위를 했다. '남성성'과 '여성성'에 부합하는 말쑥한 차림을 하고, 자신들이 동성을 선호하는 것 외에는 이성애자와 다를 것이 없으며, 기존의

질서에 방해가 될 일이 없는 모범 시민이라는 메시지를 강조하고자 한 운동이었다.[7]

그러나 성소수자들이 아무리 '같음'을 강조해도, 궁극적으로는 자신을 잠재적인 범죄자나 병리적 현상으로 취급하는 주류사회에 변명하고 선처를 구하는 방식, 즉 기존 질서의 권위에 복종하고 침묵함으로써 주류사회의 관용을 구하는 방식에 대한 불만이 쌓여가고 있었다. 또한 이런 태도는 성소수자 안에서도 인종적 소수자, 빈곤층, 트랜스젠더 등 사회에서 '존중할 만한 이미지'에 부합하지 않는 이들의 차별을 막는 데는 도움이 되지 않았다.

이런 상황에서 당시 경찰은 동성애자나 트랜스젠더, 크로스드레서 등 성소수자를 대상으로 영업하는 술집을 급습하고 단속하는 일이 다반사였다. 딱히 법적 근거나 범죄 혐의가 없음에도 비규범적인 성적 지향과 성별정체성 자체를 도덕적인 해이와 죄악으로 간주했기 때문에, 거리낌 없이 성소수자를 모욕하고 인권을 침해하는 방식으로 단속을 행한 것이다. 이렇게 쌓여온 불만이 1969년 6월 28일 뉴욕시 그리니치 빌리지의 술집 스톤월 인Stonewall Inn에서 터져나왔다. 경찰이 급습하자 손님과 구경꾼의 저항이 폭동으로 번지면서 항쟁은 사흘간 이어졌다. 누군가의 조직이나 선동 때문이 아니라 자발적으로 터져나온 이 사건은 성소수자들이 자신의 다름을 수치스러운 것으로 감추고 변명하는 것을 그만두겠다는 선언이었다.

성소수자 커뮤니티는 스톤월 폭동이 우발적인 사건이 아니라 '당당하게 게이'unapologetically gay임을 선언한 사건임을 기념하기 위하여 스톤월 사건의 1년 후인 1970년 6월 28일 뉴욕과 LA에서 최초의 프라이드 퍼레이드를 개최했다. 자신의 존재와 다름을 더이상 변명하거나 사과하지 않고, 사회가 성소수자를 있는 그대로의 모습으로 수용하도록 요구하는 해방주의적 전환을 상징적으로 드러낸 사건이다. 이를 계기로 미국의 각지에서 프라이드 퍼레이드가 출현하게 되었다. 스톤월 항쟁의 50주년을 기념하는 2019년, 뉴욕시 경찰국장은 1969년 스톤월에서의 경찰의 행위가 '의심할 여지없이 잘못되었음'을 인정하고 공식적으로 사과했다.[8]

집단적인 커밍아웃으로서의 프라이드 퍼레이드

프라이드 행사나 퀴어문화축제는 주로 국가를 상대하던 기존의 사회운동과 달리 주류사회의 문화를 변화시키는 것을 주목적으로 하는 새로운 형태의 사회운동이다.[9] "우리는 여기에 있다. 우리는 퀴어다. 받아들여라"We're here, we are queer, get used to it, "게이는(퀴어는) 곁에 있다"ゲイはそばにいる, "우리는 여기 있다" "퀴어라운드"Queeround(당신의 주변에는 항상 퀴어가 있다. 이제 퀴어들의 라운드가 시작된다), "퀴어풀"Queerful 등 각국의 퀴어 이벤트에서 볼 수 있는 슬로건들은, 사회가 인정하려 하지 않는 성소수자의 존재를 드러내고 받아들일 것을 요구하고 있다.

퀴어문화축제에서는 주류사회의 인식에 도전하고 성소수자의 존재를 드러내는 다양한 성소수자 상징들을 볼 수 있다. 가장 오래된 상징인 분홍색 삼각형은 나치 시대 동성애자 박해의 역사와 관련이 있다. 당시 홀로코스트로 유대인뿐 아니라 슬라브족, 로마인(집시), 동성애자, 장애인들이 함께 강제 수용되었다가 학살당했다. 분홍색 삼각형 배지는 피억류자들 중에서 남성 동성애자를 분류하던 표식이었는데, 낙인과 차별의 상징을 차별과 싸우는 동성애자의 상징으로 전유appropriation한 것이다. 규범적 이성애와 성별이분법에서 벗어나는 존재를 총칭하는 퀴어queer라는 명칭 역시 이러한 전유의 예다. 퀴어는 원래 '이상한' '특이한'이라는 의미로서 성소수자를 경멸적으로 가리키던 표현이었다. 그러나 1980년대부터 성소수자 커뮤니티에서 특정한 성적 지향과 성별구분을 정상으로 간주하는 사회에 대한 도전이자 성소수자의 '다름'을 적극적으로 끌어안는 자긍심의 표현으로써 스스로를 '퀴어'로 지칭하기 시작했다.

널리 알려진 무지개 깃발은 여러가지 색깔의 띠를 통해 이분법적인 구속에 얽매이지 않는 다양성을 상기시킨다. 알록달록 선명한 색깔은 자신들의 차이를 부끄럽고 감출 것이 아니라, 축하할 만한 것으로 밝은 세상에 드러낸다는 메시지를 전달하기도 한다.

또한 성소수자 운동이 발전하면서 성소수자 내부의 다양한 차이를 구체적으로 드러내는 상징들도 속속 등장했다. 하늘색·분홍색·흰색의 트랜스젠더, 노란색 바탕에 보라색 고리가 그려진 간성, 흑색·회색·흰색·보라색 띠의 무성애, 진분홍·노랑·하늘색의 범성애, 그외에도 다양한 색깔과 디자인의 깃발은 성소수자를 아우르는 6색의 무지개 아래 더 많은 다양성이 존재하며, 사람의 정체성과 지향이 뚜렷한 경계로 나누어지지 않고 무지개의 스펙트럼 같은 양상을 보인다는 점을 시각적으로 형상화한다.

무엇보다 프라이드 행사에 참여하는 사람의 존재 자체가 가시성의 핵심이라 볼 수 있다. '사회에서 투명인간 취급받는 자에게 색을 입혀주는 공간'[10]인 축제에 모여들고 퍼레이드를 통해 형형색색으로 자신을 드러내는 참가자를 통해 주류사회는 평소 미처 깨닫지 못했던 성소수자의 존재를 깨닫게 된다. 성소수자와의 일상적인 접촉이 잦아지면 처음에 막연히 성소수자에게 부정적인 인식을 가지고 있던 이들의 거부감이 차츰 사라지고, 나와 다르지만 '같은 동네 사람'으로 받아들이게 된다는 연구에서 보듯[11] 이러한 깨달음은 애초의 낯섦을 익숙함으로 전환하는 계기가 되기도 한다.

성소수자 축제에서의 가시성은, 성소수자에게 침묵과 은둔을 요구하는 사회에 도전하는 한편, 제대로 드러나지 않았기 때문에 무지와 편견의 대상이 되는 실체를 대중에게 보여줌으로써 성소수자에 대한 부정적인 이미지를 바꾸고 부당한 차별을 불식하도록 주류사회의 지지를 촉구하는 교육적인 측면이 공존하는 양상을 띤다.[12]

성소수자 축제를 통해 자신을 드러내는 것은 주류사회를 향한 것만이 아니라 자기 자신을 향한 것이기도 하다. 인종, 종교, 성별 등과 달리, 성소수자는 가족이나 친밀한 공동체 안에서도 '혼자 다른' 존재일 수 있다. 일상에서 자신의 소수자성이 집단적으로 경험되지 않는 성소수자의 경우 비가시성은 큰 고립감을 가져오며, 실제로 많은 성소수자들은 '세상에 나와 같은 사람은 나 하나밖에 없는 줄 알았다'라고 고백하기도 한다. 이들은 축제와 퍼레이드를 통해 서로의 존재를 확인함으로써 고립감에서 벗어나고 소속감과 자긍심을 느낄 수 있다.

거리나 광장 등 공적인 공간에 성소수자라는 존재로서 집단적으로 등장하는 것은 공공장소에 각인된 이성애 정상가족 규범의 획일성에 저항하여 이질적이고 다양한 성적 주체를 드러내고,[13] 성적 시민권을[14] 주장하는 행위이기도 하다. 적지 않은 성소수자가 노출과 그로 인한 차별에 대한 공포를 무릅쓰고 공공장소에서 자신을 드러내는 것은 상당한 용기와 자기탐색을 요구하는 의식적인 행위의 결과다. 그렇기 때문에 스스로를 드러낸다는 것은 곧 자신을 변화시키는 경험이다. 또한 퍼레이드는 단순한 이동행위를 넘어 음지에서 나와 즐겁고 당당한 성소수자가 되어가

는 자신을 확인하는 경험이며, 그것을 만천하에 보여주는 일종의 공연작품 같은 행위다.[15]

성소수자 내부에서 각자가 경험하는 소수자성과 조건은 성적 지향, 성별정체성과 성별표현 등에 따라 게이, 레즈비언, 바이섹슈얼, 에이섹슈얼, 범성애, 트랜스젠더, 젠더퀴어 등으로 나누어진다. 이들의 일상적인 하위문화가 같은 조건을 공유하는 사람들 위주로 이루어지는 경향이 있다면, 축제는 이러한 각기 다른 성소수자들을 하나로 묶어내어 서로에 대한 이해와 연대의식을 높이는 공간이다. 또한 앨라이(성소수자를 지지하는 비성소수자)도 축제나 퍼레이드에 함께 참여함으로써 성소수자에 대한 연대를 공개적으로 표현한다. 퀴어문화축제 기간에 다양한 정치단체, 인권운동단체, 대사관, 기업체가 연대를 표명하는 부스를 운영하기도 한다. 특히 성소수자 친화적인 교회에서 행하는 성소수자 축복식, 성소수자 부모모임의 프리허그 같은 행사들은 이제 퀴어문화축제의 빼놓을 수 없는 부분이 되었는데, 평소 보수적인 교회의 성소수자 혐오나 가족의 외면 속에서 고립감을 느껴오던 적지 않은 성소수자들이 직접적인 지지의 표현을 경험하고 눈물을 흘리기도 한다. 이들은 성소수자를 침묵시키는 이성애자 중심의 사회에 함께 도전하고, 공동체에 대한 소속감과 자긍심을 느끼며, 차별없는 이상적인 사회공동체를 추구하는 집단의 일원이 된다.[16]

축제의 유희성과 전복성: 정치적인 파티

앞서 살펴본 대로 프라이드 퍼레이드, 퀴어문화축제는 성소수자에 대한 억압과 차별에 저항하고 사회적인 수용을 요구하는 정치적인 저항인 동시에 축제라는 형식을 띠고 있다. 시대와 지역, 주제의 차이는 있지만, 인간의 역사에서 항상 존재해왔던 축제는 흥겨운 유희의 틀 안에 다양한 정서와 목표, 목소리를 담아내는 뿌리 깊은 문화 형식이다. 축제는 정기적으로 공적인 장소에서 이루어지면서, 공동체의 구성원의 참여와 연행을 적극적으로 유도하고, 공동체의 존재 의미를 집단적으로 모색하고 실험하는 장이다. 유럽이나 중남미에서 역사가 깊은 카니발carnival(사육제)은 기독교 절기에서 유래한 제전으로, 평소에 금기시되던 행동들이 유희의 형태로 터져나오며 상징적인 혼돈과 전복이 벌어지는 축제다. 이렇게 축제는 '인간의 본성을 억누르는 것을 파괴하는 데서 시작'하며, '기득권, 불평등과 모순, 억압과 갈등, 어두움과 희미함을 걷어내고자 하는' '비일상적인 시공간'이라 볼 수 있다.[17]

성소수자 축제도 특수한 시간과 공간 속에서 일상적인 질서를 뒤집고 의문을 제기함으로써 규범적 이성애와 획일적인 성별이분법 등의 관습적인 사회질서와 지식에 도전한다는 점에서 '카니발적인' 요소를 지니고 있다.[18] 축제에 참가하는 사회구성원은 기존의 사회질서에 의문을 제기하고, 기존 질서의 변혁을 꿈꾼다.

유희와 축제성은 퀴어문화축제의 백미인 퍼레이드에서 극대화된다. 거리에서 퍼레이드를 처음 마주치는 시민들은 일반적인 정치집회와 다른 모습에 눈이 휘둥그레진다. 엄숙하고 비장한 구호와 전투적인 분위기 대신, 퍼레이드를 이끄는 트럭은 깃발과 주요 메시지, 프라이드 상징물로 울긋불긋 장식되어 있고, 스피커에서는 신나는 댄스음악이 울려퍼진다. 이 뒤를 댄스파티에 참여하듯 환호하고 흥겹게 춤을 추며 따르는 관중이 있다. 이들은 여러가지 상징물과 크고 작은 깃발, 피켓에 자신의 메시지를 담아 전달할 뿐 아니라, 거리를 흥겹게 걷는 자신의 존재 자체로 메시지가 된다. 이들은 반대집회 세력에 주눅 들지 않고 혐오의 메시지에 더 많은 웃음과 흥으로 대응하기도 한다. '근사하고 멋진 것'이 저항이 되는 현장이다.[19]

따라서 퀴어문화축제에서 '재미'는 그 자체로 정치성을 가진다고 볼 수 있다.[20] 재미와 즐거움은 분노보다 많은 사람들을 불러모으는 효과가 있다. 이것은 단순한 재미가 아니라, 평소에 두려움과 자기부정, 타인으로부터의 멸시에 움츠려 있던 사람들과 그들을 지지하는 이들이 어우러져 함께 발산하는 긍정의 에너지이며, 존재를 억압하고 부정하는 사회에 주눅 들지 않겠다고 하는 선언이기에 더욱 강력하다.

선정성 논란: 누구에게 왜, 불편한 것인가?

일각에서는 축제에서 보이는 현란한 의상이나 신체노출, 동성 간의 친밀감 표현 등이 선정적이고 비도덕적이며 '보는 사람을 불편하게 한다'며 비판하기도 한다. 특히 자라나는 어린이와 청소년에게 해악을 끼칠 수 있는 '음란축제'라는 비난은 설득력 있는 축제 반대 이유로 존재한다.

이러한 비판에 대해서는 퀴어문화축제를 방문하는 수만명의 참여자들에게 실제 경험을 묻는 것, 더 확실하게는 축제에 참여해서 내 눈으로 직접 확인하는 것이 답이 되지 않을까 싶다. 아이들을 데리고 축제에 참여하는 부모들이 적지 않고 해마다 늘어나고 있다. 이들은 음란하고 유해한 축제에 자기 아이들을 데려와 일부러 위험에 빠뜨리는 것일까?

근래에 반동성애단체 쪽에서 '음란축제'의 근거로 제시하는 사진들은 극소수의 사례가 악의적으로 다량 유포된 것이다. 성소수자 당사자들만 모여 소규모로 열리던 2013년 이전의 퀴어문화축제에서 성소수자의 하위문화의 일부로서 노출이 많은 의상이 가끔 등장하기는 했으나, 규모가 커지면서 노골적으로 성적인 메시지를 표현하는 사례는 보기 어려워졌다. 정치적인 운동으로 볼 때, 성에 대한 직접적인 표현을 줄이는 것의 정당성이나 효과에 대한 의견은 다를 수 있겠으나, 지역사회의 풍토와 정치적 분위기에 따라 참가자들 스스로 표현의 수위를 조절하는 것은 미국이나 유럽, 호주 등 해외 프라이드 행사에서도 관찰되는 현상이다.[21]

한편 시드니나 샌프란시스코 등 해외의 유명한 프라이드 행사에서는 잘 다듬어지고 성적인 매력을 강조한 남성 신체의 노출과 전시를 쉽게 볼 수 있다. 이러한 노출은 어떤 맥락에서 벌어지는 일이며, 그것이 불편하게 느껴진다면 그 불편함은 어디에서 비롯하는지를 생각해볼 필요가 있다. '공중도덕'이나 '불편함'이라는 감각에 객관적이거나 절대적인 기준은 존재하지 않으며 이는 사회가 용인하는 범위 안에서 문화적으로 학습되고 시대에 따라 변화하는 것이다. 손을 잡거나 포옹을 하는 등 이성 간의 애정표현, 사회가 '아름답다'고 규정하는 여성의 신체노출, 미디어에서의 성적 묘사 등은 다수의 사람이 비교적 너그럽게 받아들이며, 때로는 적극적으로 수용되기도 한다. 비슷한 수준의 행위가 성소수자에 의해 표현될 때 느끼는 불편함은 상당 부분 규범적 이성애와 획일적인 성별이분법적 사고('애정표현은 이성 간에만 일어나야 한다' '남성은 남성다워야 하고 여성은 여성다워야 한다' '남성 중심의 이성애적인 쾌락을 제공하는 신체에게만 노출을 허용할 수 있다' 등)에서 벗어난 표현에 대한 낯섦과 충격에서 온다.

실제로 여성의 신체를 노출하고 이를 통해 성적인 매력을 강조하는 것은 우리가 미디어나 광고 등을 통해 일상적으로 접하는 모습이다. 여기에는 남성을 성적인 주체로, 여성을 성적인 대상으로 바라보는 가부장적 이성애 중심주의의 관점, 또한 남성은 외모를 가꿀 필요가 없지만 여성은 욕망의 대상이 되기 위해 몸을 아름답게 가꾸어야 한다는 이분법적인 성별구분이 내재해 있다. 따라서 프라이드 행사를 위해 공들여 몸매와 피부를 아름답게 가꾸고, 동성애적 욕망의 주체이자 대상이기도 한 자신의 신체를 과시하는 남성들의 모습은 그러한 가치관을 흔들어놓는 효과가 있는 것이다.[22]

또한 비도덕적이라는 비판에 대해서도, 반대로 기존의 도덕관념이 과연 사회성원 모두에게 공정하게 존재해왔는가라는 의문을 던질 수 있다. 퍼레이드에서 동성끼리 손잡거나 포옹하고 입을 맞추는 등의 애정표현은 지금까지 자연스럽고 아름다운 '사랑의 표현'으로 간주되어왔던 이런 행위들이, 사실은 특정한 조건 ─ 이성애 ─ 하에서만 허락되어왔음을 드러낸다. 이러한 모습은 성소수자에게는 평소에 가리고 있었던 자기다움을 극적으로 드러내는 카타르시스적인 효과가 있고, 당사자가 아닌 앨라이에게도 당연시해왔던 기존의 성규범과 젠더규범을 거리를 두고 재고하는 기회가 되기도 한다. 만약 성소수자의 노출과 애정표현 같은 모습이 불편하다면, 그래서 표현을 막거나 음지로 돌려보내고 싶다면, 사실은 지금까지의 '편함'이라는 것이 다수의 '편함'을 위해 소수자의 권리나 실존을 희생한 결과가 아니었는지, 그런 사회는 과연 윤리적인지에 대해 의문을 가질 필요가 있다.

성소수자라고 해서 일상적으로 이러한 행동이나 차림을 하지는 않는다. 성소수자들 사이에서도 퀴어문화축제를 정치적인 운동으로 생각했을 때 이러한 모습을 노출하는 것이 적절한가에 대한 꾸준한 논란이 존재해왔다. 성소수자와 비성소수자의 동질성('성소수자는 특별한 사람이 아니다')을 강조하며 비성소수자의 적대감이나 편견을 완화하는 교육적인 가시성을 목표로 삼는 경우, 사회에서 아직 수용하지 못하는 비동질성을 굳이 드러내는 신체노출이나 애정표현은 주류사회의 반감을 증대하고 운동의 목적을 훼손하는 것으로 여겨질 수 있다. 한편 다수의 편함을 빌미로 성소수자에게 침묵과 은둔을 요구하는 사회에 저항하는 가시성을 강조하는 참여자라면, 오히려 이러한 표현이야말로 기존의 규범에 의문을 제기하는 퍼포먼스이자 퍼레이드 행사의 존재 의의라고 생각할 것이다.

흥미로운 것은 이러한 논쟁이 프라이드 퍼레이드가 시작된 1970년대부터 어느 한 쪽이 다른 쪽을 완전히 밀어내지 않고 꾸준히 전개되어왔다는 것이다. 역사적으로 퍼레이드 행사나 퀴어문화축제를 조직하는 활동가들은 통일성을 위해서 각기 다른 목소리를 지우고 억압하기보다는, 다양성의 공존을 우선하는 선택을 해왔다.[23] 일관되지 않고 때로는 불협화음으로 들리는 다양한 목소리가 한꺼번에 터져나오는 것도, 앞서 살펴보았던 축제의 카니발적 성격을 보여주는 한 예라 볼 수 있다.

세계와 한국의 성소수자 축제

1970년에 첫 프라이드 행진이 벌어진 이래, 현재는 미국뿐 아니라 유럽, 아메리카, 아시아, 오세아니아, 아프리카의 크고 작은 도시에서 성소수자의 자긍심을 강조하는 900개가 넘는 행사가 프라이드 퍼레이드, 레인보우 페스티벌, 핑크 닷Pink Dot 이벤트 등 다양한 이름 아래 열리고 있다.[24] 아시아에서는 한국 이외에도 일본, 홍콩, 인도, 타이완, 싱가포르, 필리핀, 네팔 등 17개국에서 개최되고 있다. 이때 축제는 단순히 미국이나 서구 문화의 모방이 아니라, 각 지역의 기존 성소수자 운동과 결합한 상태로 이루어지며, 지역의 상황에 맞게 세부적인 내용들이 토착화된다. 그러면서도 '프라이드'라는 공통의 주제는 세계 각지의 성소수자 커뮤니티가 국경을 넘어 연대하게 하는 연결고리가 된다.

이들 행사는 스톤월 항쟁을 기념하는 5월~6월 사이에 집중해서 열리지만, 계절이 반대인 남반구에서는 야외행사에 적합한 12월~1월 사이에 열리기도 한다. 축제가 벌어지는 기간에는 가장 대표적인 행사인 퍼레이드뿐 아니라 여러가지 부스와 공연이 펼쳐지는 페스티벌, 영화제, 심포지엄, 운동경기, 클럽 파티 등 다양한 행사가 연계되어 펼쳐진다. 참여자가 8만에서 230만명에 이르는 대규모 프라이드 행사도 47개에 달하며,[25] 이들은 국내외 관광객을 끌어들이는 관광행사가 되기도 한다.

한국의 경우 퀴어문화축제라는 공식명칭 말고도 '퀴퍼'(퀴어퍼레이드)나 개최지의 첫글자를 딴 '서퀴'(서울), '부퀴'(부산), '제퀴'(제주) 등의 이름으로 친근하게 불리고 있다. '천년의 땅 위에 무지개가 뜬다'(전주 2018)나 '퀴어 아이가!'(부산 2017), '탐라는 퀴어'(제주 2017), '광주, 무지개로 발하다'(광주 2018), '퀴어ᵢₙ人' '하늘도 우리 편'(인천 2018), '퀴어 있(잇)다'(인천 2019) 같은 슬로건들은 각 지역의 특색과 역사를 살리면서 '어디에도 있는' 성소수자의 존재를 '여기에서도 확인하는' 행사로서 퀴어문화축제가 가지는 의미를 잘 보여준다.[26] 가장 크고 오래된 서울퀴어문화축제의 경우, 한달 정도의 기간에 퀴어 영화제, 전시회, 세미나, 강연 등의 행사가 이어지며, 다른 지역에서도 영화제나 연극, 파티 등의 부속행사가 벌어지기도 한다.

한국의 퀴어문화축제를 이루는 주요 요소는 부스 행사, 무대발언 및 공연, 퍼레이드다. 재미와 교육, 정치가 섞인 다양한 행사에서 놀이와 학습,

대화를 통해 차이 속의 집단성을 경험하고, 서로에 대한 이해가 깊어지는 것은 시위나 법적 투쟁 등 다른 사회운동의 형식이 제공하기 어려운 축제만의 강점이다.

부스 행사에는 30여개에서 많으면 100개가 넘는 각종 성소수자 단체, 퀴어 예술가나 유튜버, 종교단체나 지지자모임, 인권단체, 정당, 국가인권위원회, 기업체 등 다양한 단체가 참여한다. 각종 자료, 게임이나 퀴즈 등의 참여활동, 굿즈 등을 통하여 성소수자의 실태와 문화에 대한 다양한 지식과 문화컨텐츠를 접하고 즐길 수 있는 기회가 마련되고, 공존과 상생의 공동체, 미래를 꿈꾸는 장이 되기도 한다.

한편 한쪽에 설치된 무대에서는 개회식, 축하 혹은 연대 발언, 축하공연 등의 행사가 이어진다. 개회식에서는 각국의 대사관과 해외의 성소수자문화축제 대표, 타지역 퀴어문화축제 대표, 현지의 연대단체가 축하 메시지와 함께 성소수자의 권리에 대한 지지선언을 전달한다. 또한 합창, 밴드, 댄스뮤직, 드랙 등 다양한 공연이 펼쳐진다.

한편 정기적으로 행해지는 중요한 의례들이 있다. 하나는 성소수자 부모모임의 프리허그다. 'You가 어떤 모습이어도 사랑해' '내 새끼 미워하지 마세요' 등의 피켓을 들고 두 팔을 활짝 벌린 부모들에게 참가자들 너도나도 다가가 얼싸안는다. 이는 성소수자라는 이유로 가족에게서조차 외면당한 이들에게 각별한 감정을 일으키는 의식으로, 환한 웃음과 흐느낌이 안고 안기는 사람, 곁에서 지켜보는 이들의 얼굴에 교차한다.

또 하나는 성소수자를 지지하는 기독교단체와 교회의 성직자들이 축제에서 행하는 예배와 성소수자 축복식이다. 보수 기독교집단이 성소수자에 대한 공격을 주도하는 한국사회에서, 축제에 참여한 교회와 기독교단체들은 성소수자에 대한 비판과 배척이 기독교 전체의 모습이 아니라는 것을 일깨운다. 불교 조계종도 '모든 존재는 차별의 대상이 될 수 없다'라는 메시지를 가지고 부스에 참여하여 연등 만들기 행사를 하거나, 참여자들과 흥겨운 춤판을 벌이기도 하고, '차별 없는 세상 우리가 부처님'이라는 깃발을 내걸고 퍼레이드에 동참한다.

분위기가 무르익는 오후가 되면, 퀴어문화축제의 백미라 할 수 있는 퍼레이드가 시작된다. 퍼레이드에서 성소수자 당사자 단체, 성소수자를 지지하는 교회와 단체, 비성소수자 연대단체의 다채로운 깃발은 성소수자의 존재뿐 아니라 그들의 자긍심, 그리고 그들을 지지하는 앨라이의 연대를 알리는 상징이다. 파란 하늘을 배경으로 알록달록한 색깔과 이름의 깃발들이 나부끼는 모습은 바라보는 것 자체로 참여자들을 뿌듯하게 하며, 퍼레이드를 보는 행인들에게 자긍심과 가시성의 메시지를 무엇보다 강렬하게 전달한다.

한편 역설적인 의미로 해마다 퀴어문화축제에 빼놓을 수 없는 손님이 있다. 보수 개신교단체를 주축으로 한 반동성애집회다. 2013년까지 퀴어문화축제에 대한 대중과 미디어의 반응은 적대적이라기보다는 무관심에 가까운 것이었다. 축제 참가자 수가 첫해 50여명에서 4회 400여명, 8회 800여명으로 꾸준히 성장했지만[27] 주로 성소수자 당사자들이었다. 그러다 대중과 언론의 관심을 끌게 된 것은 2014년 서울과 대구에서 열린 퀴어문화축제에서 일부 보수 개신교단체들의 대대적인 반대집회가 벌어져 행사 진행에 차질을 빚게 되면서부터다. 이 사건은 한국사회 내에서 소수자에 대한 혐오와 낙인찍기가 본격적으로 정치화되기 시작한 사건이기도 했다.[28] 하지만 오히려 성소수자 문제에 방관자적 태도를 취하던 시민들이 퀴어문화축제에서 벌어진 인권침해에 반응하여 성소수자에 대한 지지를 보내는 등 퀴어문화축제에 대한 대중과 언론의 관심도를 높이는 효과를 가져오기도 했다.

그러나 그 역설적인 효과를 긍정하기에 반대집회는 퀴어문화축제와 참가자들에게 너무나도 위협적이고 폭력적이다. 현재의 퀴어문화축제는 울타리와 경찰 통제선에 둘러싸인 채 벌어지고 있다. 이것은 반동성애집단의 주장대로 성소수자로부터 사회를 보호하기 위해서가 아니다. 반동성애단체들의 위협과 언어적·물리적 폭력으로부터 성소수자를 비롯한 축제 참여자들을 보호하기 위해서다. 축제 현장에는 안전요원과 경찰, 변호사로 구성된 인권지킴이들이 돌아다니며 불법촬영 행위와 축제 참여자에게 시비를 거는 반동성애시위자들을 막아야 하는 실정이다.[29]

모두에게 열린 축제를 희망하며

2019년 서울퀴어문화축제 준비과정에서 한채윤 당시 서울퀴어문화축제 기획단장은 퀴어문화축제가 바리케이드로 닫혀 있는 광장이 아니라, 성소수자와 비성소수자 모두가 자유롭게 드나들고 즐길 수 있는 축제가 되었으면 하는 희망을 밝힌 적이 있다.

실제로 몇해째 서울광장에서 큰 규모로 비교적 안정적으로 열리고 있는 서울퀴어문화축제에는 성소수자와 관련이 없는 참여자들이 나들이라도 하듯 가족과 함께 어린아이들을 데리고 오는 모습을 쉽게 볼 수 있다. 서울퀴어문화축제가 그렇게 자리를 잡은 것은 편견과 왜곡으로 일그러진 '음란축제'가 아닌 실제 축제 모습을 눈으로 확인하려는, 잘 모르는 상대를 적대감 없이 알아갈 준비가 되어 있는 비성소수자 시민의 참여가 해마다 늘어나고 있기 때문이기도 하다. 울타리와 몇겹으로 둘러싼 경찰,

행사장 바로 앞까지 다가온 반동성애시위자 난입을 막기 위해 안전요원이 감시하고 있는 출입구, 축제를 방해하기 위해 바로 길 건너편에 자리 잡은 반동성애집회에서 넘어오는 귀가 멀어버릴 듯한 스피커의 굉음, 그것을 묻어버리기 위한 축제 쪽 스피커의 고음이 비현실적으로 느껴지는, 성소수자와 그들을 지지하는 앨라이, 그리고 호기심어린 시민들이 서로 어우러지는 유토피아적인 공간이 펼쳐진다.

그렇다면 서울의 퀴어문화축제가 비교적 안전하고 성공적으로 이루어지고 있음에도, 굳이 수적인 열세와 지역사회에서의 노출, 억압을 감수하면서 지역 곳곳에서 퀴어문화축제가 새로이 생겨나는 이유는 무엇일까? 그만큼 우리 주변 어디에나 고립되어 있는 성소수자들이 많다는 이야기다. '우리 지역에서는 안 된다'라는 반대자들의 말은, 그 지역에서 함께 생활하고 있는 성소수자들의 숨통을 짓누르는 표현이기도 하다.

성소수자가 일년에 한번 자신의 존재를 두려움 없이 드러내고 그들을 환대하는 이들과 어울려 안전하고 자유롭게, 그리고 즐겁게 활보할 수 있는 그런 자유를 누릴 수 없을까? 이제 우리 사회는 모든 구성원에게 그러한 시간과 공간을 누리게 할 만큼 성숙하지 않았을까? 한채윤 단장의 바람대로 우리 모두가 열린 공간에서 자유롭게 어울릴 수 있는, 축제다운 축제를 즐길 수 있는 때가 오기를 기대한다.

"우리가 여기에 있다!"
2018년 인천퀴어문화축제

조수미

2018년 9월에 열린 제1회 인천퀴어문화축제는 반동성애단체들의 폭력적인 방해로 '실패' '무산'[1] 되었다고 보도되고, 많은 이들에게 신체적·정신적인 상처를 남겼다. 최근에 비교적 무사히 행사를 치렀던 다른 지역의 퀴어문화축제를 두고, 이 글에서 굳이 인천퀴어문화축제를 소개하는 이유는 그것이 성소수자를 침묵하게 하고 보이지 않게 하려는 사회 일부의 폭력성과, 그보다 넓은 주류사회의 무관심, 기존 상황을 유지하는 데 급급한 국가제도와 공권력의 안이함을 드러내보이는 사건이기도 하지만, 오히려 그로 인해 퀴어문화축제가 필요한 이유와 축제의 정신이 더욱 두드러진 사건이기 때문이다.

인천퀴어문화축제는 "제물포항을 통해 근대의 모든 것들이 들어와 시작된 (…) 낯선 것들을 품어내는 품"이자 "'전통'에 맞지 않는 괴상한 것들이 섞여드는 땅"인 인천에서, "우리의 삶터에 깃든 이웃들"이자 "언제나 우리 곁에 존재하는 퀴어"[2]의 존재를 환기하겠다는 축제의 취지를 밝혔다. 마스코트인 하늘색 바탕에 6색 무지개 빛깔의 비행기는 한국과 세계가 통하는 관문인 인천국제공항의 이미지를 따온 것이었다. '퀴어in天' '하늘도 우리편'이라는 발랄한 구호처럼 청명한 가을 하늘이 펼쳐진 토요일이었다.

그러나 행사장소인 동인천역 북광장은 맑은 하늘처럼 이들을 기꺼이 맞이하지 않았다. 반동성애단체들이 전날 밤부터 광장을 점거한 채 '대한민국 살리기 제1회 인천예수축제'라는 집회를 벌이고 있었다. 광장 곳곳에는 '동성애 불법 퀴어음란축제를 반대한다'는 내용의 현수막이 걸려 있었고, '사랑하니까 반대합니다' '동성애 유전자 없음' 등의 피켓을 든 사람들이 광장에 앉아서 큰 소리로 기도하거나 찬송가를 부르고, 무대 위에서 '동성애축제'를 규탄하는 사회자의 말에 '아멘!'이라고 외치기도 했다. 이들은 피켓을 들고 광장 한구석에서 기다리고 있는 퀴어문화축제 참가자들을 에워싸고 시비를 걸기도 했다.

이러한 갈등에는 공공기관의 역할도 있었다. 관할 동구청은 적법한 절차로 집회신고된 축제에 대해 임의적인 요구를 느닷없이 추가하고,[3] 이를 이유로 법적 근거 없이 행사승인을 취소하고 불승인 통보를 대대적으로 홍보했다. 이는 시민에게 인천퀴어문화축제가 불법행사라는 인상을 남겼고,[4] 반동성애집회자들의 행동에 정당성을 안겨주었다. 지역사회의 반퀴어 기독교단체의 압력이나 비난을 피하기 위해 행정기관이 퀴어문화축제에 다른 시민행사에는 요구하지 않는 절차를 요구하거나, 뚜렷한 법적 근거 없이 불승인이나 허가취소를 하고 책임소재를 다른 주체에게 떠넘기는 사례는 서울, 부산, 제주 등에도 있었다.[5] 적대적인 반퀴어세력과 함께 국가기관과 행정기관의 책임회피[6]가 한국에서 성소수자 인권향상의 가장 큰 장애물이란 것을 여실히 보여주는 사례라고 할 수 있다.

동구청 광장의 반퀴어축제 시위자들은 두시간이 넘는 경찰의 해산지시에 응하지 않았고, 광장 곳곳에 불법주차한 차량들과 축제 측 차량처럼 위장한 버스로 광장 출입구를 막고 있었다. 축제 시작시간이 다가와 경찰이 스태프와 참여자들을 광장 내부로 안내하자, 반동성애집회자들은 스피커를 통해 떨어지는 지시에 일사분란하게 광장으로 모여들었다. 남성 경찰이 손대지 못하도록 여성들이 앞줄에 앉거나 드러누워 저항했다.

축제 준비를 위해 일찍 모인 70~80명의 스태프와 참가자들은 자신을 붙잡고 끌어내리려는 반대시위자들의 손길을 피해 경찰에 둘러싸여 광장 한구석으로 이동했다. 축제에 필요한 물품이나 설비를 하나도 들여오지 못한 조직위는 광장 한구석에서 경찰벽에 둘러싸인 채, 축제 예정시간이 되자 육성으로 제1회 인천퀴어문화축제의 개회를 선언했다. 경찰은 곧 광장을 확보하고 행사를 치를 수 있게 해주겠다고 약속했지만, 이 약속은 결국 지켜지지 않았다. 축제 참여자들을 둘러싼 통제선은 반동성애시위자들에게 몇겹으로 둘러싸여, 바깥에서 힘으로 밀어부칠 때마다 출렁였고, 의경들의 얼굴에도 종종 두려운 표정이 떠올랐다. 일군의 남성들이 통제선을 뚫자, 안으로 뛰어온 시위자들이 참여자들을 붙들고 비난하거나, 자신들끼리 원을 그리고 큰소리로 '사탄과 마귀를 대적'하는 기도를 외쳤다. 이들 가운데로 한 축제 참여자가 걸어가 '안아주는 것이 사랑입니다'라는 글귀와 예수의 모습이 그려진 피켓을 들고 조용히 서 있었다.

광장으로 통하는 모든 입구는 반동성애단체와 경찰에 의해 봉쇄되었다. 경찰은 보호를 명목으로 일체의 통행을 막았다. 밖에서 보이지도 않는 광장 한구석에 아침부터 갇혀 있던 사람들은 음식이나 물을 먹지도, 화장실에 가지도 못하고 12시간이 넘게 버텨야 했다. 오후가 되자 더 많은 반동성애시위자들이 도착했고, 더 많은 새로운 피켓과 더 원색적이고 위협적인 비난과 함성이 통제선을 둘러쌌다. 뒤늦게 도착한 축제 참가자들은 광장 안으로 들어가지 못하고 반동성애시위자들에게 둘러싸였다. 소지품이 빼앗기거나 망가지고, 피켓으로 맞고, 옷이 찢어지고, 목이 졸리고, 손톱에 긁히거나 물리는 등 신체적 폭력과 아이와 노인을 앞세운 몸싸움에 휘말렸다. 부모님이 낳은 것을 후회한다거나 태어난 것이 재앙이라는 등의 모욕과 레즈비언인 여성에게 남자 맛을 보여줘서 고쳐주겠다는 위협을 하고, 장애인 참여자들을 에워싸고 휠체어를 넘어뜨리기도 했다.[7] 이날의 신체폭력과 언어폭력, 성추행 등의 충격으로 상당수의 참여자들은 우울 증상이나 스트레스 장애 증상을 겪었다.[8] 또한 성소수자들이 아우팅을 두려워한다는 사실을 이용해서, 이들은 참여자들에게 카메라를 들이대며 촬영을 했다. 퀴어문화축제 조직위와의 사전협의에도 불구하고, 경찰은 눈앞에서 벌어지는 폭력에 대응하는 데 소극적이었다.

고립되고 폭력과 혼란이 난무하는 상황에서 축제란 것이 가능할까 싶었지만, 부스 진행자들은 돗자리를 펴고, 건물 벽면에 자신들의 깃발을 붙이고, 나눠줄 자료나 기념품을 좌판처럼 늘어놓고 벼룩시장 같은 부스를 차렸다. 참여자들 사이를 직접 돌아다니며 준비해온 자료나 스티커 등을 나눠주기도 했다. '나는 성소수자 차별에 반대하는 ○○○입니다'라는 피켓에 사람들은 자신의 직업이나 종교, 성정체성 등을 채워 들고 다녔다. 어떤 참여자들은 고성과 몸싸움이 오고가는 통제선 가까이에 동그랗게 둘러서서 춤을 추거나 노래를 부르기 시작했고, 주변에 있는 사람들이 하나둘씩 모여들면서 이내 원은 점점 커졌다. 저주처럼 들리는 기도와 함성소리, 날것의 비난이 여과없이 넘어오는 공간에서 이들은 웃고 손뼉을 치고 노래를 부르며 즐거워했다.

마침내 가로막혔던 입구가 열리고 밖에서 기다리던 참여자들이 깃발을 나부끼며 안으로 걸어들어왔을 때, 안에서 기다리던 사람들과 밖에서 들어오는 사람들은 승리감에 찬 환호성을 질렀고 서로 얼싸안기도 했다. 아침부터 먹지도 마시지도 못하고 있는 사람들을 위해서 누군가 바깥에서 어렵게 들여온 음료수와 과자를 처음 보는 이들에게 나눠주었다. 사람들은 둘러앉아 작은 무대를 만들었고, 몇명이 즉석에서 나와 케이팝댄스를 선보였다. 작동하지 않는 음향기기 대신 둘러앉은 사람들이 떼창으로 반주를 맞추었다. 부스가 없어도, 공식 무대행사를 할 수 없어도 공간은 축제 분위기로 가득 찼다. 사방을 둘러싼 위협과 혐오표현 속의 작은 섬 같은 공간에 짧은 시간이나마 재미와 흥겨움과 평화가 깃들었다.

퍼레이드가 예정된 오후 4시가 되자 크고 작은 단체의 깃발들이 행렬 앞으로 모이기 시작했다. 그러나 퍼레이드를 위해 광장 밖에서 대기하고 있던 트럭들은 이미 반대시위자들에 의해 파손되어 운행할 수 없었다. 행렬은 광장을 빠져나가지 못하고 한시간 이상을 대기했다. 드디어 입구가 열리자 사람들은 환호성을 지르며 골목으로 들어섰지만, 다시 골목에서 공격적인 반대시위자들에게 둘러싸여 저주와 모욕의 발언을 들어야 했고, 경찰은 여전히 폭력을 적절히 통제하지 못했다.

400미터가 채 못되는 골목길을, 10미터 전진하는 듯하다가 20미터를 후퇴하는 상황이 5시간 넘게 반복되었다. 퍼레이드 행렬은 서로 농담도 나누고, 노래를 부르기도 하고, 반동성애시위자들에게 소리를 지르거나 함께 구호를 외치고 있었지만, 서서히 지쳐갔다. 경찰은 신고한 행사시간이 끝나자 참여자들의 안전을 보장할 수 없다며 조직위에 해산을 종용했고, 깃발을 내려야 거리로 나오게 해주겠다는 반동성애집단의 요구를 받아들일 것을 요구했다. 참여자들의 안전을 고려한 조직위가 어쩔 수 없이 이를 수용했고, 기수들은 깃발을 내렸다. 그 와중에 주변에 있던 반동성애시위자들은 깃대를 빼앗아 부러뜨리고 깃발을 찢기도 했다. 큰 깃발이 내려가자 이제 참여자들의 작은 손깃발이나 피켓도 내리기를 요구했다.

해는 이미 지고 네온조명이 비치는 굴다리 너머의 도로에는 자동차만 다니고 있을 뿐, 퍼레이드를 볼 행인도 거의 없었다. 퍼레이드 참여자들을 바깥에서 보이지 않게 완전히 둘러싼 채 "깃발 내려!"라고 위협적으로 외치던 반동성애단체들은, 단순히 성소수자가 세상에 '보이지 않기'만을 바란 것이 아니었다. 그들은 성소수자가 스스로 자신의 존재 자체를 지우기를 요구한 것이었다. "집에 가! 집에 가!"라는 구호에 인천에서 자라고 살아온 성소수자들은 절박하게 외쳤다. "여기가 우리 집이야! 어디에 가라고!"

사회의 낙인과 차별이 두려워서, 스스로 벽장 속에 숨던 성소수자들이 조롱과 차별의 위험을 무릅쓰고 바깥세상으로 나와 존재의 당당함을 알리는 일년에 한번의 기회, 그 기회조차 반대자들의 위협과 폭력, 공권력의 실망스러운 대처 속에 무산되려는 듯했다. 퀴어풍물패의 풍물소리에 맞추어, 굴다리 밑 어두운 공간에서 참여자들은 목이 터져라 외쳤다.

"우리가 여기에 있다!" "우리는 여기에 있다!"

마침내 행렬은 굴다리를 빠져나와, 경찰 통제선조차 사라진 좁고 어두운 인도에서 반동성애시위자로 둘러싸인 채 조롱과 모욕, 위협적인 촬영에 노출되며 손깃발 하나도 들지 못한 채 한줄로 걸었다. 많은 이들에게 상처로 남은 행진이 끝이 났다. 역 앞에 참여자들이 다 모이자 신우리 조직위원장은 울음 섞인 목소리로, 그러나 당당하게 폐회를 선언했다.

"그 어떤 것도 우리를 지울 수 없습니다. 우리는 이 땅에서 영원히 아름답게 살아갈 자격이 충분한 사람들입니다. 여러분, 오늘의 이 참여 잊지 말아주십시오. 우리가 얼마나 힘들게 20분이면 올 길을 5시간 동안 걸어왔는지를. 여러분, 이 참여 기억하며 연대하여 이겨냅시다. 감사합니다."
폐회선언이 끝나자 참여자들이 환호를 지르는 가운데 곳곳에 서 있던 조
직위원들이 오열을 터뜨렸다. 그들을 둘러싼 참여자들은 위로와 응원의
함성을 보냈다.

"울지 마! 울지 마!" "하늘도! 우리 편! 하늘도! 우리 편!"

"우리는 여기에 있다"라는 외침은 그 자리에서 반동성애집회자들의
조롱과 경찰의 벽을 넘어서지 못했지만, 허무하게 사라지지는 않았다. 한
목소리로 외치던 참여자들의 마음속에, 그리고 그 영상⁹을 SNS를 통해 실
시간으로 혹은 나중에 기사를 통해 지켜보면서 안타까워하고 분노하던
성소수자와 앨라이의 가슴에 새겨졌다. 이날의 사건은 한국사회에 증오
범죄의 심각성과 퀴어문화축제의 필요성을 단적으로 드러내어 퀴어문화
축제와 성소수자 운동, 인권운동에 박차를 가하는 계기가 되었다. 각 지
역의 퀴어문화축제는 이 사건을 교훈 삼아 경찰에 적극적인 보호를 요구
하기 시작했으며, 축제에서 최소한의 물리적인 안전을 확보하기 위한 좀
더 적극적인 조치를 취하게 되었다.

비상대책위원회 체제로 재편한 축제조직위는 참여자들의 증언을 모아
이날 축제를 폭력적으로 방해한 단체들에 대한 고소·고발을 진행했다.
2018년 10월에는 '인천퀴어문화축제 혐오범죄규탄집회 인권의 하늘을
열자!'를 개최했는데, 이 집회는 연대발언, 공연, 흥겨운 음악에 맞춘 퍼
레이드 등 퀴어문화축제와 유사한 방식으로 진행되어 참여자들에게 '인
퀴1.5'라는 별명으로 불리기도 했다.

한편 이 사건을 접한 인천의 시민단체들은 백주에 무법적인 대규모 인
권침해가 일어났다는 사실, 특히 성소수자, 장애인 등 사회적 약자에게
무차별적인 폭력이 가해졌다는 사실에 충격을 받았다. 이에 한국 성소수

자가 처한 상황과 성소수자 인권운동의 역사를 주제로 인천시민사회연대포럼을 개최하는 등 노력을 기울였다. 또한 2019년 1월에는 인천퀴어문화축제 비상대책위원회와 '민주사회를 위한 변호사모임'의 법률지원단 주관으로 한국사회 증오범죄의 실태와 대안에 대한 토론회가 국회에서 열렸다.

2019년 8월 31일, 제2회 인천퀴어문화축제가 열리는 부평역 광장은 울타리와 경찰버스로 완전히 둘러싸여 있었다. 광장으로 직접 통하는 엘리베이터와 지하입구는 폐쇄된 채 경찰들이 지키고 있었다. 그러나 몇겹으로 경찰이 둘러싼 광장 안에선 여느 퀴어문화축제와 같은 풍경이 벌어지고 있었다. 퀴어 유튜버나 디자이너 같은 개인부터 각종 성소수자 단체와 앨라이 단체, 대사관의 부스까지 늘어서 다양한 기념품과 놀이거리로 참여자들의 발길을 끌었다. 한 참여자는 인천에 있는 자신의 출신 초/중/고등학교 이름과 함께 '인천토박이 - 퀴어와 앨라이는 어디든 있다'라고 쓰인 티셔츠를 입고 있었다. 한해 전 "집에 가!"를 외치던 반동성애집단들에게 보내는 '우리가 여기에 있다'라는 메시지였다.

기독교계열 반동성애단체들은 행사 전부터 올해는 5000명을 동원하겠다, 다시는 인천에 발을 들이지 못하게 하겠다는 위협적인 메시지를 SNS나 언론 등을 통해 공공연히 드러냈다. 또한 부평경찰서와 부평구청을 찾아가서 기자회견과 일인시위로 압박하고, 행사 당일 맞불집회를 조직했다. 충돌을 우려한 경찰이 집회공간을 물리적으로 분리하고 축제장소를 엄격하게 지킴으로써 큰 충돌은 일어나지 않았지만, 반대집회자들은 여전히 광장으로 들어가는 통로를 따라 서서 반대 구호를 외치거나 부부젤라로 소음을 내고 축제를 드나드는 참여자들에게 회개하라고 외쳤다.

늦은 오전부터 오후까지 다양한 행사를 마치고 5시가 되자 퍼레이드가

경찰 차벽과 울타리에 둘러싸인 채 진행된 제2회 인천퀴어문화축제 모습(2019.8.31)

시작되었다. 이날 퍼레이드에서는 이색적인 풍경이 펼쳐졌다. 퍼레이드를 인도하는 트럭에서 찬송가가 흘러나온 것이다. '혐오와 차별을 대적하는 찬양행진' 트럭은 전자음악으로 편곡한 찬송가와 디제잉으로 퍼레이드의 흥을 돋우었다. 디제이가 익숙한 말투로 "혐오세력 여러분, 차별을 멈추고 주님에게 돌아오시기 바랍니다. 여러분의 자녀들이 매우 걱정하고 있습니다"라고 이야기하자 폭소가 터졌다. 이는 퀴어문화축제마다 찾아와서 둘러싸고 외치는 반동성애집회자들의 회개하라는 외침을 그대로 뒤집은 것이다.

이것은 1회 인천퀴어문화축제의 경험에 대한 발언이기도 했다. 한국의 반성소수자 운동이 기독교의 가르침을 명분으로 동성애를 죄악시하고 억압한다면, 찬양행진은 그들의 언어를 써서 기독교가 반동성애집단의 전유물이 아니라는 것, 사랑과 포용이라는 기독교의 가르침이야말로 오히려 퀴어문화축제에 어울린다는 전복적인 메시지를 퍼레이드 참가자뿐 아니라 거리에서 행진을 지켜보는 사람들에게 전달하고자 했다.

한편 참여자들은 어떤 행사가 일어나고 있는지조차 알 수 없게 사방이 버스와 경찰로 둘러싸여 진행되는 축제에 아쉬움을 표현하기도 했다. 폭력으로부터의 보호 대신, 퀴어문화축제를 여는 가장 큰 목적 중 하나인 가시성을 포기한 셈이기 때문이다. 반대집회자들이 가두집회를 열어 퀴어문화축제가 음란하고 부도덕하다는 메시지를 대형스크린과 스피커를 통해 시민에게 전달하고 있는 탓에 축제와 성소수자에 대한 편견이 강화될까 우려하는 참여자도 있었다. 그러나 아쉬워하는 이들도 알고 있었다. 지금은 안에 있는 사람들의 안전과 평화가 우선이며, 그것을 지키기 위해 어떤 '축제다움'을 포기해야 하는 것이 인천의, 한국사회의 현주소라는 것을. 역에서부터 반대시위대의 적대적인 고함과 비난을 들으며, 경찰의 벽을 지나야 비로소 펼쳐지는 작은 공간, 서로를 긍정하는 퀴어와 앨라이가 안전하게 숨 쉬고 즐길 수 있는 공간, 거기서부터 시작해야 한다는 것을.

그리고 그 안전한 공간을 확보하기 위해서 각 지역의 퀴어문화축제는 지금도 분투하고 있다.[10]

13장
좌담
한국 성소수자
운동의 역사

참석 홍성수(사회) 박한희 이종걸 이호림
날짜 2019년 9월 21일
장소 서울시 마포구 창비서교빌딩

홍성수 안녕하세요? 저는 숙명여대에서 법학을 가르치고 있는 홍성수라고 합니다. 오늘 한국 성소수자 운동의 역사와 과제에 대해 함께 논의해보기 위해서 이 자리에 모였습니다. 간단히 참석자를 소개해드리겠습니다. 한국게이인권운동단체 '친구사이' 사무국장 이종걸 선생님, 그리고 공익인권변호사모임 '희망을 만드는 법'(희망법)의 박한희 변호사님과 고려대학교 박사과정에서 성소수자 건강 연구를 하고 계신 이호림 선생님을 모셨습니다. 성소수자 운동과 연구에서 가장 열심히 활동하고 계신 분들을 엄선하여 한자리에 모셔봤는데요, 바쁘신 와중에 이렇게 와주셔서 정말 감사합니다. 오늘 대담이 무척 기대가 됩니다.

이종걸 선생님은 한국 성소수자 운동에서 10여년째 활동하고 계신데요. 성소수자 운동이 본격화된 순간부터 짚어보죠. 성소수자 운동의 역사는 그전에도 있었겠지만, 본격적인 '대중운동'으로서의 등장은 1990년대 초중반 대학가에서 시작됐다고 할 수 있을까요? 그 당시 어떤 문제의식이 있었고 어떻게 운동이 태동하게 됐는지 간략하게 말씀해주시면 좋을 것 같습니다.

성소수자 운동의 전개: 존재의 가시화

이종걸   소수자 인권운동사라는 것에 어떤 명확한 기록이 있는 것은 아니지만, 90년대 이전에도 당사자 모임 또는 공간으로서의 성소수자 커뮤니티가 존재했습니다. 그렇지만 운동의 역사로서 본다면 1993년의 '초동회'가 가장 중요할 것 같습니다. 1993년 12월 동성애자 인권운동의 필요성을 느꼈던 여섯일곱명의 레즈비언, 게이가 모여서 시작된 거죠. 1994년 1월부터 활동을 시작했는데, 운동의 목표나 운동 대상, 운동 주체, 캠페인이나 활동의 방향성에 대한 이견이 조금 있었습니다. 그래서 게이 커뮤니티는 2월에 '친구사이'라는 이름으로, 레즈비언 커뮤니티는 11월에 '끼리끼리'라는 이름으로 분화되어 나갑니다. 갈등이 있었던 것으로 보일 수도 있는데 저는 현실적인 판단이었다고 생각해요. 시각차는 있었지만, 당사자 운동을 지원하고 그들의 권리의식을 고양하기 위해서는 분리되어 각자 활동하는 것이 필요했던 것이죠. 그러면서 1995년부터는 서울대, 연세대, 고려대 등에서 대학운동 모임이 등장합니다.

이렇게 성소수자 운동이 본격화된 데는 몇가지 사회적인 배경이 있습니다. 1993년 김영삼정권 출범 이후 대학가와 시민사회에 새로운 운동에 대한 열망이 나타나는데, 이러한 흐름 속에서 성소수자들도 자신을 더 적극적으로 가시화해야겠다고 생각하게 됩니다. 실제로 초동회가 처음 소식지를 냈을 때 표제가 "가면을 벗읍시다"였어요. 우리를 드러내자는 의

미죠. 이때는 성소수자 가시화가 가장 중요한 목적이었던 것 같아요. 이런 흐름이 점점 대학가로 번져갔고 이후 PC통신 등을 통해 온라인에서의 교류가 확대되고, 지역 모임도 결성됩니다.

1995년부터는 연대운동도 가시화되는데요. 1996년 '대학동성애자 인권운동협의회'에 3개 대학이 모였고, '끼리끼리'나 '친구사이' 같은 단체들이 '한국동성애자인권운동협의회'(동인협)로 모입니다. 1998년에는 각 지역 내 모임과 온라인 커뮤니티 등 20여개 단체가 모여 '한국동성애자단체협의회'(한동협)를 결성합니다. 이렇게 연대체가 늘어나면서 성소수자의 가시화도 본격화됩니다. 동인협은 당시 교과서 이슈 등에서 성소수자에 대한 사회적 인식을 변화시키기 위한 캠페인을 하거나 집회를 열기도 했고요. 하지만 조직이 커지고 다양한 집단이 모이다보니 서로 목표나 이해가 충돌하는 지점이 생기고 이로 인해 활동이 둔해지는 문제가 발생하기도 했습니다.

2002년에는 여러 단체로 구성된 한동협 활동이 내부적인 어려움을 겪으면서 '한국동성애자연합'(한동연)이란 연대체가 새롭게 결성됩니다. 그 사이사이에 개별 이슈에 관한 연대체들도 생겼습니다. 퀴어문화축제 조직위가 등장하기도 하고, 2000년대 초반에는 동성애 관련 인터넷 사이트 '엑스존'에 대한 청소년유해매체물 결정에 대응하기 위해 '동성애자 차별반대 공동행동'이 결성되었고, 2005년에는 '한국레즈비언권리운동연대'가 발족합니다. 그외에도 '성전환자 성별변경 관련 법제정을 위한 공동연대' '군 관련 성소수자 인권침해·차별신고 및 지원을 위한 네트워크' 같은 연대체도 만들어지고요. 2007년에 들어서면 차별금지법 제정 논의가 뜨거워지면서 2008년에 '성소수자 차별반대 무지개행동'이 결성됩니다. 갈등도 있었습니다. 2002년 퀴어문화축제에 대한 '상업주의' 성명서

사건을 비롯하여, 2003년은 '아우팅 반대'를 둘러싼 입장차와 논쟁이 있었던 시기이기도 합니다.

홍성수 1990년대부터 2000년대 중반까지의 상황을 잘 정리해주신 것 같습니다. 다음으로 넘어가기 전에 몇가지 짚어볼 게 있는데요. 한국의 법이나 국가정책에서 성소수자 문제가 처음 제기된 것은 2000년 국가인권위원회법 제정 때가 아니었나 싶습니다. 그때 차별금지사유를 정하면서 '성적 지향'을 포함시켰죠. 제가 볼 때는 아주 중요한 순간이라고 생각하는데, 당시에 성소수자 운동이 어떤 역할을 했는지 궁금합니다.

이종걸 우선 국가인권위원회 설립을 위해서 관련한 소수자 단체 활동가들이 인권단체들과 연대했고 그중에 성소수자 단체 활동가들이 있었습니다. 여기서 차별금지사유로 성적 지향을 담아야 한다는 이야기가 있었어요. 그런 투쟁들을 초반에 인권단체와 같이 진행했던 거죠.

홍성수 성소수자 운동이 국가인권위원회 설립을 위한 운동에 결합하면서 자연스럽게 성소수자 이슈가 반영되었던 거네요. 초창기에는 주로 '동성애자' 인권운동이 주된 이슈였던 것 같은데, 다양한 성소수자들이 결합하거나 연대하는 흐름이 형성된 것은 대략 언제부터인지요?

이종걸 초창기인 1994년 당시에도 트랜스젠더나 여러 성소수자 당사자가 그 운동에 없었던 건 아닙니다. 다만 운동이 '동성애자' 인권운동으로 표현됐던 거죠.

박한희 그 과정에서 별도의 조직을 결성하기도 했습니다. 1996년에 '한국 트랜스젠더&크로스드레서 단체 아니마'란 단체가 있었고, 이 단체가 연대체에서 같이 활동했죠. 집단 호적정정을 기획하기도 했고요.

운동의 심화: 조직화와 연대

홍성수 또 하나 우리가 짚어볼 부분이 있죠. 어느덧 퀴어문화축제가 성소수자 운동에서 중요한 흐름으로 자리를 잡았습니다. 성소수자 당사자와 그 지지자가 일년에 한번씩 다 같이 모여 축제를 하는 느낌이라고 할까요. 나름대로 성소수자들의 명절이 된 것 같기도 해서 그때가 되면 무조건 참석해야 한다는 의무감이 생기곤 합니다. 그런데 퀴어문화축제가 2000년부터 시작되었으니, 나름 유구한 역사를 가진 '전통'문화임을 잘 모르는 분들이 계시더라고요.(웃음) 초창기에 퀴어문화축제가 어떤 의미였고 어떻게 발전해가기 시작했는지 얘기해보죠.

이종걸 그전에 거리투쟁의 역사가 없는 건 아니지만 점점 집단적 커밍아웃을 통해서 성소수자 문제를 좀더 이슈화하려는 목소리가 나오고 있었습니다. 아무래도 서구사회의 퀴어축제나 스톤월과 관련된 퍼레이드를 보면서, 그런 문화에 대한 목마름도 있었겠고요. 그러다가 2000년 '프린지 페스티벌'에서 첫 퀴어문화축제를 같이할 수 있게 되었어요. 당시 20여개 단체가 공동으로 개최했고, 연세대에서 행사를 하고 행진은 대학로에서 했습니다. 이후 홍대, 이태원, 종로에서 퀴어문화축제가 지속적으로 열리게 됩니다. 성소수자가 주도해서 행사를 개최하고 자신을 세상에 알리는 경험은 사실 이때가 처음이었던 것 같아요. 물론 그전에 이슈에 대응하는 운동이나 영화제작 활동도 있긴 했지만 좀더 대중화된 방식으로 드러난 것은 퀴어문화축제가 시작이라 볼 수 있겠죠.

그후에 축제가 진행되는 동안 여러 당사자가 모이다 보니 모든 구성원을 만족시키기가 쉽지 않았고, 내부에서 커밍아웃, 아우팅과 관련된 여러 가지 논쟁이 있었습니다. 또 가족구성권이나 동성혼 관련 이슈들도 중요한 의제로 등장했고요. 처음에는 주로 성소수자 운동 쪽 참여자들 위주로 진행됐다가 조금씩 규모가 커지게 됩니다. 2007년 차별금지법 추진 과정에서 확대되었고, 혐오세력이 등장하는 2013~14년 이후로 더욱 대중화되는 과정을 거칩니다. 퀴어문화축제에 반대하는 맞불시위가 조직적으로 전개된 것이 결과적으로 미디어의 관심을 더 불러오기도 했고요.

홍성수 2000년대 중반에 국가인권위원회와 법무부에서 차별금지법 제정 움직임이 있었고 결국 차별금지사유에서 '성적 지향'이란 항목이 빠지게 되면서 성소수자 연대운동이 일어났던 게 중요한 사건 중 하나잖아요. 그때 이야기를 조금 해주시면 현재 상황으로 넘어오는 중요한 연결고리가 될 것 같습니다.

이종걸 2007년에 법무부가 입법예고한 차별금지법안의 차별금지사유 중 '성적 지향'을 포함한 일곱가지 사유가 삭제되는 일이 발생했습니다. 이에 2007년 10월 말에 관련 단체들이 모여 공동투쟁을 시작했습니다. 기존에도 여러 이슈로 결집한 연대 단위가 존재했지만 성소수자 모임들이 차별금지법 대응을 위해 결집하게 됐던 거죠. 이것이 차별금지법 문제를 대중에게 알린 계기도 되었고요. 기존의 인권운동단체들이 반차별운동에 대해서 고민을 많이 못했는데 차별금지법 대응 과정에서 반차별운동의 필요성과 방법에 대한 공동의 과제를 고민하게 되었습니다.

특히 이때 등장한 혐오세력, 일부 보수 기독교세력이라고 하는 이 혐오세력에 어떻게 대응해야 할지가 새로운 과제로 등장했습니다. 그 결과 2008년 5월 17일 '성소수자차별반대 무지개행동'(무지개행동)이 출범했던 거죠. 성소수자에 대한 편견과 낙인에 대한 본격적인 대응이 시작된 것입니다. 또한 그전까지 '동성애자 운동'으로 표현됐던 움직임이 '성소수자 운동'이라고 호명되면서 다양한 당사자들이 더 적극적으로 참여했던 시기이기도 합니다. 특정 영역에 전문화된 단체들도 등장하는데요. '성적소수문화환경을 위한 연분홍치마'(현 성적소수문화인권연대 연분홍치마) 같은 미디어 단체들이 활성화한 것도 중요한 부분입니다.

홍성수 2008년 무지개행동을 중심으로 성소수자 연대운동이 새로운 전기를 맞이하게 되었다고 할 수 있을 것 같은데요. 이와 관련해서 박한희 변호사님께 여쭤보고 싶은 것이 있습니다. 성소수자 운동이 점차 다양한 성소수자 당사자들을 포괄하는 운동으로 확대되어왔잖아요. 그렇게 된 계기나 과정을 말씀해주시면 좋을 것 같습니다.

박한희 앞서 이야기했듯 1996년 '아니마'가 있었지만 운동의 주류로 드러나진 않았고 트랜스젠더 운동은 2006년에 본격적으로 시작됐다 할 수 있습니다. 이때 민주노동당 성소수자 위원회에서 '성전환자 성별변경 등에 관한 특별법' 제정을 추진하기로 하고 성소수자 인권단체와 결합하여 공동연대가 결성됐습니다. 또한 그 과정에서 모인 사람들이 트랜스젠더 운동의 필요성을 느끼면서 '한국성전환자인권연대(준) 지렁이'라는 단체를 결성했습니다. 동시에 최초의 트랜스젠더 인권 실태조사인 '성소수자 인권 실태조사'가 이뤄지죠. 트랜스젠더 운동은 이때가 가장 활발했던 시기라고 봅니다. 그리고 2006년에 故 노회찬 의원 대표발의로 성전환자 성별변경 등에 관한 특별법안이 발의됐지만 결국 국회에서 진전이 안 되면서 법안 논의는 그 뒤로 소강상태에 접어들었습니다. 지렁이는 이후로도 활발히 활동을 하다가 2010년 해소합니다.

이후 시기적으로는 2010년대 중반부터 아주 다양한 당사자 단체들이 나와요. 2013년에 한국성적소수자문화인권센터의 '트랜스젠더 삶의 조각보 만들기' 프로젝트를 거쳐 2015년에 '트랜스젠더 인권단체 조각보'가 정식 출범합니다. 비슷한 시기에 '성별이분법에 저항하는 사람들의 모임 여행자'라는 트랜스젠더, 논바이너리, 젠더퀴어를 모두 포함하는 단체도 등장했습니다. 2016년에는 '무성애 가시화 행동 무:대', 2017년에는 '한국 인터섹스 당사자모임 나선'이 결성되고요.

여기에는 SNS 발달의 영향도 있을 것 같습니다. 특히 트위터 같은 데서 성소수자 커뮤니티를 찾기가 쉬워졌거든요. 가령 동성애자 같은 경우에는 옛날부터 종로나 홍대, 이태원이란 오프라인 거점이 있었잖아요. 트랜스젠더의 경우도 크로스드레서·트랜스젠더 바 같은 형태가 있었죠. 온라인에도 보통 다음카페나 네이버카페에 트랜스젠더 커뮤니티가 형성되어 있었는데요. 그밖에 젠더퀴어나 인터섹스 이런 분들은 아무래도 숫자가 적다보니까 커뮤니티가 생기기 어려웠습니다. 그러다가 SNS가 성장하면서 이런 성소수자 집단도 자생적인 커뮤니티를 만들고, 하나의 운동단체로서 역량이 생기게 됩니다.

이렇게 다양한 단체가 만들어지면서도 그들 간에 연대도 계속해서 이어집니다. 일본이나 외국 활동가들이 한국 성소수자 운동을 보면 무척 놀라거나 궁금해하는 게 어떻게 성소수자 운동이 노동운동, 여성운동, 장애인운동도 같이 하냐고 해요. 다른 나라에선 성소수자 운동은 성소수자끼리만, 노동운동은 노동운동끼리만 하고 있거든요. 그런데 차별금지법 제정운동을 통해 '차별이 단순히 집단 하나의 문제가 아니다' '반차별이란 것은 집단 집단으로 나눌 수 있는 문제가 아니고 다 같이 동등한 사람이라는 연대를 통해서만 할 수 있다' 이런 생각들이 모이면서 연대가 확산된 것 같아요. 운동 자체가 당사자 집단 혼자서 할 수 있는 게 아니고 다양한 영역이 다 같이 한목소리를 낼 수 있다, 그러면서 여러 사람이 목소리를 냄과 동시에 이런 논의를 합칠 수 있는 기반이 필요하다는 인식이 공유된 거죠. 그렇게 해서 지금 무지개행동이 나온 것이고, 단체들이 계속 분화되고 있지만 한편으로는 여전히 무지개행동이라는 하나의 기반을 통해 연대하고 있습니다.

이종걸 커뮤니티가 온라인이든 오프라인이든 잘 모일 수 있는 환경, 같이 무언가 할 수 있는 그런 환경이 확실히 운동에 큰 도움이 되었네요. 운동조직이란 게 사람이 모이고 뭔가 하고자 하는 구성원의 열정이 있어도 결국 돈이나 자원이 없으면 운영할 수 없잖아요. 이런 점에서 커뮤니티의 힘이 컸다고 생각합니다.

박한희 그러면서 지역운동도 함께 성장했죠. 사실 퀴어문화축제는 항상 서울에서 열리는 것이 대부분이었고, 2009년부터 대구 퀴어퍼레이드가 있었습니다만 2017년, 18년부터 그밖의 지역에서도 성소수자를 만나고 싶다는 목소리가 나오기 시작합니다. 이것도 어떻게 보면 온라인 커뮤니티 때문이거든요. 보통 지역 퀴어문화축제가 생겨나는 과정을 보면, 트위터 같은 SNS에서 어느 지역에 사는 성소수자가 있는지 물어보고, 이들이 빠르게 연결되고 만나서 이야기 나누다가 지역 퀴어문화축제를 기획하는 논의로 이어지는 경우가 많아요. 그래서 지역의 성소수자 운동도 지금 이렇게 폭발적으로 늘어날 수 있었던 거죠.

이호림 청소년 성소수자가 자체적인 모임을 만드는 것도 오프라인이 기반이 아니라 2000년대 중반 '라틴'Rateen이라든가 온라인 커뮤니티를 통해서였습니다. 그런 플랫폼이 중요했던 것 같아요.

홍성수 온라인 매체가 발달하면서 성소수자 운동이 급격히 발전해간 것도 참 흥미로운 대목이네요. 다시 이야기를 이어나가면, 몇년 전 중요한 사건이 하나 있었죠. 2015년 '서울시민인권헌장' 제정이 좌절되면서 성소수자 단체들을 중심으로 서울시청 1층을 점거하는 사태가 발생합니다. 그 점거농성에 특별한 의미가 있을 것 같은데, 이종걸 선생님이 말씀해주실 수 있을까요?

이종걸 성소수자 운동이 최초로 농성을 한 것은 2011년 서울학생인권조례 제정 때였고요, 그후에 2014년 서울시청 무지개농성이 있었죠. 농성을 진행하면서 기존의 가시화 운동을 넘어 성소수자 인권문제를 직접적으로 드러내는 것으로 운동의 목표가 달라졌다고 생각해요. 성소수자에게 인권이 필요하다는 인식과 함께, 권리를 인정받아야 하고 제도화해야 한다는 목표가 더 선명해지기도 했고요. 또한 성소수자 운동뿐 아니라 그동안 함께했던 다양한 연대 단위가 참여한 것도 중요한 대목입니다. 퀴어문화축제가 일반 대중과 어울리는 자리로서 의미가 있다면, 농성은 당사자와 운동주체들의 연대와 투쟁으로서 의미가 있었다고 봅니다.

홍성수 당시의 농성을 회상해보면, 투쟁의 현장에 늘 나타나는 분들도 있었지만, 낯선 분들도 많이 보였던 기억이 납니다. 사실 관공서를 점거한다는 게 그렇게 쉬운 일은 아닌데 말이죠. 익명의 후원금도 많이 모였다고 들었고요. 이런 것들을 보면서 성소수자 운동의 잠재된 힘이 대단하다는 생각을 했던 기억이 있습니다. 그 잠재력을 엿볼 수 있었던 것도 중요한 의미가 아니었을까 합니다. 2015년 이후 상황에 대해서는 이호림 선생님께 여쭤보면 좋을 듯합니다. 2015년에 연대체가 '행동하는 성소수자인권연대'(행성인)로 전환되잖아요. 어떤 맥락이 있었던 건가요?

이호림 다양한 정체성을 가진 사람들이 성소수자 운동 내에서 가시화되는 것과 관련이 있습니다. 1997년 '대학동성애자인권연합'(대동인)으로 출발한 단체가 '동성애자인권연대'(동인련)라는 이름으로 꽤 오랫동안 활동을 해왔죠. 그런 상황에서 내부적으로 '우리 단체 안에 이미 동성애자가 아닌 다양한 정체성을 가지고 있는 사람들이 많다'는 문제의식이 끊임없이 제기되고 있었습니다. 저는 2011년부터 동인련에서 활동을 했는데요. 2012년, 2013년에도 계속 총회 등 회원들이 모이는 자리에서 단체의 이름을 바꾸는 일이 논의되었던 것 같아요. 그런데 단체의 이름을 바꾸기가 쉬운 일은 아니었습니다.

홍성수 오랫동안 성소수자 인권운동을 이끌어온 '동인련'이라는 이름의 상징성을 쉽게 포기하긴 어려웠겠죠.

이호림 네, 그래도 내부에서는 계속 논의가 있었고, 결국 2015년에 단체명을 바꾸는 결정을 내렸습니다. 그냥 성소수자인권연대가 아니라 '행동하는' 성소수자 인권연대로 바꾼 데는 이름에 단체의 정체성을 드러냈으면 좋겠다는 회원들의 바람이 담겨 있어요. 서울시청 농성 같은 직접행동으로 성소수자 존재를 드러내고 인권을 주장하는 운동 속에서 단체의 정체성을 보여줘야 한다는 논의 때문이기도 했습니다.

홍성수 동인련일 때도 그 안에 다양한 성소수자 그룹을 포괄하고는 있었던 거죠?

이호림 네, 이미 트랜스젠더, 젠더퀴어, 무성애자 등 다양한 정체성을 가진 회원들이 있었고 그 목소리를 내부적으로든 외부적으로든 끊임없이 내고 있었지만 초기에 만들어진 이름을 계속 유지했던 거죠. 오랜 시간 활동해왔던 주요 활동가들은 이름을 바꾸는 문제에 회의적이기도 했어요. 단체의 이름에는 역사성과 전통 같은 것이 담겨 있는데 굳이 바꿔야 하느냐는 주장이 있었죠. 그런데 이름을 바꾸고 났더니 실제 회원 중 동성애자가 아닌 정체성을 지닌 사람들이 이런 변화가 자신에게 얼마나 큰 의미인지 말씀하시기도 하고 회원으로서 좀더 자신이 대표되는 느낌을 받았다고도 했어요.

홍성수 외국에서도 동성애homosexual라는 표현도 당연히 쓰이지만 'LGBT'라든가 '퀴어'라는 말이 성소수자를 포괄하는 말로 쓰이고 있고 한국에서는 'LGBT'나 '퀴어'란 말도 쓰이지만 성소수자란 말이 대중화되어 있는 상태잖아요. 동인련이 행성인으로 이름을 바꾸고 본격적으로 성소수자라는 말을 쓰기 시작했던 시기와도 자연스럽게 겹치는 것 같습니다.

한국 성소수자 연구의 궤적

홍성수　주제를 좀 바꿔서 성소수자 연구에 대한 얘기를 해보려고 합니다. 최근 검색을 해보니까 성소수자를 주제로 한 논문도 꽤 있지만, 석사 논문이 쏟아져 나오는 게 특히 인상적이었는데요. 젊은 연구자들의 관심을 반영하는 현상 같습니다. '성소수자 연구'라고 하면 '성적지향·성별정체성 법정책연구회'(SOGI 법정책연구회)를 빼놓을 수 없는데, 이 얘기는 박한희 선생님께 부탁드립니다.

박한희　연구회는 '공익인권법재단 공감'의 장서연 변호사가 처음 구상한 거였어요. 특히 차별금지법 논의가 등장하고 성소수자 운동에서 법제도적인 연구의 필요성에 대한 얘기들이 나오면서 장변호사가 '장애인법연구회'를 참조해서 연구회를 조직합니다. 성소수자 운동 영역에서도 법학자와 다른 연구자들이 함께해보자는 기획으로 사람을 모았던 거죠. 장변호사가 희망법의 한가람, 류민희, 조혜인 변호사에게 모임을 제안하고 이후 법학연구자와 활동가가 결합해 2011년에 연구회가 시작됐습니다.
　연구회의 주요활동은 내부 공부모임과 좌담회, 콜로키움 등의 외부활동이었습니다. 특히 2011년 9월 무지개행동과 함께 일본의 타니구찌 히로유끼 교수를 모시고 '일본 LGBTI 관련 법제도와 현황' 좌담회를 개최하며 연구회를 알리기 시작했습니다. 그러다가 2012년 큰 프로젝트 두개를 진행합니다. 하나는 외부성기 성형수술을 받지 않은 트랜스젠더 남성의 성별정정 신청인데요. 약 일년간의 연구와 준비 끝에 2013년 법원의 허가 결정을 이끌어냅니다. 또 하나는 '친구사이'의 연구용역을 받아 실시한 '한국 LGBTI 커뮤니티 사회적 욕구조사'가 있습니다. 성소수자 3000여명을 대상으로 한 사업으로, 성소수자 운동이 자체적으로 실시한 가장 큰 실태조사였습니다. 이후 2014년에 국가인권위에서 '성적지향·성별정체성에 따른 차별 실태조사'도 진행했고요. 지금도 꽤 많이 인용되고 있는 성소수자 현실에 대한 실태조사를 두차례 진행한 거죠.

또한 2014년부터 「한국의 LGBTI 인권 현황」이라는, 매해 LGBT와 성소수자 관련해서 어떤 일이 있었는지 알아보는 인권보고서를 내고 있습니다. 'SOGI 인권아카데미'라고 성소수자 활동가나 당사자를 교육하는 프로그램도 진행하고 있습니다. SOGI 법정책연구회의 특징은 뭐랄까, 여기저기 빈곳을 채워주는 거예요. 운동 현장에서 자료가 필요하다든가 참고할 수 있는 조사나 교육 같은 게 필요할 때 적절히 거길 메꾸는 역할을 해왔던 것 같네요.

홍성수 어떤 운동이 확산되면서 연구와 연결되는 건 자연스러운 일이죠. 노동운동의 확대가 노동연구의 활성화로 이어진다거나, 노동운동가들이 스스로 노동문제 연구에 관심을 갖게 된다거나 하는 것들 말이죠. 성소수자 영역도 운동 위주였다가 어느 순간 관련 연구가 활성화되기 시작한 것 같습니다. 이호림 선생님은 개인적으로 성소수자 운동 현장에서 활동하다가 연구 쪽에 관심을 갖게 된 셈인데요. 사실 그런 분들이 꽤 많죠? 어떤 계기나 필요성으로 그렇게 연결되는 건가요?

이호림 저는 2011년 초에 성소수자 인권활동을 시작했고 2012년 하반기에 대학원 석사과정에 진학했어요. 대학에 다니면서 활동을 시작했던 것인데, 졸업을 앞두고 진로를 고민할 때 운동과 저의 연결성을 계속 가지고 살고 싶다는 생각을 했어요. 당시에 선택할 수 있는 가장 현실성 있는 일이 대학원에 가서 관련 연구를 하는 거였어요. 성소수자 관련 연구가 부족한 한국의 상황에서 대학원에 진학해 성소수자 연구를 하는 것이 운동에 실질적인 기여를 할 수 있겠다는 생각을 했고요. 좀 전에 홍성수 선생님께서 성소수자 연구가 활성화됐다고 말씀하셨지만 다른 사회적 소수자집단, 장애인이나 이주민에 대한 연구와 비교했을 때 학계의 관심은 여전히 부족한 상황이에요. 양적으로 보나 질적으로 보나 최근 몇년간 이전에 비해 다양한 연구가 진행되고 있긴 하지만요.

홍성수 이주자 문제는 최근 사회적 관심이 높아지고 법무부나 여성가족부 등을 통해 재원이 확보되면서 연구가 더욱 활성화되고 있는 것 같습니다. 성소수자 문제는 아직 연구 재원 자체가 거의 없는 상황이죠. 다만 앞서 언급한 것처럼 석사학위논문이 많이 나오는 현상이 주목할 지점 같은데, 이건 어떻게 봐야 할까요?

이호림 두가지 이유가 있는 것 같아요. 하나는 일단 세대적으로 한국에서 성소수자 연구를 주된 연구 분야로 삼고자 하는 사람들이 제 또래 혹은 저보다 어린 세대의, 대학원 과정 중인 연구자인 거예요. 앞으로 박사논문도 쓰고 계속 이 연구를 해갈 세대가 아직은 무르익는 과정이라는 거죠. 또 하나 학계의 현실적인 이유로는 성소수자 연구에 활용할 양적자료가 부족하다는 것이에요. 가령 장애인이라든가 이주민, 북한이탈이주민 같은 다른 소수자연구 분야는 각종 국가통계자료를 참조할 수가 있고, 실태조사 같은 자료들도 어느정도 축적돼 있잖아요. 즉 연구자 자신이 직접 자료를 수집하지 않아도 접근할 수 있는 자료들이 있기 때문에 해당 분야 연구자들이 논문을 쓰기가 비교적 용이하죠. 반면 성소수자 연구는 그렇지 않다보니까 연구 활성화에 한계가 있어요.

홍성수 자료를 직접 생산한다는 것이 쉽지 않은 일인데 말이죠.

이호림 한국 성소수자 연구를 하려는 사람이 현재로서 할 수 있는 일은 스스로 설문조사 등을 수행해서 자료를 수집해서 연구를 하는 것인데요. 이 경우에 연구자 개인 또는 단일한 연구팀으로서는 국가가 생산하는 사회조사 자료처럼 확률표집을 통해 국가대표성을 갖추기가 어렵거나, 패널을 구축해 장기간 다양한 추적조사를 할 수 없다는 점 등이 현실적 한계로 작용하고 있어요. 이와 관련해서는 현재 국가가 생산하는 사회조사에 성적 지향, 성별정체성의 질문을 포함하는 등 국가수준의 노력이 필요하다고 생각합니다. 그리고 아직까지는 한국의 대학 교수들 중에 성소수자 연구를 자신의 주요 분야로 삼고 계신 분이 극소수잖아요. 그래서 주변 대학원생 얘기를 들어보면 성소수자 주제로 박사과정을 지도해줄 교수를 한국에서 찾는 것 자체가 무척 어려운 상황이라고 해요.

홍성수 일례로 연구소나 대학에 있는 학자들은 자기 전공표시를 할 때 방법론을 적기도 하고 세부분야를 적기도 하는데, 예를 들면 '이주' '장애' '인권' 이렇게 적어놓으시는 분들이 꽤 있죠. 그런데 성소수자 연구를 주연구분야로 명시하는 경우는 거의 못 본 것 같아요. 그런 상황에서 신규 연구자들이 지도해줄 교수를 찾기란 사실 쉬운 일은 아니겠네요.

이호림 성소수자가 주요 분야가 아니더라도 대학원 과정에서 주로 배우는 것은 연구를 어떻게 할 것인가에 대한 방법론이죠, 그래서 저는 대학원 과정에서 꼭 성소수자 연구를 하는 교수님 밑에서 지도를 받아야 된다고 생각하진 않거든요. 그럼에도 학계에 계신 교수님들 중에서는 이 주제를 부담스러워하는 분들도 계신 것 같아요. 누가 나를 지도해줄 수 있을까, 지도교수를 찾는 데부터 장벽이 있는 거죠.

홍성수 지도교수가 본인이 직접 연구하진 않더라도 열린 마음으로 지도해줄 수만 있으면 될 텐데, 그것을 파악하는 것부터 쉽지 않겠네요.
다시 연구의 흐름 이야기로 돌아와서, 2010년대에 연구가 활성화되면서 2016년 '한국성소수자연구회 준비모임'이 만들어집니다. 이 책을 내게 된 계기이기도 했는데요. 그전에 하나 주목해야 할 행사가 있죠. 바로 '성소수자 인권포럼'입니다. 포럼이 열린 지가 꽤 오래됐죠? 지금은 무지개행동이 주관하는 걸로 아는데요. 그 역사를 좀 말씀해주시겠어요?

성소수자 인권포럼: 현장과 연구의 공명

이종걸 포럼은 무지개행동이 시작했던 2008년 11월에 처음 열렸습니다. 당시 무지개행동에 여러 운동 단위가 모여 있는 상황에서 운동의 다양한 논의와 의제를 확장하고 담론을 만들 필요가 있었습니다. 운동 주체들이 기존에 계속 준비해왔던 의제나 고민을 포럼을 통해 나누고 토론해보자는 계획이었죠. 그렇게 매해 열려 이제 12회째가 됩니다. 처음엔 운동의 전략까지 같이 논의하고자 했지만 포럼에서 그러기란 쉽지 않았던 것 같아요. 물론 그것들을 다시 한번 재정비해야 하는 시기이기도 하고요. 그래도 대학생이나 청소년, 성소수자 문제에 관심있어 하는 다양한 사람들이 참여한다는 의미가 있고, 그 과정에서 성소수자 운동도 더 확장됐다고 봅니다.

홍성수 성소수자 인권포럼에 가보면, 일단 '아니 이렇게 참가자가 많다니!'라는 생각부터 하게 됩니다.(웃음) 사실 학술행사에 사람이 그렇게 몰리지 않거든요. 그런데 성소수자를 의제로 한 행사에 많은 청중이 모인다는 게 참 인상적인 부분입니다. 발제문을 봐도 성소수자 운동가들의 발제가 굉장히 수준이 높고 관심의 폭과 깊이가 상당하다는 느낌을 받아요. 또 젊은 연구자들의 발표가 많다는 것도 눈에 띄고요. 아마 기성 학술행사에서는 발표기회를 갖기 어렵기 때문이 아닐까 합니다. 이렇게 운동과 학술, 운동가와 연구자가 만나는 자리로서 의미가 있다는 생각을 해보는데요. 다른 두분 선생님은 매년 포럼에 참여하시면서 어떤 생각을 하셨나요?

박한희 저는 2014년부터 참여하기 시작해서 몇번 발제도 하고 듣기도 했어요. 확실히 규모가 매해 커지는 것 같고 특히 다루는 주제가 넓어지는 것 같습니다. 작년 포럼에서는 크루징, 종교, HIV 감염 문제, 인터섹스 등 다양한 논의가 있었죠. 이런 발전의 배경에는 논리와 담론에 대한 갈증이 있다고 생각합니다. 사실 현장에서 활동하다보면 혐오세력이 계속 해괴망측한 논리를 동원해 차별을 정당화하니 성소수자 운동도 어떤 논리나 전략이 갖춰져야 맞대응할 수 있겠다는 필요성을 느끼게 돼요. 또 어떤 담론을 만들어야 하는데, 현장 활동만으론 안 채워지는 부분이 있고요. 이런 부분을 논의할 자리가 필요하다는 인식이 생기죠. 그래서 연초의 인권포럼을 통해서 최신 이슈들이 무엇인지, 어떤 논의가 필요한지 배우는 겁니다. 실제로 포럼에 참석하는 많은 사람들이 농반진반으로 "1월에 인권포럼에서 지식을 쌓고 높아진 지식수준과 에너지로 6월에 퀴어문화축제 가서 열심히 싸운다"라고 해요(웃음), 일종의 연례행사처럼 되고 있는 거죠.

이호림 인권포럼과 관련해서 저는 대학원에 갔던 계기가 떠오르는데요, 저희 연구실에서 박사과정을 마친 박주영 박사님이 '연구공동체 건강과 대안'에서 일할 때 성소수자 건강에 대한 이슈페이퍼를 냈어요. 그걸 2011년 말에 열린 인권포럼 중 성소수자 건강 관련 세션에서 발표했습니다. 저는 그 발표자료에서 인용된 다양한 해외연구를 보며 '이런 걸 한국에서 할 수 있겠구나'라고 느꼈고, 이것이 대학원 진학을 고민하던 시기에 중요한 참고자료가 되었어요.

성소수자 관련 연구자들이 인권포럼에서 발표하는 게 2013년쯤부터 본격화됐던 것 같고, '퀴어-젠더 연구포럼'이란 이름으로 성소수자 관련 연구를 발표하는 사전포럼이 생긴 게 2016년이에요. 홍성수 선생님께서 말씀하신 대로 성소수자를 연구하는 사람들에게 이제는 포럼이 발표의 기회를 제공하는 중요한 공간이 되었죠.

저는 연구팀에서 진행한 연구를 발표할 때 일반적인 학회에서 하는 것과 인권포럼에서 하는 것이 많이 달랐어요. 저희 연구팀은 친구사이와 「한국 성인 동성애자/양성애자 건강 연구」를, 조각보와 「한국 트랜스젠더 건강연구」를 협업해서 진행했는데요, 연구 참여자들이 성소수자 당사자이기 때문에 포럼에서 성소수자 대중을 상대로 저희의 연구결과를 발표하는 것 자체가 굉장히 중요했어요. 포럼을 통해 성소수자 커뮤니티를 대상으로 연구에 대한 일종의 보고회를 하는 거죠. 포럼에 참여한 사람들과 연구결과에 대해 논의하고 이를 바탕으로 한국 성소수자 건강과 관련한 현황을 환기하는 기회가 되었다고 할 수 있습니다.

홍성수 연구자 입장에서는 당사자들이나 성소수자 문제에 깊은 관심을 갖고 있는 사람들의 코멘트를 들을 수 있는 특별한 자리라고 할 수 있겠네요.

이호림 예를 들어 다른 학회에서 발표할 때 받는 질문과 성소수자 인권포럼에서 받는 질문이 상당히 달라요. 사실 다른 학회에서 발표를 한다면 방법론에 대해서는 좀더 전문적이고 세부적인 질문을 받을 수 있지만, 성소수자라는 집단에 대해서는 다소 피상적인 질문이나 코멘트를 받습니다. 반면 포럼에서는 예컨대 발표한 연구결과에 영향을 미칠 수 있는 성소수자의 사회적 경험에는 어떤 것들이 있는지 같은 후속 연구의 연구질문이나 연구가설이 될 수 있는 부분들을 청중과 토론할 수 있었어요. 저희의 연구결과를 어떤 식으로 설명할 것인가를 같이 이야기해볼 수 있다는 점에서도 좋은 기회였던 것 같아요.

전망과 과제

홍성수 말나온 김에 이호림 선생님은 일년 정도 미국에서 연구하셨던

걸로 알고 있는데, 해외 성소수자 연구의 현황과 한국의 상황을 비교해서 어떤 점을 느끼셨는지 말씀해주시면 좋을 것 같네요.

이호림　저는 2017년 8월에서 이듬해 8월까지 UCLA 법대에 부속된 '윌리엄스 인스티튜트'Williams Institute라는 성적 지향·성별정체성에 대한 법정책연구소에서 방문대학원생 연구원으로 있었습니다. 이곳은 성소수자와 관련한 연구를 하는 법학자와 보건학자, 경제학자 등 다양한 분야의 연구자들이 소속된 다학제적인 연구소예요. 연구소에 있으면서 미국의 성소수자 연구 환경이 어떤지에 대해서 몇가지를 엿볼 수 있었습니다.

먼저 국가차원의 지원과 관련해서 말씀드리면 국가가 주관하는 다양한 사회조사에 성적 지향과 성별정체성에 대한 문항이 포함되어 있어요. 미국은 헬시피플Healthy People이라고 10년 단위로 수립하는 국민건강 증진을 위한 국가수준의 계획이 있는데요. 2010년에 발표된 '헬시피플 2020'의 성소수자 건강 관련 목표 중 하나로 성적 지향 및 성별정체성 문항을 포함하는 국가수준의 건강 관련 조사자료의 규모를 키우는 것이 있었어요. 실제 지난 10년 동안 이런 성소수자 관련 문항을 포함하게 된 자료가 많아졌고, 이는 성소수자 건강을 연구하는 연구자가 활용할 수 있는 자료가 많아졌다는 의미인 셈이죠. 한국도 '국민건강영양조사' '복지패널' '근로환경조사' 같은 자료에 이러한 질문들이 포함되면 성소수자 연구가 활발해지는 중요한 계기가 될 것이라 생각합니다.

거의 대부분의 주요 학회 내에 성소수자 관련 연구분과 위원회가 존재한다는 것도 인상깊게 봤습니다. 미국 보건학회라든가 심리학회, 사회학회 등의 내부에 성소수자 연구자모임이 있고, 학술대회의 프로그래밍이나 학회활동에도 성소수자 연구가 중요한 영역으로 자리하고 있더라고요. 저는 2017년 미국보건학회의 학술대회에 참여했는데, 하루 종일 성소수자 관련 연구만 발표하는 세션이 있었어요. 여기에 참여하는 것만으로 현재 미국 보건학계에서 어떤 사람들이 성소수자와 관련해 어떤 주제의 연구를 하고 있는지 많이 배울 수 있었습니다. 학회가 성소수자 연구자들이 교류하고 서로의 연구에 대해 이야기를 나눌 수 있는 기회와 공간을 제공하고 있다는 점도 인상적인 부분이었습니다.

홍성수 말씀해주신 대로 국가통계 문제도 중요하죠. 사실 한국에서도 국가통계 같은 게 있으면 관련 연구들이 자연스럽게 성장을 하잖아요. 그런 문제 때문에 성소수자 연구가 활성화되는 데 한계가 있는 것 같습니다. 앞으로 국가 차원의 통계를 내고 자료를 수집하도록 요구하는 것도 필요해보이네요.

이호림 국가통계와 관련한 부분은 성소수자를 연구하는 연구자나 학계의 요구도 필요하겠지만, 성소수자 운동의 주요한 의제가 되어야 할 필요도 있다고 생각합니다. 현재의 상황은 한국사회를 구성하는 시민의 일부인 성소수자의 존재와 삶에 대해 국가가 어떤 것도 알려고 하지 않는다는 사실을 의미하니까요. 연구의 맥락에서 국가통계의 필요성을 짚자면, 하나는 성소수자 집단이 일반 인구와 생활수준이나 사회적 경험, 건강 등의 측면에서 어떤 점이 다르고 어떤 점이 같은가에 대해 알기 위해서는 국가수준의 대표성 있는 통계자료가 필수적이라는 점입니다. 특정한 사회적 집단에 대한 연구에서 해당 집단의 특성을 밝히려면 필연적으로 다른 집단과 비교를 하게 되고, 어쩌면 이러한 비교가 많은 분야에서 연구 행위의 핵심이기도 하잖아요. 예를 들어 '지난 일년간 한국 성소수자의

20%가 차별을 경험했다'라는 연구결과가 있다고 할 때, 이 '20%'라는 수치의 의미를 파악하기 위해서는 다른 사회적 집단에서 같은 기간 동안 어느 정도의 사람들이 차별을 경험하는지와 비교해야 하죠. 이러한 비교는 국가통계, 국가수준의 사회조사에 성적 지향과 성별정체성에 대한 질문이 포함되지 않은 상황에서 엄밀하게 수행되기 어려운 것이 현실입니다.

박한희 정책을 만들 때도 사실 통계가 기본이 돼야 특정 집단이 어떤 어려움을 겪고 있는지 파악되거든요. 그런데 성적 지향에 대해서는 주요 통계지표가 없어서 어려움이 있습니다. 그래서 정부를 상대할 때 늘 건강실태조사나 주거실태조사 같은 조사에 '성적 지향' '동성커플' 등의 항목을 포함해달라고 요구하고 있지만 계속 반영이 안 되는 실정이에요.

이종걸 국가가 직접 실태조사도 하고 통계도 내고 하면서 성소수자의 요구가 무엇이고 그 권리를 어떻게 보장할 것인지 고민해야 하는데, 그런 움직임이 거의 없죠. 그래서 민간에서 직접 기금을 모아 실태조사, 욕구조사를 진행했던 것이고요.

홍성수 그렇습니다. 국가가 제대로 자기 의무를 다하지 않고 있는 상황인 것이죠. 그런 요구들을 모아가는 게 중요한 과제일 것 같습니다. 이제 정리를 해야 되는데요, 다양한 운동의 흐름을 짚어주신 이종걸 선생님께서 현재 수준에서 한국 성소수자 운동의 과제나 나아가야 할 방향을 말씀해주시죠.

이종걸 성소수자 운동이 꾸준히 성장해왔지만, 핵심은 주로 어떤 사건에 대한 대응이었던 같아요. 차별금지법 왜곡에 대한 대응, 혐오세력에 대한 대응 같은 식으로 말이죠. 이제는 우리가 운동을 주도할 필요가 있다고 생각합니다. 주체적인 운동의 의제를 설정하고 기획하여 실행해가야 한다는 것이죠. 그러기 위해 운동조직에 대한 고민도 필요하고요. 예컨대 요즘 대학가에는 성소수자 모임이 정말 많고 연대체인 '대학·청년 성소수자모임연대 QUV'(큐브)도 결성되어 있잖아요. 이런 식으로 모인 사람들이 대학 졸업 후에도 어떻게 성장해갈 수 있을지 고민이 필요한 것이죠. 운동에 대한 열망을 어떻게 담고, 앞으로 이들이 운동을 어떻게 이끌어가도록 만들 것인지가 중요한 과제 같아요.

박한희 덧붙이자면 2015년 여성가족부가 양성평등기본법을 만들면서 '양성평등에는 성소수자를 포함하지 않는다'고 밝힌 적이 있습니다. 혐오·선동세력이 꾸준히 얘기해왔던 '성평등은 젠더 이퀄리티로서 다양한 성별을 포함하지만 양성평등은 남성과 여성만 포함하고 다른 제3의 성을 포함하지 않는다'와 일맥상통하는 발언을 정부가 해버린 거죠. 게다가 요즘은 성평등 얘기만 꺼내도 '이건 동성애를 조장하는 것이다' 이러면서 난리가 납니다. 지금도 경기도에서 성평등 기본조례를 통과시켰다가 의원들 집 앞에서 계속 시위가 벌어지고 심각한 혐오선동이 발생하고 있습니다. 이런 현실에 제대로 대처하기 위해서는 젠더 이퀄리티, 성평등, 성차별 같은 문제가 어떻게 성소수자 문제와 연결돼 있는지, 성적 권리가 성적인 문제와 어떻게 연동되는지, 이런 부분에 대한 연구도 좀더 필요합니다. 페미니즘 진영에서도 퀴어페미니즘에 대한 논의가 있지만 한편으론 최근 페미니즘과 성소수자를 분리하려는 급진적인 주장도 있는 상황에서 이에 대한 더 많은 논의와 운동, 연구가 필요하다는 생각입니다.

홍성수 젠더나 성을 어떻게 구성할 것인가에 대한 문제가 운동 차원에서도 연구 차원에서도 중요한 이슈가 됐죠. 정책이나 법을 만드는 과정에서도 제목을 어떻게 정하고 구체적인 내용을 어떻게 잡아갈지가 예전에는 생각지도 않았던 부분인데 요즘엔 중요해진 것 같습니다. 이호림 선생님은 활동도 하면서 연구도 하는 분으로서 어떤 생각이 있으신가요?

이호림 일단 활동 차원에서는 법제도와 거버넌스를 둘러싼 현재의 지형을 변화시킬 수 있는 돌파구를 찾는 게 가장 시급하다고 생각합니다. 혐오·선동세력과 성소수자 인권, 이 대립구도와 프레임에 갇혀서 법·제도적인 변화를 이루지 못하는 상황에 변화가 절실하다고 봅니다. 정치인과 공무원이 성소수자 의제를 마주할 때마다 반대세력의 존재를 먼저 의식하고, 성소수자 의제를 인권·시민권의 문제로 고민하는 것이 아니라 사회적으로 예민한 사안으로만 취급하는 상황이 현재 성소수자 운동이 당면한 가장 큰 어려움이라고 생각해요. 이 상황을 바꾸기 위해 필요한 운동의 전략이나 활동은 무엇인가를 함께 깊이 고민해야 한다는 문제의식이 하나 있고요. 다른 한편으로는 이종걸 선생님이 활동가 재생산 관련해서 말씀하셨잖아요. 연구 쪽에서는 아직 제가 생산돼야 할 입장이기 때문에 재생산을 고민할 건 아니지만(웃음), 신진 연구자들이 연구할 수 있는 환경이 조성되는 게 필요한 것 같아요. 제가 최근에 성소수자 대학원생/신진 연구자 네트워크를 준비하고 있거든요. 성소수자연구회 모델과 비슷한 것을 학계에 진입하는 대학원생, 신진 연구자들끼리 만들어보려는 노력인데요, 함께 모여 서로의 연구와 고민을 나누는 커뮤니티가 필요하다는 판단으로 이런 모임을 꾸려보고 있습니다. 성소수자 연구를 자신의 주된 연구로 해나가고자 하는 신진 연구자들이 한국에서 연구를 잘할 수 있는 환경이 조성되는 게 필요한 것 같아요.

홍성수 이 정도에서 정리를 해야 할 것 같습니다. 세 분 말씀을 죽 듣고 보니, 성소수자 운동이 최근에 정말 많이 성장했다는 생각이 들면서도, 다른 한편으로 아직도 잠재력이 많이 남아 있다는 생각이 듭니다. 그 잠재되어 있는 힘을 어떻게 모아갈 것인가가 중요한 과제일 듯합니다. 곳곳에 접촉면을 늘리고 네트워크를 강화하는 것도 필요한 일이겠고요. 성소수자연구회의 결성과 이번에 출간되는 이 책이 그 과정에서 나름의 역할을 할 수 있기를 기대해봅니다. 세 분 오늘 말씀 감사했습니다.

대학·청년 성소수자 운동의 전개

심기용

　한국의 성소수자 집회나 행사에 참여해본 사람이라면 상대적으로 젊은 성소수자 활동가들을 꽤 많이 발견했을 것이다. 그중에 상당수가 대학 성소수자모임을 기반으로 활동하고 있다. 성소수자 인권포럼, 퀴어문화축제, 국제 성소수자 혐오 반대의 날 기념행사, 국제성소수자협회 컨퍼런스 등 굵직한 행사마다 대학 성소수자모임 활동가들이 스태프나 조직위원으로 합류해 있는 모습을 마주치게 된다. 성소수자 운동에서 대학 성소수자모임 활동가들의 역할이 적지 않음에도 그들의 기반과 역할에 대한 논의는 드문 편이다. 이 글에서는 부족하게나마 대학 성소수자모임의 변천사와 함께 최근 대학 성소수자 운동의 고민이 청년 정체성에 대한 고민

＊　이 글은 대학·청년성소수자모임연대 QUV가 2016년 발간한 『대학성소수자모임연대 전국50개모임 연대기록물』과 LGBTAIQ 매체 '완전변태' 블로그에 기고된 오리 "대학교 성소수자 모임의 현재와 앞으로 갔으면 하는 길"(2008.11.21. 다중 지성의 정원 발제문)의 기록을 주로 근거하여 작성했다. 특히 대학 성소수자모임의 설립시기들은 대부분이 두 자료를 근거로 한다.

으로 확장되기까지의 과정도 간략하게 다뤄보고자 한다.

대학 성소수자모임 운동, 2013년 이전의 역사

대학 성소수자모임의 역사는 2014년 '대학·청년성소수자모임연대 QUV'(큐브)의 결성 이전과 이후로 나눠 살펴볼 수 있다. 결론부터 이야기하자면 QUV는 '대학 성소수자모임'을 통한 가시화와 커뮤니티 구축이라는 운동모델이 확산하고 모임들 간의 항시적인 연대와 교류가 가능한 연대단체가 되었다. 성소수자 인권운동과 청년·대학 활동가를 지속적으로 연결해주는 매개가 형성되었다는 점에서 운동의 재생산에서도 변곡점이 되었다 하겠다. 그러나 QUV 설립 이전에도 대학 성소수자모임은 자생적으로 활동을 활발히 해왔다. 그 전사는 1995년에서 시작한다.

최초로 공개된 대학 성소수자모임은 1995년 연세대 '컴투게더'다.[1] 이후 서울대 'QIS'(당시 '마음001[2], 1995), 고려대 '사람과사람'(1995), 인하대 '인하시티'(1995)가 만들어지면서, 한국 대학의 성소수자모임 활동이 시작된다. 보통 한국 성소수자 운동이 태동하는 시점을 동성애자인권단체인 '초동회'(1993) 결성으로 이야기하는데, 비슷한 시기 대학 성소수자모임도 함께 그 역사를 시작했다고 할 수 있다.

대략 2010년까지 만들어진 모임을 나열해보면, 건국대 '화랑'(1996), 충북대 '동일인'(1996), KAIST 'EQUEL'(1998), 한국외국어대 '훕산이반'(1998), 한양대 '하이퀴어'(1999), 경북대 '키반스'(2000), 성신여대 LCIS(2000), 성균관대 '퀴어홀릭'(2000), 중앙대 '레인보우피쉬'(2000), 이화여대 '변태소녀하늘을날다'(2001), 홍익대 '홍대인이반하는사랑'(2003), 경희대 '경희레이디'(2004), 한국항공대 '필스'(2007), 단국대 '아웅다웅'(2007), 동아방송예술대 '디마이너'(2008), 건국대 '큐더펠릭스'(2008), 경희대 '메인스트림'(2008), 명지대 '엠스페이스'(2009), 한신대 '고발자'(2009) 등이 있다. 이들 중 다수가 성소수자 통합모임이 아니라 동성애자모임을 표방했다.

　이 시기 대학 성소수자모임의 주요 활동은 이성애 중심적 공간으로부터 일탈한 공간의 형성 또는 친목 중심의 커뮤니티 형성이었지만, 학내외 가시화운동 또는 대사회적 인권운동에 적극적이던 움직임도 포착된다. 예컨대 1996년 연세대 컴투게더, 서울대 마음001, 고려대 사람과사람이 연합하여 '대학동성애자인권운동협의회'를 발족했고, 이후에 '대학동성애자인권연합'을 거쳐 '동성애자인권연대'(현 행동하는성소수자인권연대)로 확장하여 독립했다. 대학 공식 동아리로 인준받은 경우도 드물지만 있었다. 1999년에는 서울대 마음006이 공식 동아리로 인준받아 언론 보도가 되기도 했다.[3] 2003년 고려대 사람과사람이, 2007년에는 연세대 컴투게더가 공식 인준되었다. 또한 학내에 성소수자 잡지나 신문을 발행하는 일도 적지 않았고, 퀴어영화제나 문화제를 개최해온 것으로 확인된다. 예컨대 1995년 서울대 마음001은 소식지를 학내에 배포했고, 연세대에서는 같은 해 성정치문화제가 열려 화제를 모았다. 중앙대에서는 2001년 퀴어영화제를 개최했고, 현재까지도 제작되고 있는 고려대 사람과사람의『퀴어가이드』는 2001년에 창간했다.

2013년 이후 역사와 현재

　대학 성소수자모임이 QUV라는 연대체를 형성한 계기는 2007년 차별금지법 제정을 두고 벌어진 사건이다. 2007년 차별금지법이 처음으로 발의되었지만 제정이 어려워진 상황에서 대학 성소수자모임들은 학내에 차별금지법의 내용과 필요성을 알리는 운동을 전개했다. 그리고 2013년 차별금지법 제정이 또다시 철회되며 좌절되자 "차별금지법 제정을 위한 공동성명"을 채택하여 발표했다. 이후 파편화된 활동들을 하나로 모아낼 필요성을 느끼고 네차례 연대체 구성회의를 거쳐 2014년 1월 17일 QUV를 발족했다.

QUV의 발족 이후 활동이 대외적으로 알려지면서 많은 대학에서 성소수자모임이 생겨났다. QUV의 연대 단위만 세더라도, 2019년 11월 시점으로 77개 모임이 연대하고 있다.[4] 2014년 QUV 설립 이전과 비교하면 압도적으로 많다. QUV의 활동이 가시화되면서 '대학 성소수자모임'의 모델도 보급된 것이라고 평가할 수 있다.

QUV는 공식 인준에 대해 이해가 적거나 어려움이 있는 대학 총동아리 연합회에 공식의견서를 보내거나, 이미 중앙동아리 자격을 갖춘 모임들의 경험을 공유하는 세미나를 열었고 해당 동아리의 활동 증빙을 돕는 등의 플랫폼 역할을 했다. 대학 내 성소수자 차별에 대해서 대학 성소수자모임들이 연대 기자회견을 열거나, 공동성명을 내고 항의방문을 하는 경우도 빈번해졌다. 성소수자가 학생대표자로 나서 당선되는 경우도 생겼다. 특히 동아리 홍보 현수막을 게시하거나, 불특정한 학생들이 볼 수 있는 공간에 동아리 부스를 설치하는 등 한층 적극적인 활동이 여러 대학으로 확산되었다.

한편으로 QUV는 대학 성소수자모임 연대 명의로 시민사회나 인권단체들과의 연대와 소통을 본격화하기 시작했다. 2016년 QUV는 무지개행동 등 인권·시민사회와의 연대를 강화했다. 그리고 2017년 대선 후보에게 성소수자 인권정책을 요구하는 기자회견을 주최하면서[5] QUV가 대학 성소수자모임 연대라는 기반을 바탕으로 정치적으로 개입하는 일들이 본격화됐다. QUV로의 연대가 대학사회 가시화 활동에서 나아가 대사회적 성소수자 인권운동으로 확장하게 된 것이다.

비수도권 대학 성소수자모임은 지역 성소수자 인권단체로 전환을 시도하기도 했다. 현재 부산 성소수자인권모임 'QIP'는 부산대에서, 울산 성소수자 모임 'THISWAY'는 울산대에서, 전북 성소수자 모임 '열린문'은 전북대에서 각각 비롯했다. 활동을 지속하는 성소수자 인권단체가 적거나 아예 없는 비수도권 지역에서는 대학 성소수자모임이 그 역할을 하도록 기대되는 측면이 있고, 스스로 지역 포괄적인 역할을 찾기도 한다.

이 와중에 비수도권 모임과 수도권 모임의 차이가 QUV 내부에서 갈등으로 나타나기도 했다. QUV가 수도권 중심의 관점과 활동 기반을 갖고 있다는 비판이 이어지고 있다. 월례 대표자회의가 서울이나 그 근처 도시들에서 주로 열리거나, 주요 활동들이 서울을 중심으로 전개되기 때문에 비수도권 모임의 활동가가 소외되는 현상이 지속되는 것이다. 이러한 점은 앞으로도 극복해야 할 과제이다.

비수도권 대학 성소수자모임의 지역단체로의 전환은 QUV가 본격적으로 대학이라는 울타리를 벗어나 청년 정체성을 아우르는 방향으로 확장을 시도하는 계기가 되었다. 2019년 3월 QUV는 단체명을 '대학성소수자모임연대'에서 '대학·청년성소수자모임연대'로 변경한다. 이는 연대 단위를 넓히기 위한 의지였을 뿐 아니라 지역모임들의 운영진이 대부분 20대나 30대 초반 청년 활동가인 현실, 그리고 대학을 졸업하거나 취업을 준비해야 하는 청년 성소수자 모임과 활동가의 지속가능성에 대한 고민도 반영되어 있다. 또한 지금이 성소수자 인권운동 전반적으로 '운동의 재생산'을 고민하는 시점이라고 할 때, 대학·청년 성소수자 모임과 그 활동가를 지원하고 양성하는 일에 대학·청년 성소수자모임 스스로도 고민을 시작한 것이다.

대학 성소수자모임에 관한 고민

대학 성소수자모임이 만들어지기 시작할 무렵, 『세계일보』는 "지식의 상아탑이 동성애에 물들기 시작했다"며 힐난했다.[6] 그러나 대학 성소수자모임은 많은 경우 학생사회와 분리된 게토로서 자신들만의 안전한 공간을 만드는 것조차도 버거운 상황이다. 누구를 계몽하거나 선도하는 역할을 시도한 모임도 있겠지만 그것보다는 성소수자가 존재한다는 가시성만으로도 당사자뿐 아니라 그것을 인지하게 되는 대학사회에 주는 의미가 있다. 그런 면에서 대학 성소수자모임 운동은 분리된 커뮤니티를 지향함으로써 대학이라는 공간이 전제하는 이성애 중심성에 틈을 내는 만남과 존재를 가시화해왔다.

하지만 이제 성소수자 커뮤니티가 다양한 방법으로 형성 가능하고 접근 가능하다는 점을 고려했을 때, 대학 성소수자모임의 역할은 무엇이어야 하는가도 고민해볼 필요가 있다. 성소수자 커뮤니티의 변화, QUV의 변화, 그리고 우리 스스로의 변화. 변화하는 현실 속에서, 지금까지 쌓아온 자원의 기반 위에서 어디로 나아갈지 고민해야 한다.

성소수자에 대한 혐오에 맞서
공존의 사회를 호소하는 연구자들의 입장

1. 우리 연구자들은 최근 한국사회에서 쏟아지는 성소수자에 대한 비과학적이고 시대착오적인 편견과 허위성 발언들에 개탄한다. 성소수자를 부도덕하고 비정상적이고 사회적으로 위험한 존재로 몰아가는 차별선동이 분열과 갈등을 초래하고, 결과적으로 사회 전반을 병들게 하는 현실에 깊은 우려를 표명한다.

2. 오늘날 인류가 인간의 다양한 섹슈얼리티와 젠더를 발견하게 되기까지, 오랜 세월 학자들이 진지하게 탐구하고 축적해온 연구들이 있었음을 우리는 기억한다. 이러한 연구들을 바탕으로 하여, 이제 우리는 성별이분법적이고 이성애 중심적인 사고를 벗어나, 인간의 다채로움을 존중하고 환영할 수 있게 되었다.

3. 앞선 학자 및 연구자들의 연구결과들을 보며 우리는 이 자리에서 다시금, 성소수자가 치료의 대상이 아니고, 서구의 산물이거나 시혜적으로 돌봐야 할 존재도 아니며, 성소수자나 비성소수자를 막론하고 모두 다양성을 가진 동등한 인간이라는 점을 확인한다.

4. 우리는 사회에서 성소수자와 에이즈를 결부시키는 조작된 낙인과 공

포, 학교 안에서 일어나는 성소수자 혐오성 괴롭힘과 폭력, 성소수자의 존재를 인정하지 않고 억압하는 공격 등을 목격한다. 이는 인류의 진보를 무시하고 인간의 다양성과 존엄성을 외면하는 부끄러운 모습이다.

5. 우리는 헌법과 국제인권법의 정신에 따라, 누구도 성소수자라는 이유로 차별받지 않는 평등한 세상이 이루어져야 한다고 믿으며, 모든 사람이 법 앞에서 존엄한 인간으로 존중받을 수 있도록 법제도적인 개선이 이루어져야 한다고 믿는다. 또 종교의 이름으로 이웃을 배척할 것이 아니라 오히려 더욱 마음을 열고 가까이 다가갈 수 있어야 한다고 믿는다.

6. 우리는 아직까지 자신이 성소수자임을 드러내지 않은 많은 사람들이 우리의 가족, 친구, 동료, 이웃으로 함께 살고 있음을 기억한다. 성소수자들이 안전하게 자신을 표현하며 우리 사회에서 살아갈 수 있도록 공감과 소통의 환경을 만들 의무가 우리에게 있다.

7. 이에 우리 연구자들은 성소수자에 대한 혐오에 맞서고 평등과 우애의 정신으로 공존의 사회를 만들자고 호소하며, 성소수자와 비성소수자가 함께 모여 인간의 다양성을 자랑스럽게 드러내며 기뻐하는 이 축제의 날에, 이 입장서를 발표한다.

  * 이 선언문은 2016년 6월 11일 한국성소수자연구회(준) 명의로 연구자 353명의 서명을 받아 발표한 것임.

1장 젠더와 성소수자: 성별이분법, 불가능한 상상

1 대법원 1996.6.11. 선고 96도791 판결.

2 대법원 2006.6.22.자 2004스42 전원합의체 결정.

3 대법원 2009.9.10. 선고 2009도3580 판결.

4 Julie A. Greenberg, "Defining male and female: Intersexuality and the collision between law and biology," *Arizona Law Review*, 4, 1999, 278면.

5 American Psychological Association, "Answers to your questions about transgender people, gender identity, and gender expression," 2011, https://www.apa.org/topics/lgbt/transgender (2019.11.25. 방문).

6 젠더퀴어, 다양한 성별정체성에 대한 정보는 다음 책을 참조. 성별이분법에 저항하는 모임 여행자 『젠더여행자를 위한 번역책자』, 2017.

7 Andrew R. Flores, Jody L. Herman, Gary J. Gates, and Taylor N. T. Brown, *How Many Adults Identify as Transgender in the United States?*, The Williams Institute 2016.

8 "Third gender marker options in Europe and beyond," *Transgender Europe*, 2017.11.9., https://tgeu.org/third-gender-marker-options-in-europe-and-beyond/ (2019.4.23. 방문).

9 Melanie lackless, Anthony Charuvastra, Amanda Derryck, Anne Fausto-Sterling, Karl Lauzanne and Ellen Lee, "How sexually dimorphic are we? Review and synthesis," *American Journal of Human Biology*, 12(2), 2000, 151~66면.

10 UN Free & Equal: Intersex awaraness, https://www.unfe.org/intersex-awareness/ (2019.10.21. 방문).

11 나영정 외 「한국LGBTI 커뮤니티 사회적 욕구조사 최종보고서」, 친구사이 2014, 107면.

12 의료법 시행규칙 (보건복지부령 제606호, 2019.1.1. 시행) 별지 제7호 서식.

13 가족관계등록사무의 문서 양식에 관한 예규 (가족관계등록예규 제533호, 2018.11.16. 시

행) 양식 제1호.

14 「'인터섹스'로서 느끼는 내 존재의 무게」, 『일다』 2018.8.30., http://www.ildaro.com/sub_read.html?uid=8296&section=sc5 (2019.10.21. 방문).

15 UN Office of the High Commissioner for Human Rights, "Free & Equal Campaign Fact Sheet: Intersex," 2015.

16 장서연 외 「성적지향·성별정체성에 따른 차별실태조사」, 국가인권위원회 2014, 189~90면.

17 「부동산 등기 증명서, 앞으로 성 전환사실 공개 않는다」, 『비마이너』 2014.10.31.

18 「行政文書における性別記載欄の点検·見直しを行いました」, 『大阪府』 2019.3.20., http://www.pref.osaka.lg.jp/hodo/index.php?site=fumin&pageId=34191 (2019.11.24. 방문).

19 2017.10.10.자 사건번호 1 BvR 2019/16; 번역문은 헌법재판연구원 『세계헌법재판동향 뉴스레터』 제28호, 2017.12.

20 성전환자인권실태조사 기획단 『성전환자 인권실태조사보고서』, 2006, 59면.

21 같은 곳.

22 장서연 외, 앞의 글 179면.

23 십대섹슈얼리티인권모임 『청소년 트랜스젠더, 젠더퀴어 설문조사』, 2015, 16면.

24 Jody L. Herman, *Gendered Restrooms and Minority Stress: The Public Regulation of Gender and its Impact on Transgender People's Lives*, The Williams Institute 2013, 76면.

25 장서연 외, 앞의 글 178면.

26 「"아빠, 들어와" 난 여자화장실에 간다」, 『오마이뉴스』 2016.6.16.

27 Ted Eytan, "2016.11.03 All Gender Restroom, Federal Reserve Bank San Francisco, CA USA 08619," https://www.flickr.com/photos/taedc/30452130190/ (2019.10.21. 방문).

28 박한희 「성별구분 없는 모두를 위한 화장실의 조건과 해외의 사례들」, 『'모두를 위한 화장실, 어떻게 만들까 토론회' 자료집』, 2019, 44~58면 참조.

29 Amira Hasenbush, Andrew R. Flores and Jody L. Herman, "Gender Identity Nondiscrimination Laws in Public Accommodations: a Review of Evidence Regarding Safety and Privacy in Public Restrooms, Locker Rooms, and Changing Rooms," *Sexuality Research and Social Policy*, 16(1), 2019.

30 김혜숙 「소송 당사자의 이야기」, 『'구금시설과 트랜스젠더의 인권' 토론회 자료집』, 아름다운재단 공익변호사그룹 공감·천주교인권위원회·한국게이인권운동단체 친구사이·한국성적소수자문화인권센터 2011, 44~45면.

31 「트랜스젠더 수감중 자해 '국가 배상'…"심리불안 상태인데 가위 건네" 판결」, 『한겨레』

2011.1.4.

32 국가인권위원회 2019.3.20.자 17진정0726700 결정.

33 「이발 거부 트랜스젠더 '징벌방' 수용은 부당」,『한겨레』 2014.10.2.

34 "Trans, Gender Variant & Intersex Inmates Policy," Ministry for Home Affairs and National Security of Malta, 2016, https://homeaffairs.gov.mt/en/media/Policies-Documents/Pages/-Trans-Gender-Variant--Intersex-Inmates-Policy.aspx (2019.10.21. 방문).

35 National Offender Management Service Agency Board, "The Care and Management of Transgender Offenders," *Prison Service Instructions 2016*, Ministry of Justice (UK), PSI 17/2016, 2016.11.9., https://www.justice.gov.uk/offenders/psis/prison-service-instructions-2016 (2019.10.21. 방문).

2장 동성애, HIV 감염, 그리고 혐오

1 American Psychiatric Association, "Position Statement on Homosexuality and civil rights," American Journal of Psychiatry, 131(4), 1974, 497면.

2 American Psychiatric Association, *DSM-III: Diagnostic and statistical manual of mental disorders(3rd edition)*, American Psychiatric Association 1980.

3 American Psychological Association, "Sexual orientation and homosexuality: Answers to Your Questions For a Better Understanding of Sexual Orientation and Homosexuality," https://www.apa.org/topics/lgbt/orientation (2019.10.16. 방문).

4 Dinesh Bhugra, Kristen Eckstrand, Petros Levounis, Anindya Kar and Kenneth R. Javate, "WPA Position Statement on Gender Identity and Same-Sex Orientation, Attraction, and Behaviours," *World Psychiatry*, 15(3), 2016, 299~300면.

5 Susan D. Cochran, Jack Drescher, Eszter Kismödi, Alain Giami, Claudia García-Moreno, Elham Atalla, Adele Marais, Elisabeth Meloni Vieira and Geoffrey M. Reed, "Proposed declassification of disease categories related to sexual orientation in the International Statistical Classification of Diseases and Related Health Problems (ICD-11)," *Bulletin of the World Health Organization*, 92(2), 2014, 672~79면. "The gender identity or sexual preference (heterosexual, homosexual, bisexual, or prepubertal) is not in doubt, but the individual wishes it were different because of associated psychological and behavioural disorders, and may seek treatment in order to change it"라고 명시되어 있다.

6 ICD-10 Version: 2016, F66, http://apps.who.int/classifications/icd10/browse/2016/

en#F66.1 (2019.10.16. 방문).

7 "Sick Again? Psychiatrists vote on gays," *Time*, 1978.2.20. (2015년 10월에 열린 '동성
애·동성혼 문제, 어떻게 봐야하나' 토론회 발제문 중 민성길 「동성애, 과연 선천적인
가?」에서 재인용).

8 Franz J. Kallmann, "Comparative twin study on the genetic aspects of male
homosexuality," *The Journal of Nervous and Mental Disease*, 115(4), 1952, 283~98면;
Dean H. Hamer, Stella Hu, Victoria L. Magnuson, Nan Hu and Angela M. L.
Pattatucci, "A linkage between DNA markers on the X chromosome and male
sexual orientation," *Science*, 261(5119), 1993, 321~27면; George Rice, Carol
Anderson, Neil Risch and George Ebers, "Male homosexuality: Absence of linkage
to microsatellite markers at Xq28," *Science*, 284(5414), 1999, 665~67면.

9 Elizabeth M. Saewyc, Carol L. Skay, Sandra L. Pettingel, Elizaveth A. Reis, Linda
Bearinger, Michael Resnick, Aileen Murphy and Leigh Combs, "Hazards of stigma:
The sexual and physical abuse of gay, lesbian, and bisexual adolescents in the
United States and Canada," *Child Welfare*, 85(2), 2006, 195면; Charles W. Socarides,
"Homosexuality and medicine," *JAMA*, 212(7), 1970, 1199~1202면.

10 Barbara L. Frankowski and Committee on Adolescence, "Sexual orientation and
adolescents," *Pediatrics*, 113(6), 2004, 1827~32면.

11 American Psychological Association, "Sexual orientation and homosexuality:
Answers to your questions for a better understanding," https://www.apa.org/
topics/lgbt/orientation (2019.10.16. 방문).

12 황재하 「美기독교 단체 '동성애 치료, 무지의 소산" 사과」, 『머니투데이』 2013.6.21.

13 Melissa Steffan, "Alan Chambers Apologizes to Gay Community, Exodus
International to Shut Down," *Christianity Today*, 2013.6.21.,http://www.
christianitytoday.com/gleanings/2013/june/alan-chambers-apologizes-to-gay-
community-exodus.html?paging=off (2019.10.16. 방문).

14 American Psychological Association, *Report of the American Psychological
Association Task Force on Appropriate Therapeutic Responses of Sexual
Orientation*, 2009.

15 American Medical Association, "Health Care Needs of Lesbian, Gay, Bisexual,
Transgender and Queer Populations H-160.991," Last Modified at 2018, https://
policysearch.ama-assn.org/policyfinder/detail/Health%20Care%20Needs%20
of%20Lesbian,%20Gay,%20Bisexual%20and%20Transgender%20Populations%20
?uri=%2FAMADoc%2FHOD.xml-0-805.xml (2019.10.16. 방문).

16 rançoise Barré-Sinoussi, et al., "Isolation of a T-lymphotropic retrovirus from a

patient at risk for acquired immune deficiency syndrome (AIDS)," *Science*, 220(4599), 1983, 868~71면.

17 Viviana Simon, David D. Ho and Quarraisha A. Karim, "HIV/AIDS epidemiology, pathogenesis, prevention, and treatment," *Lancet*, 368(9534), 2006, 489~504면.

18 Antiretroviral Therapy Cohort Collaboration, "Life expectancy of individuals on combination antiretroviral therapy in high-income countries: a collaborative analysis of 14 cohort studies," *Lancet*, 372(9635), 293~99면.

19 Hasina Samji, et al., "Closing the Gap: Increases in Life Expectancy among Treated HIV-Positive Individuals in the United States and Canada," *PLoS One*, 8(12), 2013.

20 Eugene McCray and Jonathan H. Mermin, "Dear Colleague Letter," Centers for Disease Control and Prevention, 2017.9.27., https://www.cdc.gov/nchhstp/dear_colleague/2017/dcl-092717-National-Gay-Mens-HIV-AIDS-Awareness-Day. html (2019.10.16. 방문).

21 Barbara Silverman and Thomas Gross, "Use and effectiveness of condoms during anal intercourse: a review," *Sexually transmitted diseases*, 24(1), 1997, 11~17면.

22 Anish P. Mahajan, et al., "Stigma in the HIV/AIDS epidemic: a review of the literature and recommendations for the way forward," *AIDS*, 22(Suppl 2), 2008, S67~S79면.

23 Sonya Arreola, et al., "Sexual Stigma, Criminalization, Investment, and Access to HIV Services Among Men Who Have Sex with Men Worldwide," *AIDS and Behavior*, 19(2), 2014, 227~34면.

24 UNDP HIV/AIDS Group, *Global commission on HIV and the law: risk, rights and health*, UNDP, 2012.

25 나영정 외 「감염인(HIV/AIDS) 의료차별 실태조사」, 국가인권위원회 2016, 64면.

26 한국 HIV 낙인 지표 조사 공동기획단 『한국 HIV 낙인 지표 조사』, 한국 HIV/AIDS감염인연합회 KNP+ 2017, 20~21면.

27 인하대학교 의과대학 「HIV 감염인 및 AIDS 환자 인권 상황 실태조사」, 국가인권위원회 2005, 31면.

3장 트랜스젠더가 오롯하게 살아가기 위해서

1 박한희 「'트랜스젠더 정체성'의 비병리화 담론의 전개와 인권적 의의: 국제질병분류 제 11판의 개정을 앞두고」, 『인권연구』 1(1), 2018, 151~200면.

2 Jack Drescher, "Queer diagnoses revisited: The past and future of homosexuality

and gender diagnoses in DSM and ICD," *International Review of Psychiatry*, 27(5), 2015, 386~95면.

3 American Psychological Association, "Answers to your questions about transgender people, gender identity, and gender expression," American Psychological Association 2011, 1~6면.

4 American Psychiatric Association, *Diagnostic and statistical manual of mental disorders (5th edition)*, American Psychiatric Association 2013.

5 Eli Coleman, et al., "Standards of care for the health of transsexual, transgender, and gender-nonconforming people, version 7," *International Journal of Transgenderism*, 13(4), 2012, 165~232면.

6 같은 글; 이호림·이혜민·윤정원·박주영·김승섭「한국 트랜스젠더 의료접근성에 대한 시론」,『보건사회연구』35(4), 2015, 64~94면.

7 Hyemin Lee, Jooyoung Park, Bokyoung Choi, Horim Yi and Seung-Sup Kim, "Experiences of and barriers to transition-related healthcare among Korean transgender adults: focus on gender identity disorder diagnosis, hormone therapy, and sex reassignment surgery," *Epidemiology and Health*, 40, 2018, 1~13면.

8 같은 글.

9 홍성필·이승현「성전환자의 법적 성별 변경 허용시 의료조치 강제에 대한 국제법적 평가: 서울서부지방법원 2013.3.15. 2012호파4225등 결정을 계기로」,『國際法學會論叢』58(2), 2013, 131~60면.

10 박한희「트랜스젠더 트랜지션 의료의 건강보험 보장에 대한 소고」,『공익과 인권』18, 2018, 191~235면.

11 이호림 외, 앞의 글.

12 Hyemin Lee, et al., 앞의 글.

13 Eli Coleman, et al., 앞의 글.

14 Mohammad Hassan Murad, Mohamed B. Elamin, Magaly Zumaeta Garcia, Rebecca J. Mullan, Ayman Murad, Patricia J. Erwin and and Victor M. Montori, "Hormonal therapy and sex reassignment: A systematic review and meta-analysis of quality of life and psychosocial outcomes," *Clinical Endocrinology*, 72(2), 2010, 214~31면.

15 홍성필·이승현, 앞의 글.

16 김승섭·박주영·이혜민·이호림·최보경·레인보우 커넥션 프로젝트『오롯한 당신: 트랜스젠더, 차별과 건강』, 숨쉬는책공장 2018, 51면.

17 강남순 외「트랜스젠더는 왜 법적으로 성별을 변경하려고 하나요?」,『혐오의 시대에 맞서는 성소수자에 대한 12가지 질문』, 한국성소수자연구회(준) 2016, 72~81면.

18 「[단독] 법원, 성전환자 성기수술 안해도 성별 전환 첫 허가」,『한겨레』2013.3.16.

19 「[판결] 법원, '남→여' 성기수술 안한 성전환자 성별정정 첫 허가」, 『법률신문』 2017.2.16.

20 2017.2.14. 청주 지방법원 영동지원 2015호기302 결정.

21 Institute of Medicine, "Context for LGBT Health Status in the United States," *The Health of Lesbian, Gay, Bisexual, and Transgender People: Building a Foundation for Better Understanding*, The National Academies Press 2011, 25~88면.

22 이호림 외, 앞의 글 64~94면; Hyemin Lee, et al., 앞의 글 1~13면.

23 같은 글; 이호림 외, 앞의 글 64~94면.

24 Taylor M. Cruz, "Assessing access to care for transgender and gender nonconforming people: a consideration of diversity in combating discrimination," *Social Science & Medicine*, 110, 2014, 65~73면; Jaclyn Whote Hughto, Sari L. Reisner and John Pachankis, "Transgender stigma and health: A critical review of stigma determinants, mechanisms, and interventions," *Social Science & Medicine*, 147, 2015, 222~31면; Hyemin Lee, et al., 앞의 글 1~13면; Kevan Wylie, Gail Knudson, Sharful Islam Khan, Mireille Bonierbale, Suporn Watanyusakul and Stefan Baral, "Serving transgender people: clinical care considerations and service delivery models in transgender health," *Lancet*, 388(10042), 2016, 401~11면; 이호림 외, 앞의 글 64~94면; 손인서·이혜민·박주영·김승섭「트랜스젠더의 의료적 트랜지션과 의료서비스 이용: 사회적 낙인과 의료적 주변화」, 『한국사회학』 51(2), 2017, 155~89면.

25 김승섭 외, 앞의 책 169~70면.

26 김승섭·박주영·이혜민·이호림·최보경「한국 트랜스젠더의 차별과 건강: 설문조사 기반 양적 연구」 레인보우 커넥션 프로젝트 2017.

4장 성소수자의 노동: 혐오와 차별의 일상과 위태로운 노동권

1 한국갤럽「데일리 오피니언: 동성결혼, 동성애에 대한 여론조사: 2001/2014/2017년 비교」, 2017.6.1. 갤럽리포트 4면, https://www.gallup.co.kr/gallupdb/reportContent.asp?seqNo=837 (2019.10.16. 방문).

2 「2018년 사회통합실태조사」, 한국행정연구원 2018, 67면.

3 Nick Drydakis, "Sexual Orientation Discrimination in the United Kingdom's Labour Market: A Field Experiment," *Institute for the Study of Labor*, 2014, 13면.

4 Emma Mishel, "Discrimination against Queer Women in the U.S. Workforce: A Résumé Audit Study," *Socius: Sociological Research for a Dynamic World*, 2, 2016, 6면.

5   이 글에서는 성소수자 몇명의 인터뷰 내용을 인용한다. 인용 부분은 성소수자의 차별 경험에 대한 질적 연구들과 성소수자를 인터뷰한 신문기사에서 가져온 것이며, 인용 부분마다 출처 표시를 했다. 출처가 표시되어 있지 않은 인용은 필자가 직접 진행한 심층면접 내용이다. 인용 부분에는 가명, 성적 지향 또는 성별정체성, 나이대, 직업 등을 표기했다. 연구마다 분석 틀이 달라서 일부 정보가 없는 경우도 있다.

6   2014년에 성소수자 948명의 차별 경험 실태를 조사한 연구 결과다. 장서연 외 「성적지향·성별정체성에 따른 차별 실태조사」 국가인권위원회 2014, 130면.

7   장서연 외, 앞의 글 90면.

8   Chaka L. Bachmann and Becca Gooch, "LGBT in Britain: Work Report," Stonewall 2017, 10면.

9   장서연 외, 앞의 글 90면.

10 같은 글 131면.

11 곽이경 "노동하는 유령들: 동성애자의 노동 경험을 통해 본 성정체성에 따른 고용차별 연구", 성공회대학교 NGO대학원 석사학위논문, 2011, 72면.

12 장서연 외, 앞의 글 97, 133면.

13 같은 글 97면.

14 김정혜 「고용상 성적지향 차별 및 괴롭힘 연구: 여성 성소수자의 경험을 중심으로」, 『민주법학』 70, 2019, 217면.

15 Chaka L. Bachmann and Becca Gooch, 앞의 글 12면. 게이, 레즈비언, 양성애자 중에서 양성애자가 커밍아웃하지 않은 비율이 가장 높았다. 직장에서 누구에게도 커밍아웃하지 않은 비율은 양성애자의 38%, 게이의 7%, 레즈비언의 4%였다. 트랜스젠더는 26%였다.

16 장서연 외, 앞의 글 120면.

17 같은 글 148면.

18 「"게이처럼 굴지 마라? 성소수자를 향한 폭력"」, 『오마이뉴스』 2018.5.10.

19 곽이경, 앞의 글 84면.

20 『오마이뉴스』 2018.5.10., 앞의 기사.

21 나영정 외 「한국 LGBTI 커뮤니티 사회적 욕구조사 최종보고서」, 친구사이 2014, 78면.

22 이경 「세 번째 사람, 게이 기간제교사 비씨: 20대의 '안정'이라는 꿈」, 『"나, 성소수자 노동자"』, 성소수자 노동권모임 2011, 36면.

23 곽이경, 앞의 글 68면.

24 같은 글 64면.

25 같은 글 69면. 노동자가 20년 근속하고 사망한 뒤 배우자가 20년간 유족연금을 수령하는 경우를 기준으로 추산한 금액이다.

26 같은 글 63면.

27 같은 글 61면.

28 같은 곳.

29 장서연 외, 앞의 글 127, 151면; 나영정 외(2014)에서도 '나의 성적 지향/성별정체성을 알리고 싶지 않아서'가 67.4%로 가장 많았다. 나영정 외, 앞의 글 32면.

30 장서연 외, 앞의 글 113면.

31 나영정 외, 앞의 글 120면.

32 "Corporate Equality Index 2019," Human Rights Campaign Foundation, 2019.

33 「성소수자 후원부터 채용혜택까지…1000조 '핑크머니' 노리는 기업들」, 『아시아경제』 2018.7.10.

성적 다양성을 존중하는 기업들

1 Lisa van Beek, Alessandra Cancedda and Carlien Scheele, "The Business Case for Diversity in the Workplace: sexual orientation and gender identity," European Commission 2016, 59면.

2 같은 곳.

3 "How AP tallied the cost of North Carolina's bathroom bill," *Associated Press*, 2017.3.27., https://apnews.com/ec6e9845827f47e89f40f33bb7024f61/How-AP-tallied-the-cost-of-North-Carolina's-"bathroom-bill" (2019.10.16. 방문).

4 Corinne Jurney, "North Carolina's Bathroom Bill Flushes Away $630 Million In Lost Business," *Forbes*, 2016.11.3., https://www.forbes.com/sites/corinnejurney/2016/11/03/north-carolinas-bathroom-bill-flushes-away-750-million-in-lost-business (2019.10.16. 방문).

5 *Associated Press*, 2017.3.27., 앞의 기사.

6 「IBM의 채용 정보」, 한국아이비엠, https://careers.ibm.com/ListJobs/All/Search/Country/KR/?lang=ko (2019.10.16. 방문).

7 「신입사원 채용에 성소수자 우대」, 『SBSCNBC』 2011.9.23., http://sbscnbc.sbs.co.kr/read.jsp?pmArticleId=10000254831 (2019.10.16. 방문).

8 Alice Ashworth, "TRAINING: Educating staff about lesbian, gay and bisexual equality," Stonewall 2014, 20면.

9 「행동규범 가이드라인」, 삼성전자 2016, https://www.samsung.com/sec/ir/corp-governance/global-code-of-conduct (2019.10.16. 방문).

10 「윤리규범 실천지침」, 포스코, http://www.posco.co.kr/homepage/docs/kor6/jsp/ethics/s91a3000070c.jsp (2019.10.16. 방문).

11 에어비앤비의 다양성 정책에 대한 설명은 https://www.airbnb.co.kr/diversity (2019.10.16. 방문)을 참조.

12 「협력업체에 대한 책임」, 애플, https://www.apple.com/kr/supplier-responsibility (2019.10.16. 방문).

13 「협력업체 책임 표준」, 애플 2019, 4면, https://www.apple.com/kr/supplier-responsibility/pdf/Apple-Supplier-Responsible-Standards.pdf (2019.11.3. 방문).

14 "20-day paternity leave, same-sex partner benefits offered at Unilever," *ABS-CBN News*, 2018.8.28., https://news.abs-cbn.com/business/08/28/18/20-day-paternity-leave-same-sex-partner-benefits-offered-at-unilever (2019.10.16. 방문).

15 「日本航空株式会社様「LGBTに関する明文化された社内規則」」, 『虹色ダイバーシティ』 2017.5.15., http://nijiirodiversity.jp/日本航空株式会社 (2019.10.16. 방문).

16 "Support for LGBT employees," SoftBank, https://www.softbank.jp/en/corp/hr/personnel/diversity (2019.10.16. 방문).

17 「野村グループ(野村證券株式会社 等)様「LGBTに関する明文化された社内規則」」, 『虹色ダイバーシティ』 2017.3.19., http://nijiirodiversity.jp/nomura (2019.10.16. 방문).

18 『성소수자 친화적 직장을 만들기 위한 다양성 가이드라인』, SOGI법정책연구회 2018, 51면.

19 같은 글 39면.

20 Lisa van Beek, et al., 앞의 글 37면.

21 『虹色ダイバーシティ』 2017.5.15., 앞의 기사.

22 "Same-Sex Couples Can Now Share Mileage Program Benefits: for a More LGBT Friendly World," *What's up? ANA*, 2016.8.3., https://www.ana.co.jp/ana_news/en/2016/08/03/20160803-1.html (2019.10.16. 방문); "ANAカードファミリーマイル", ANA, https://www.ana.co.jp/ja/jp/amc/reference/anacard/familymile.html (2019.10.16. 방문).

23 *What's up? ANA*, 2016.8.3., 같은 기사.

24 "EMPLOYEES & CULTURE: Creating a more inclusive Google," Google, https://diversity.google/commitments (2019.10.16. 방문).

25 "IBM Policies & Principles," IBM, https://www.ibm.com/ibm/responsibility/ibm_policies.html (2019.10.16. 방문).

5장 성소수자에 대한 편견: 논리적 오류를 넘어서

1 「'엄마'를 욕하며 노는 아이들…교실이 '혐오의 배양지'가 되었다」, 『경향신문』 2017.10.2.

2 「인권 첫걸음」, 『국가인권위원회 인권강사양성과정 자료집』, 2015, 103면.

3 필자는 『불편하면 따져봐』(창비 2014)의 6장에서 동성애 차별의 논리적 오류를 다룬 바 있다. 본문의 일부는 그 글을 수정·보완한 것이다.

4 조남주 『82년생 김지영』, 민음사 2016.

5 관련 내용은 다음을 참조. 최훈 「혐오 표현의 논리학: 통계적 차별과 인권」, 『범한철학』 94, 2019, 135~55면.

6 성소수자 중에서 남성 동성애자의 인지도가 가장 높아 성소수자에 대한 편견은 남성 동성애자에 집중되어 있다. '호모 새끼'라는 욕설도 아주 흔하게 내뱉어진다. 가부장적인 문화가 지배적인 대부분의 나라에는 남성에 대해 '남자다워야' 한다는 고정관념이 널리 퍼져 있기 때문에, 이러한 '남성성'이 부족한 남성 동성애자에게 유난히 강도 높은 혐오가 발생하곤 한다. 남성 동성애자를 가리키는 '호모'('호모섹슈얼'의 준말)가 성소수자 전체를 가리키는 말로 잘못 쓰이고 있는 것도 남성 동성애가 가장 많이 알려져 있기 때문이다. 일본의 만화 '짱구는 못말려'에는 꽤 많은 여장남자(일본에서는 '오까마'라고 한다)가 등장하는데, 우리나라에서는 초기에 이를 '호모'라고 잘못 번역했다. 황정은의 소설 『야만적인 앨리스 씨』(문학동네 2013, 94면)에도 여장남자를 '호모 새끼'라고 욕하는 장면이 나온다. 어린이가 주로 보는 '짱구는 못말려'에 성소수자 캐릭터가 자주 등장하는데, 아이들은 그냥 재미있는 캐릭터로 생각할 뿐 거기서 어떤 혐오도 느끼지 않는다.

7 2018년 5월 13일 서울 시장 후보 김문수 씨는 동성애를 담배에 비유한 발언을 했다. 그는 유튜브 합동 인터뷰에서 "동성애는 담배 피우는 것보다 훨씬 위험하고 한번 맛을 들이면 끊을 수 없"고, "동성애자들로 에이즈환자가 생기면 (그 환자를) 100% 다 의료보험에서 지원해주기 때문에 의료보험 재정이 엄청나게 고갈된다"라고 말했다. 「김문수 "동성애, 흡연보다 위험해" 혐오 발언」, 『프레시안』 2018.5.24. '지방선거 혐오대응 전국네트워크'는 김문수 후보가 혐오 발언을 했다고 국가인권위원회에 진정했다. 「"동성애로 에이즈 늘어"…시민단체, 김문수 발언 인권위 진정」, 『뉴스1』 2018.6.19.

8 관련 내용은 최훈 「노인에 대한 편견과 차별」, 정진주 외 『나이 들어도 괜찮을까?: 존중받는 노인을 위한 인권 이야기』, 삶은책 2017, 47~72면 참조.

9 이에 대해 성소수자 혐오진영은 세계보건기구가 성소수자들의 협박 때문에 어쩔 수 없이 동성애를 질병 목록에서 제외했다는 주장을 한다. 어처구니없음을 넘어 가여움까지 느껴진다. 「동성애는 왜 과거 정신질환 목록에 있었고, 그것이 갑자기 삭제되었을까?」, 『기독일보』 2018.3.21.

10 「[대선토론 하이라이트] 홍준표 "동성애 반대하느냐" 질문에 문재인 "좋아하지는 않는다"」, 『JTBC News』 2017.4.25., https://youtu.be/isdZ1M2UHcE (2019.10.25. 방문).

11 질문과 대답은 다음과 같다.
질문: 동성애자들의 생각이나 삶을 다룬 책, 영화, 연극을 본 적이 있는지? 그들의 운동에 대해 어떻게 생각하는가?

이회창: 본 적은 없다. 동성애자들의 사생활도 인정받고 인권도 보장돼야 한다는 데는 공감이 가는 점도 있다. 그러나 동성애가 일반적으로 정상적인 것으로 비치지 않는 현실에서 이들의 사회운동화를 선뜻 받아들일 수는 없을 것으로 본다.

김대중: 특별히 접할 기회가 없었다. 나는 동성애에 동의하지 않지만, 동성애도 이성애와 같이 인간에 대한 애정을 기본으로 하고 있다는 점에서 무조건 이단시해서는 안 된다고 생각한다. 동성애자 활동 역시 인권보장의 한 부분으로 접근하는 시각이 필요하다.

이인제: 동성애는 아주 미묘한 문제다. 사회에 저항하고 자신의 성 아이덴티티를 주장한다는 점에서 긍정적이지만, 자연의 섭리를 바탕으로 인간다운 삶이 과연 어떤 형태가 될 것인가에 대해서는 아직 결론을 내리지 못했다. 그러나 중요한 것은 영화 「필라델피아」에 나타난 것처럼 동성애자를 하나의 신성한 인격체로 바라보는 따뜻한 시선이다.

권영길: 영화 「필라델피아」를 보았다. 나는 한국사회가 동성애 운동을 수용할 수 있는 충분한 사회적 여건을 갖추었고, 당국 역시 이러한 사회 조류에 발맞추어야 한다고 생각한다.

「'문화 대통령'은 누굴까: 대선후보 4명의 문화지수 입체비교」, 『한겨레』 1997.11.28.

6장 성소수자와 그리스도교: 성공할 수 없는 그들만의 마녀재판

1 마커스 J. 보그 『그리스도교 신앙을 말하다: 왜 신앙의 언어는 그 힘을 잃었는가?』, 김태현 옮김, 비아 2017, 341~42면.

2 "하느님은 이 세상을 극진히 사랑하셔서 외아들을 보내주시어 그를 믿는 사람은 누구든지 멸망하지 않고 영원한 생명을 얻게 하여주셨다."(요한의 복음서 3장 16절, 공동번역개정판), "나는 너희에게 새 계명을 주겠다. 서로 사랑하여라. 내가 너희를 사랑한 것처럼 너희도 서로 사랑하여라. 너희가 서로 사랑하면 세상 사람들이 그것을 보고 너희가 내 제자라는 것을 알게 될 것이다."(요한의 복음서 3장 34~35절, 공동번역개정판).

3 린다 우드헤드 『기독교: 기독교의 교리, 유형, 역사에 대한 간결한 입문』, 김학철·남진영 옮김, 시그마프레스 2012, 32면.

4 "고아와 과부의 인권을 세워 주시고 떠도는 사람을 사랑하여 그에게 먹을 것, 입을 것을 주시는 분이시다."(신명기 10:18, 공동번역개정판), "착한 길을 익히고 바른 삶을 찾아라. 억눌린 자를 풀어주고, 고아의 인권을 찾아주며 과부를 두둔해 주어라."(이사야 1:17, 공동번역개정판), "고아들의 아버지, 과부들의 보호자, 거룩한 곳에 계시는 하느님이시다."(시편 68:5, 공동번역개정판), "이 야훼가 말하지 않더냐? 법과 정의를 실천하고, 억울하게 착취당하는 사람들을 건져주며, 더부살이와 고아와 과부를 괴롭히거나 학대하지 말고 이곳에서 죄 없는 사람을 죽여 피를 흘리지 말라고."(예레미야 22장 3절, 공동번역개정판).

5 '성자'라 불렸던 권정생 선생은 하느님이 상대적 약자나 사회적 소수자들의 하느님임을, 사회의 언저리에 살고 있는 가난한 이들의 하느님이 바로 '우리들의 하느님'임을 강조했다. 권정생 『우리들의 하느님: 권정생 산문집, 개정증보판』, 녹색평론사 2008년.

6 마태오의 복음서 25장 31~46절의 비유를 공동번역개정판이나 표준새번역으로 읽어보면 성서가 어떤 사람들을 "보잘것없는 사람"으로 지칭하는지 잘 알 수 있다. 주로 한국 개신교에서 사용하는 개역성경개정판은 이들을 "작은 자"라고 표현하고 있다.

7 「"동성애는 성서에 어긋난 죄악…배척 않고 설득"」, 『국민일보 미션라이프』 2018.7.18.; 「예장통합 세미나, "동성애 사상은 이단" 주장」, 『가스펠투데이』 2018.7.18., http://www.gospeltoday.co.kr/news/articleView.html?idxno=1469 (2018.11.3.방문).

8 대한예수교장로회총회 대사회문제(동성애)대책위원회 『동성애에 관한 대한예수교장로회총회의 입장』, 한국장로교출판사 2018, 19면.

9 8개 교단[예장합동·통합·고신·합신·대신(구 백석), 기독교대한감리회, 기독교대한성결교회, 기독교한국침례회] 이단사이비대책위원장 회의 「임보라 목사의 이단적 경향에 대한 보고서」, 15면.

10 「동성애 지지하는 목사, 감리회 떠나라」, 『뉴스앤조이』 2016.1.6.; 「[통합7] 동성애자 및 동성애 옹호자 신학교 입학 불허」, 『뉴스앤조이』 2017.9.19.; 「[통합11]동성애자 및 동성애 지지자, 장로·집사·권사 못 된다」, 『뉴스앤조이』 2017.9.20.; 「[합동14] '목사가 동성애자 추방 가능' 헌법 개정」, 『뉴스앤조이』 2017.9.21.; 「장신대, '무지개 퍼포먼스' 학생들 징계」, 『뉴스앤조이』 2018.7.26.; 「[합동7] '동성애자 집례 거부 및 추방 가능' 헌법 개정」, 『뉴스앤조이』 2018.9.11.; 「[백석대신4] 퀴어신학도 이단 결의」, 『뉴스앤조이』 2018.9.12.; 「[통합20] 동성애자·지지자 목사 고시 자격 제한」, 『뉴스앤조이』 2018.9.12.; 「[합신5] 동성애자 및 지지자 처리 헌법 개정, 절차는 무시」, 『뉴스앤조이』 2018.9.19.

11 야콥 슈프랭거·하인리히 크라머 『마녀를 심판하는 망치: 말레우스 말레피카룸, 마녀 사냥을 위한 교본』, 이재필 옮김, 우물이있는집 2016, 51~52면.

12 「소강석 목사, 동성애 반대 이유 설교」, 『국민일보 미션라이프』 2016.5.27.

13 주미현 「중세 말 근대 초 기독교인들의 마녀에 대한 집단심성」, 『서양사학연구』 11, 2004, 17~19면.

14 황은정 「청교도, 공동체, 그리고 젠더체계에 대한 위협」, 『서양사학연구』 16, 2007, 113면.

15 잭 로저스 『예수, 성경, 동성애』, 조경희 옮김, 한국기독교연구소 2015, 68~72면.

16 당시 미국 남부 사회 주류에서 '노예제도는 성경적이다'는 주장을 펼친 로버트 루이스 대브니 목사가 그리 독특한 존재는 아니었다. 남북전쟁 이후 재건기 남부 법정에서 자주 인용된 선례인 '1870년 인디애나 주 깁슨 사건'의 경우, 깁슨 사건의 판사는 '인종 간 결혼 금지법'을 적법하다고 주장하며 다음과 같이 말했다. "이 주[인디애나 주]에서 결혼은 민사계약이다. 그러나 단순히 민사계약 이상의 것이다. 이것은 하나님에 의해 설

립된 공적 제도이자 모든 기독교와 문명화된 민족들이 인정하는 제도로 사회의 평화, 행복, 복지에 필수적이다. (…) 이 하나님이 주신, 문명화되고 기독교적인 제도를 규제하고 통제하는 일, 수호하고 보호하며 보전하는 권리는 주(州)에 있으며 이 권리는 가치를 산정할 수 없을 정도로 중요하고 포기할 수 없다." 권은혜「미국 내전 이후 인종 간 결혼 규제에 대한 법적 인식의 변화」, 『미국사연구』 43, 2016, 132~33면에서 재인용.

17 정훈택「존재론적 평등성, 기능적 종속성?: 우리의 여성 안수불가 논의에 관하여」, 『신학지남』 1997년 가을호 251면.

18 「소강석 목사, 동성애 반대 이유 설교」, 『국민일보 미션라이프』 2016.5.27.

19 김의환「교회 내 여성사역의 제한성과 중요성」, 『신학지남』 1997년 봄호 19~20면.

20 김애영「로마가톨릭교회 개혁의 주제, 여성 사제직」, 『신학연구』 63, 2013, 93~113면.

21 그 표현이 좀더 세련될지 몰라도 젠더와 퀴어 이슈에서 이성애-가부장 중심 사고와 제도를 '신의 뜻'이자 '성서와 교회의 가르침'으로 확정하여 가르치며 한걸음도 물러서지 않은 건, 천주교회 주류도 마찬가지다. 이는 성공회에서 제기된 여성사제 서품 논쟁에 대해 입장을 밝히고자 1976년 바오로 6세의 지시와 승인으로 신앙교리성이 발표한「여성 교역 사제직 불허 선언」(Inter Insigniores)을 읽어보면 분명하게 알 수 있다. 이후 1994년 요한 바오로 2세는 「남성에게만 유보된 사제서품에 관한 교서」(Ordinatio Sacerdotalis)를 통해 자신들의 입장이 변하지 않았음을 한번 더 천명했다.

퀴어 이슈에 대해서도 마찬가지다. 천주교회는 지금까지 '동성애'에 대해 5번의 공식 입장을 내놓았다. 가장 먼저 1975년 12월 29일에 신앙교리성에서 발표한「성 윤리상 특정문제에 관한 선언」(Persona humanas)에서 다음과 같이 천명했다. "그러나 이 사람들의 조건에 부합한다는 구실 하에 동성행위에 도덕적 정당성을 제공하는 사목방법은 사용될 수 없다. 객관적 도덕 질서에 의하면 동성애적 관계는 본질적이고 필수적 목적을 결여한 행위이다. 성서에서 그 행위가 극심한 부패 행위로 단죄되었고, 하느님을 배척하는 슬픈 결과를 내는 것으로까지 제시된다. 물론 성서의 이런 판단은 이 변태성을 갖는 이들이 모두 그 자신이 책임을 져야 한다고 결론 짓게 하지는 않는다. 그러나 동성애 행위는 내재적으로 병든 것이고 결코 인가될 수 없다는 사실을 입증한다."

이후 신앙교리성에서 1986년 10월 1일「동성애자 사목에 관하여 가톨릭 교회의 주교들에게 보내는 서한」, 1992년 7월 23일「동성애자 차별 철폐 법안 관련 답변에 관한 일부 고찰」그리고 2003년 6월 3일「동성애자 결합의 합법화 제안에 관한 고찰」을 발표하며 줄곧 기존 입장을 고수해왔다. 2015년 11월 4일에는 가톨릭교육성의「동성애 성향을 가진 사람들의 성직 입문 허가에 관한 훈령」을 통해서도 이와 같은 입장을 한 번 더 확인했다. 여기서 언급한 문서들은 한국천주교주교회의 홈페이지(http://www.cbck.or.kr/)에서 번역본으로 열람할 수 있다.

22 저명한 페미니스트 신학자이자 미국가톨릭신학회 회장을 역임한 엘리자베스 A. 존슨(Elizabeth A. Johnson) 수녀는 이런 내용을 대중적인 언어로 풀어 그의 책에서 다루었

다. 이 책은 출간 후 미국가톨릭주교회의에 의해 '금서'로 지목되어 큰 논쟁을 불러일으키기도 했다. 엘리자베스 A. 존슨『신은 낙원에 머물지 않는다: 연민하며 저항하는 사랑의 주를 찾아서』, 박총·안병률 옮김, 북인더갭 2013.

23 주미현, 앞의 글 17~19면.

24 매튜 폭스『원복: 창조 영성 길라잡이』, 황종렬 옮김, 분도출판사 2001년, 291면.

25 이와 관련해 인상적인 책은 디아메이드 맥클로흐(Diarmaid MacCulloch)가 쓴『그리스도교의 역사와 침묵』(배덕만 옮김, 기독교문서선교회 2017)이다. 저자는 잉글랜드성공회에서 부제 서품까지 받았던 성소수자로, 현재는 옥스퍼드대학교 세인트크로스칼리지 교회사 교수다. 이 책 7장은 '게이 성공회-가톨릭 신자들'(gay Anglo-Catholics)에 대해 다루고 있다. 그리고 본격적으로 퀴어 신학을 다루는『무지개 신학: 인종, 섹슈얼리티, 영성 사이의 다리 잇기』(이영미 옮김, 무지개신학연구소 2019)와『급진적인 사랑: 퀴어신학 개론』(임유경·강주원 옮김, 무지개신학연구소 2019)은 이 분야의 필독서인데, 저자인 패트릭 쳉(Patrick S. Cheng)은 유명한 퀴어 신학자로 미국성공회 사제이자 성소수자다. 그외에도 미국성공회 사제이자 신학자인 매튜 폭스(Matthew Fox)가 쓴『원복: 창조 영성 길라잡이』(황종렬 옮김, 분도출판사 2001),『우주 그리스도교의 도래: 어머니 땅의 치유와 지구 르네상스의 도래』(송형만 옮김, 분도출판사 2002),『영성: 자비의 힘』(김순현 옮김, 다산글방 2002),『새로운 종교개혁: 창조영성과 기독교의 변혁에 관한 95개조 반박문』(김영명·문희춘 옮김, 코나투스 2010), 잉글랜드성공회 사제이자 신학자인 케네스 리치(Kenneth Leech)가 쓴『사회적 하나님: 교회는 왜 사회에 관심을 둘 수밖에 없는가』(신현기 옮김, 청림출판 2009),『하나님 체험: 현대인이 잃어버린 영적 유산의 회복』(홍병룡 옮김, 청림출판 2011), 샌프란시스코신학대학 교수와 미국장로교회 총회장을 역임한 잭 로저스(Jack Rogers) 목사가 쓴『예수, 성경, 동성애』(조경희 옮김, 한국기독교연구소 2015)도 참고할 만한 책이다.

26 마커스 보그, 앞의 책.

27 같은 책 1~2장.

28 같은 책 4장.

29 권정생, 앞의 책 27면.

7장 청소년 성소수자의 안전지대를 찾아서

1 장서연 외「성적지향·성별정체성에 따른 차별 실태조사」, 국가인권위원회 2014, 15~16면.

2 민법 제914조(거소지정권)에 따르면 자녀는 친권자가 지정한 장소에 거주해야 한다.

3 강병철·김지혜「청소년 성소수자의 생활실태 조사」, 한국청소년개발원 2006, 90면.

4 같은 글 64~65면.

5 장서연 외, 앞의 글 27~29면.

6 나영정 외 「한국LGBTI 커뮤니티 사회적 욕구조사 최종보고서」, 친구사이 2014, 36면.

7 강병철·하경희 「청소년 동성애자의 동성애 관련 특성이 자살 위험성에 미치는 영향」, 『청소년학연구』 12(3), 2005, 267~89면.

8 강병철·김지혜, 앞의 글 79~80면.

9 장서연 외, 앞의 글 16면.

10 같은 글 57면.

11 자세한 내용은 It Gets Better Project 홈페이지 참조. https://itgetsbetter.org/

12 자세한 내용은 GSA Network 홈페이지 https://gsanetwork.org/와 GLSEN 홈페이지 https://www.glsen.org/ 참조.

13 Gay-Straight Alliance of Yulee High School v. School Board of Nassau County, 602 F.Supp.2d 1233(M.D. Fla. 2009).

14 Russell B. Toomey, Caitlin Ryan, Rafael M. Diaz, and Stephen T. Russell, "High School Gay-Straight Alliances (GSAs) and Young Adult Well-Being: An Examination of GSA Presence, Participation, and Perceived Effectiveness," *Applied Developmental Science*, 15(4), 2011, 175~85면; UNESCO 『모두에게 안전한 학교를 위한 유네스코 가이드북: 동성애혐오성 괴롭힘 없는 학교』, 무지개행동 이반스쿨 옮김, 유네스코 한국위원회 2013. 원서는 UNESCO, *Good Policy and Practice in HIV and Health Education, Booklet 8: Education Sector Responses to Homophobic Bullying*, UNESCO 2012.

성소수자와 학교교육

1 「동성애 조장하는 교과서, 뜯어고쳐라?」, 『한겨레21』 2014.10.15.

2 「"성교육때 동성애 언급말라"…교육부 지침 논란」, 『한겨레』 2015.3.29.

3 「온라인 인권교육 필수화, 성 소수자 교육 포함 두고 논란 빚어」, 『대학신문』 2018.3.4.

4 UNESCO 『모두에게 안전한 학교를 위한 유네스코 가이드북: 동성애혐오성 괴롭힘 없는 학교』, 무지개행동 이반스쿨 옮김, 유네스코 한국위원회 2013, 4면.

5 장서연 외 「성적지향·성별정체성에 따른 차별 실태조사」, 국가인권위원회 2014.

6 김시은 「성소수자 가출청소년의 보호·지원을 위한 법·정책적 개선방안 연구: 청소년 쉼터를 중심으로」, 『공익과 인권』 17, 2017, 3~27면; 김지혜 「성소수자 아동청소년을 위한 포용적 교육」, 『동향과 전망』 96, 2016, 153~78면; 조대훈 「침묵의 교육과정을 넘어서: 성적소수자의 인권과 사회과교육」, 『시민교육연구』 38(3), 2006, 211~39면.

7 강병철·하경희 「청소년 성소수자의 긍정적 성정체성 형성과정에 관한 질적연구」, 『청소년학연구』 19(2), 2012, 99~128면; 성정숙·이현주 「동성애자인권활동가의 청소년기 경험과 탄력성에 관한 질적 연구」, 『한국아동복지학』 31, 2010, 173~204면; 주재홍 「한국

의 청소년 성소수자들로부터 알게 된 그들의 삶의 이야기들」, 『교육문화연구』 23(1), 2017, 175~215면.

8장 성소수자와 가족: 우리들의 커밍아웃

1   장서연 외 「성적지향·성별정체성에 따른 차별 실태조사」, 국가인권위원회 2014, 16면.
2   Laurie Hetherington and Justin Lavner, "Coming to terms with coming out: Review and recommendations for family systems-focused research," *Journal of Family Psychology*, 22(3), 2008, 329~43면.
3   김진이 「가족의 태도가 성소수자의 커밍아웃 후 정신건강에 미치는 영향: 질적연구」, 가톨릭대학교 상담심리대학원 석사학위논문, 2016, 105~7면.
4   김성연 「대인관계 심리학적 모형으로 본 동성애자의 자살」, 고려대학교 대학원 석사학위논문, 2013, 58~61면.
5   American Psychiatric Association, "Sexual Orientation and homosexuality: Answers to Your Questions For a better understanding of sexual orientation and homosexuality," https://www.apa.org/topics/lgbt/orientation (2018.10.16. 방문).
6   이수진 「드러내기를 중심으로 본 동성애자의 정신 건강 특성」, 연세대학교 대학원 석사학위논문, 1996.
7   Gerald P. Mallon, "Practice with families where gender and sexual orientation is an issue: LGBT individuals and their families," *Multicultural Perspectives in Social Work Practice with Families*, eds. Elaine Congress and Manny J. Gonzales, Springer Publishing Company 2013, 219~24면.
8   Yoel Elizur and Michael Ziv, "Family support and acceptance, gay male identity formation, and psychological adjustment: a path model," *Family Process*, 40(2), 2001, 125~44면.
9   Lon B. Johnston and David Jenkins, "Coming out in mid-adulthood: Building a new identity," *Journal of Gay and Lesbian Social Services*, 16(2), 2004, 19~42면.
10 나영정 외 「한국 LGBTI 커뮤니티 사회적 욕구조사 최종보고서」, 친구사이 2014, 32면.
11 Helen Oetjen and Esther D. Rothblum, "When lesbian aren't gay: Factors affecting depression among lesbians," *Journal of homosexuality*, 39(1), 2000, 49~72면.
12 Michael C. Lasala, *Coming out, Coming home: Helping Families Adjust to a Gay or Lesbian Child*, Columbia University Press 2010, 183~97면.
13 Tom Saueraman, "Read this before you coming out to your parents," PFLAG Philadelphia 1995, 1~8면, https://portal.ct.gov/-/media/DCF/SHP/Brochures/

Read_This_Before_coming_out_to_your_parents.pdf?la=en. (2018.10.15. 방문).

14 김진이, 앞의 글 56~61면.

15 Anthony R. D'Augelli, Scott L. Hershberger and Neil W. Pilkington, "Lesbian, gay, and bisexual youth and their families: Disclosure of sexual orientation and its consequences," *The American journal of orthopsychiatry*, 68(3), 1998, 361~71면.

16 Caitlin Ryan, David Huebner, Rafael M. Diaz and Jorge Sanchez, "Family rejection as a predictor of negative health outcomes in white and Latino lesbian, gay and bisexual young adults," *Pediatrics*, 123(1), 2009, 346~52면; 허정은「동성애자의 동성애 관련 스트레스 및 우울과 자살사고(自殺思考)간의 관계」, 서울여자대학교 특수치료전문대학원 석사학위논문, 2004, 35~37면.

17 김진이, 앞의 글 83~84면.

18 Caitlin Ryan, Stephen Thomas Russell, David Huebner, Rafael Diaz and Jorge Sanchez, "Family acceptance in adolescence and the health of LGBT young adults," *Journal of Child and Adolescent Psychiatric Nursing*, 23(4), 2010, 205~12면.

19 김진이, 앞의 글 47~55면.

20 아들이 동성애자임을 알고 절망하는 미국인 엄마가 아들의 동성애 치료를 요청하며 프로이트에게 보낸 편지에 대한 답장 중 일부를 발췌. "A letter from Freud," *The American Journal of Psychiatry*, 107, 1951, 786~87면.

21 Charlotte J. Patterson, "Family relationships of lesbians and gay men," *Journal of Marriage and Family*, 62(4), 2000, 1052~69면.

22 Anthony R. D'Augelli, "Stress and adaptation among families of lesbian, gay, and bisexual youth: Research challenges," *Journal of GLBT Family Studies*, 1(2), 2005, 115~35면; Susan Saltzberg, "Family therapy and disclosure of adolescent homosexuality," *Journal of Family Therapy*, 7(4), 1996, 1~18면.

23 Darryl B. Hill and Edgardo Menvielle, ""You Have to Give Them a Place Where They Feel Protected and Safe and Loved": The Views of Parents Who Have Gender-Variant Children and Adolescents," *Journal of LGBT Youth*, 6(2-3), 2009, 243~71면.

24 Susan J. Leviton, "The shameful fallout of parental rejection for LGBT kids," *Good Therapy*, 2015.3.19., https://www.goodtherapy.org/blog/the-shameful-fallout-of-parental-rejection-for-lgbt-kids-0319155 (2018.10.16. 방문).

25 Alida Bouris and Brandon J. Hill, "Exploring the mother-adolescent relationship as a promotive resource for sexual and gender minority youth," *Journal of Social Issues*, 73(3), 2017, 618~36면.

26 Kendal L. Broad, "Coming out for Parents, Families and Friends of Lesbians and

Gays: From support group grieving to love advocacy," *Sexualities*, 14(4), 2011, 399~415면.

27 Marvin Goldfried and Anita P. Goldfried, "The importance of parental support in the lives of gay, lesbian, and bisexual individuals," *Journal of Clinical Psychology*, 57(5), 2001, 681~93면.

28 가족의 공개 지지를 독려하는 것과 관련된 내용은 다음을 참조. Robert Bernstein, *Straight Parents/Gay Children: Keeping Families Together*, Da Capo Press 1995.

부모가 경험하는 자녀의 커밍아웃

1 Erik F. Strommen, "Hidden Branches and Growing Pains: Homosexuality and the Family Tree," *Marriage & Family Review*, 14(3-4), 1989, 9~34면.

2 이 글에서 소개되는 인용문은 다음의 연구에서 발췌함을 밝힌다. 이지하·김혜선「자녀가 성소수자임을 받아들이게 된 엄마들의 이야기: 그래도 엄마는 네 편이야」,『한국사회복지질적연구』11(3), 2017, 41~67면.

9장 소수자의 가족구성권: 정상가족 모델을 넘어서

1 「국민 50% "결혼 않고 자녀 가질 수 있다."」,『한국일보』2019.5.26.

2 「[big story] 가족의 위기, 우리는 행복한가요」,『한국경제매거진』2019.5.

3 「가족구성권연구소 창립기념 발간자료집」, 가족구성권연구소 2019, 300면.

4 조은주『가족과 통치: 인구는 어떻게 정치의 문제가 되었나』, 창비 2018, 141면.

5 같은 책 143면.

6 2018년 '동성애 퀴어축제 반대 국민대회' 성명서에서 일부를 발췌. 자세한 내용은 https://cafe.naver.com/grace0406/105816(2018.10.4. 방문) 참조.

7 한종수·강희용『강남의 탄생: 대한민국의 심장 도시는 어떻게 태어났는가』, 미지북스 2016, 73면.

8 김영정『여성가족정책사 현장 재조명: 호주제 폐지 운동을 중심으로 본 가족 이슈 변화와 방향』, 서울시여성가족재단 2018, 4면.

9 나영정「정치적 논쟁의 장으로서의 가족: 가족관계등록법에서 생활동반자법까지」,『가족구성권연구소 창립기념 발간자료집』, 가족구성권연구소 2019.

10 같은 글 313면.

11 Martha A. Fireman, *The Neutered Mother, the sexual family*, Routledge 1995, 7면.

12 김순남「왜, 지금 가족구성권인가?」,『가족구성권연구소 창립기념 발간자료집』, 가족구성권연구소 2019, 298면.

13 친구사이·가구넷『신가족의 탄생』, 시대의창 2018, 174면.

14 김순남「이성애 결혼/가족 규범을 해체/(재)구성하는 동성애 친밀성: 사회적 배제와 '독립적' 삶의 모델 사이에서」,『한국여성학』, 29(1), 2013, 85~125면.

15 김순남「이성애 비혼여성으로 살아가기: 지속가능한 비혼, 젠더, 친밀성」,『한국여성학』 32(1), 2016, 181~217면.

16 「주거권과 가족상황차별: 소수자 주거권에 대한 논의를 시작하며」, 소수자주거권확보를위한틈새모임 2012, 72면.

17 『가족구성권연구소 창립기념 발간자료집』, 가족구성권연구소 2019, 300면.

18 김현경『사람, 장소, 환대』, 문학과지성사 2015, 203면.

19 『가족구성권연구소 창립기념 발간자료집』, 가족구성권연구소 2019, 302면.

20 김현경「다음의 자는 가족으로 한다: 현행법상 가족의 개념과 범위」, 2019년 가족구성권연구소 내부 월례포럼 자료(미출간) 1~15면에서 일부를 발췌.

21 「20년 함께 산 아내를 무연고사망자로 보낸 까닭」,『오마이뉴스』 2018.12.10.

22 공선영·박건·정진주「의료현장에서의 보호자 개념은 다양한 가족을 포함하고 있는가?」, 사회건강연구소 2019, 49~50면.

23 캐나다 온타리오 인권법에서 일부를 발췌. 자세한 내용은 .http://www.ohrc.on.ca/ko/%EC%9D%B8%EA%B6%8C%EA%B3%BC-%EA%B0%80%EC%A1%B1-%EC%83%81%ED%99%A9 (2019.10.18.방문) 참조.

24 Natallie Oswin, "The modern model family at home in Singapore: a queer geography," *Transactions of the Institute of British Geographers*, 35(2), 2010, 256~68면.

25 리 배지트『동성결혼은 사회를 어떻게 바꾸는가』, 김현경·한빛나 옮김, 민음사 2016.

26 같은 책 303면.

27 같은 책 56~59면.

28 같은 책 229~32면.

29 Karen Zivi, "Performing the Nation: Contesting Same-Sex marriage rights in the United States," *Journal of human rights*, 13(3), 2014, 290~306면.

30 Joey L. Mogul, Andrea J. Ritchie and Kay Whitlock, *Queer (In)Justice: The Criminalization of LGBT People in the United States*, Beacon Press 2011, 13면.

31 나영정, 앞의 글 314면.

성소수자와 재생산권

1 *Report of the International Conference on Population and Development: Cairo, 5-13 September 1994*, United Nations publications 1995.

2 WHO 홈페이지의 성적 건강(sexual health) 항목 참조. https://www.who.int/topics/

sexual_health/en/ (2019.8.25. 방문).

3 Rosalind Petchesky, *Global Prescription: Gendering Health and Human Rights*, Zed Books 2003, 38면. (국제앰네스티, 「성과 재생산 권리 바로 알기-인권을 위한 프레임워크」, Amnesty International 2012, 20면에서 재인용).

4 UN. Committee on Economic, Social and Cultural Rights, "General comment No. 22 (2016) on the right to sexual and reproductive health (article 12 of the International Covenant on Economic, Social and Cultural Rights)," United Nations 2016.

5 자세한 논의는 다음을 참조. 박종주 「재생산 담론과 퀴어한 몸들」, 『배틀그라운드: 낙태죄를 둘러싼 성과 재생산의 정치』, 성과재생산포럼 기획, 후마니타스 2018.

10장 퀴어운동과 민주주의: 퀴어 죽음정치의 종언

1 조영미 「섹슈얼리티: 욕망과 위험 사이」, 『여성학: 여성주의 시각에서 바라본 또 다른 세상』, 미래M&B 2007.

2 Brian W. Ward, James M. Dahlhamer, Adena M. Galinsky and Sarah S. Joestl, "Sexual Orientation and Health Among U.S. Adults: National Health Interview Survey, 2013," *National Health Statistics Report*, 77, 2014, 1~10면., http://www.cdc.gov/nchs/data/nhsr/nhsr077.pdf (2016.5.23. 방문).

3 Gary J. Gates, "How many people are lesbian, gay, bisexual, and transgender?," Williams Institute, University of California School of Law 2011, http://williamsinstitute.law.ucla.edu/wp-content/uploads/Gates-How-Many-People-LGBTQ-Apr-2011.pdf (2016.5.23. 방문).

4 데니스 올트먼 『글로벌 섹스: 섹스의 세계화, 침실의 정치학』, 이수영 옮김, 이소출판사 2003, 218~22면.

5 관련 내용은 이 책의 「성소수자에 관한 인류학적 사례」 참조.

6 Pamela Duncan, "Gay relationships are still criminalised in 72 countries, report finds," *Guardian*, 2017.7.27. 「ILGA 보고서: 72개국에서 여전히 동성 간의 관계 법으로 금지」, 이승훈 옮김, 해외 성소수자소식 블로그 미트르, 2017.8.4., http://mitr.tistory.com/3538에서 재인용. (2019. 10.10. 방문).

7 같은 글.

8 Sarah Lamble, "Queer Necropolitics and the Epanding Carceral State: Interrogating Sexual Investments in Punishment," *Law and Critique*, 24(3), 2013, 229~53면; Jin Haritaworn, Adi Kuntsman and Silvia Posocco eds., *Queer necropolitics*, Routledge 2014.

9 Achille Mbembe, "Necropolitics," *Public Culture*, 15(1), 2003, 11~40면.

10 Haritawon, Kuntsman and Posocco, eds., 앞의 책 4면.

11 학교성교육 표준안을 지지하는 기독교단체나 학부모단체는 동성애에 대한 지식이나 교육이 동성애를 '조장'한다는 이유로 현행안을 지지하는 시위를 여러차례 벌였다.

12 福永玄弥「台湾で同性婚が成立の見通し: 司法院大法官の憲法解釈を読む」, 『SYNDOS』, 2017.5.31.「대만에서 동성혼이 성립될 전망이다: 사법원 대법관의 헌법해석을 읽다」, 이승훈 옮김, 해외성소수자소식 블로그 미트르, 2017.6.1., https://mitr.tistory.com/3304에서 재인용. (2018.6.30. 방문).

13 Pamela Duncan, 앞의 글.

14 Lee Edelman, *No Future: Queer Theory and the Death Drive*, Duke University Press 2004.

15 Omar G. Encarnacion, "Gay Rights: Why Democracy Matters," *Journal of Democracy*, 25(3), 2014, 90~104면.

16 같은 글 95면.

17 바네사 베어드『성적다양성, 두렵거나 혹은 모르거나』, 김고연주 옮김, 이후 2007, 54~55면.

18 2011년 1월 5일 포괄적 차별금지법 제정을 위해 다양한 단체들이 모여 차별금지법제정 연대를 발족했다. http://equalityact.kr (2017.6.30. 방문).

19 福永玄弥, 앞의 글.

성소수자에 관한 인류학적 사례

1 캐럴 엠버·멜빈 엠버『문화인류학』(13판), 양영균 옮김, 피어슨에듀케이션코리아 2012, 224~26면.

2 같은 책 226면.

3 세레나 난다『히즈라』, 김경학 옮김, 한겨레출판사 1998.

4 김민정「인류학으로 젠더읽기」, (사)한국여성연구소 편『젠더와 사회』, 동녘 2014, 100~01면.

5 김현미「젠더와 문화」, 권숙인 외『현대문화인류학』, 형설출판사 2018, 237~38면에서 부분 발췌.

6 Gilbert H. Herdt, *The Sambia: Ritual and Gender in New Guinea*, Wadsworth Publishing Company 1987.

7 Andrew P. Lyons and Herriet Lyons, eds., *Sexualities in Anthropology: A Reader*, Wiley-Blackwell 2011.

8 애너매리 야고스『퀴어이론 입문』, 박이은실 옮김, 여이연 2015, 19~20면.

9 Travis S. K. Kong, *Chinese Male Homosexualities: Memba, tongzhi, and golden*

boy, Routledge 2010.

10 바네사 베어드 『성적다양성, 두렵거나 혹은 모르거나』, 김고연주 옮김, 이후 2007, 74면; 에스더 D. 로스블럼·캐슬린 A. 브레호니 『보스턴 결혼: 여자들 사이의 섹스 없는 사랑에 관한 사적인 이야기』, 알·알 옮김, 이매진 2012.

11 Regine Smith Oboler, "Is the Female Husband a Man? Woman/Woman Marriage among the Nandi of Kenya," *Ethnology*, 19(1), 69~88면; Karen Sacks and Karen Brodkin, *Sisters and Wives: The Past and Future of Sexual Equality*, Greenwood Press 1979.

12 바네사 베어드, 앞의 책 86면.

13 Megan J. Sinnnote, *Toms and Dees: Transgender Identity and Female Same-Sex Relationships in Thailand*, University of Hawaii Press 2004.

14 데니스 올트먼 『글로벌 섹스: 섹스의 세계화, 침실의 정치학』, 이수영 옮김, 이소출판사 2003, 24~25면.

15 박관수 「1940년대의 '남자동성애' 연구」, 『비교민속학』 31, 2006, 389~438면.

16 박차민정 『조선의 퀴어: 근대의 틈새에 숨은 변태들의 초상』, 현실문화연구 2018, 122~30면.

11장 성소수자 인권과 법적 쟁점

1 헌법재판소 1989.9.8. 88헌가6 결정.

2 2016년 기준 전세계 78개국이 동성 간 성행위를 처벌하고 있는데, 이 중 90%가 영국의 식민지배를 받았던 아프리카, 남아시아, 중동에 위치한 국가들이다. Human Dignity Trust, "Criminalising Homosexuality and International Human Rights Law," 2015, 5면, https://www.humandignitytrust.org/wp-content/uploads/resources/6.-Criminalisation-International-Human-Rights-Law.pdf (2019.10.25. 방문).

3 김지혜 「혐오와 처벌: 군형법 추행죄에 대한 헌법재판소 결정 비판」, 『공법연구』 46(3), 2018, 28면; 정성조 「한국 군대 내 동성애 '문제'의 '탄생'」, 『한국사회학회 사학대회 논문집』 12, 2018, 449면.

4 Lawrence v. Texas, 539 U.S. 558.

5 김지혜, 앞의 글 28면.

6 헌법재판소 2002.6.27. 2001헌바70 결정; 헌법재판소 2011.3.31. 2008헌가21 결정; 헌법재판소 2016.7.28. 2012헌바258 결정.

7 이준일 『인권법: 사회적 이슈와 인권』, 홍문사 2015, 767면.

8 특히 2017년 군형법상 추행죄 적용을 위해 육군에서 함정수사를 통해 성소수자 군인을

색출한 사건은 이 조항의 적용이 여전히 유효하단 사실뿐 아니라 성적 지향 자체를 범죄화하는 행정당국의 인식을 단적으로 드러낸다.

9 트랜스젠더와 관련된 해외 각국의 법적·사회적 현황은 Transgender Europe(TGEU)의 연구 프로젝트인 Transrespect versus Transphobia Worldwide(TvT) 웹사이트를 참조. https://transrespect.org/ (2019.10.25. 방문).

10 혼인을 통하여 양 당사자는 서로에게 부양의무, 정조의무, 동거의무 및 일상가사대리권이 발생하고, 의료 및 기타 사회생활상 서로의 법적 보호자가 될 수 있으며, 친족관계가 발생하여 상속권자가 된다. 나아가 휴가·보건·연금·보험 수혜와 세금해택의 대상이 될 수도 있다. 구체적인 내용은 이재희「혼인의 헌법적 보장: 헌법 제36조 제1항을 중심으로」, 헌법재판연구원 2017, 11~14면 참조.

11 동성 간 결합제도, 동성 간 성행위 처벌 등 성적 지향과 관련된 해외 각국의 법적 현황은 다음을 참조. ILGA, https://ilga.org/maps-sexual-orientation-laws (2019.10.25. 방문).

12 서울서부지방법원 2016.5.25. 자 2014호파1842 결정.

13 인천지방법원 2004.7.23. 선고 2003드합292 판결.

14 서울서부지방법원 2016.5.25. 자 2014호파1842 결정.

15 양현아「성적 소수자가 겪는 차별과 법의 처우」, 정인섭 편『사회적 차별과 법의 지배』, 박영사 2004, 83~84면 참조.

16 '성별적합수술' '성별재지정수술'(gender reassignment surgery)이 더 정확한 용어이지만, 이 책에서는 편의상 '성전환수술'로 용어를 통일했다.

17 국문번역본은 국제인권소식 '통'에서 확인할 수 있다. http://www.tongcenter.org/ (2019.10.25. 방문).

18 International Commission of Jurists, *An Activist's Guide to The Yogyakarta Principles*, 2010, 48면.

19 특히 외과수술을 강요하게 되는 생식능력 제거 요건은 법원에 의한 위헌 판단(예를 들어 독일연방헌법재판소 결정 1 BvR 3295/07)이나 법 개정을 통하여 삭제되고 있다. 홍성필·이승현「성전환자의 법적 성별 변경허용시 의료조치 강제에 대한 국제법적 평가」, 『국제법학회 총』 58(2), 2013 참고. 해외 각국의 상황은 다음 웹사이트를 참조. https://transrespect.org/ (2019.10.25. 방문).

20 대법원 2006.6.22. 자 2004스42 결정.

21 류민희·박한희·조혜인·한가람·김수영「트랜스젠더의 성별정정 절차개선을 위한 성별정정 경험조사」, 『제2회 공익·인권 분야 연구 결과 보고서』, 서울지방변호사회 2018, http://probono.seoulbar.or.kr/board/etc/details/910 (2019.10.25. 방문).

22 2019년 9월 18일 지침 개정 전까지는 제출 서류 중 부모동의서도 규정되어 있어서, 성인임에도 부모동의서 제출을 요구받거나 부모동의서 제출을 하지 않았다는 이유로 기각되는 일이 발생했다.

23 한국의 경우 '고용상 연령차별금지 및 고령자고용촉진에 관한 법률' '기간제 및 단시간 근로자 보호 등에 관한 법률' '남녀고용평등 및 일·가정 양립 지원에 관한 법률' 등과 같이 차별금지영역과 차별금지사유를 모두 특정한 차별금지법들이 있다.

24 성소수자와 관련된 현행 법령은 「한국 LGBTI 인권 현황 2018」, SOGI법정책연구회 2019 참조.

25 성소수자에 대한 국가의 인식과 혐오에 대한 연구로는 한국성적소수자문화인권센터 「판결문과 사례 분석을 통해 본 성적 소수자 대상 '혐오 폭력'의 구조에 대한 연구」, 법무법인(유) 한결 공익활동기금 보고서, 2015 참조.

26 대법원 2008.5.29. 선고 2008도2222; 헌법재판소 2011.3.31. 2008헌가21.

27 대법원 2011.9.2. 자 2009스117.

28 서울중앙지방법원 2015.7.9. 선고 2014고단5471 판결; 서울중앙지방법원 2015.11.20. 선고 2015노2795 판결.

29 김지혜 「성적지향과 성별정체성에 관한 국제인권법 동향과 그 국내적 적용」, 『법조』 61(11), 2012; 장서연 외 「성적지향·성별정체성에 따른 차별실태조사」, 국가인권위원회 2014 참고.

30 호주제의 위헌성을 확인한 헌법재판소 2005.2.3. 선고 2001헌가9·10·11·12·13·14·15, 2004헌가5(병합) 전원재판부 결정.

31 Sandra Fredman, *Discrimination Law*, Oxford University Press 2011, 86면.

성소수자와 형사절차

1 조여울 외 「국가인권정책기본계획 수립을 위한 성적소수자 인권 기초현황조사」, 국가인권위원회 2005, 150~51면.

2 국가인권위원회법 제2조 제3호.

3 형의 집행 및 수용자의 처우에 관한 법률 제5조(차별금지).

4 군에서의 형의 집행 및 군수용자의 처우에 관한 법률 제6조(차별금지).

5 훈령 제461호는 이후 몇차례의 개정을 거쳐 2015년 7월 27일 훈령 제771호로 개정되었다. '경찰인권보호규칙'으로 제명이 변경되기 전, 훈령 771호에는 다음과 같이 성소수자 관련 사항들이 규정되어 있었다. 제2조 제4호에서 "'성(性)적 소수자'라 함은 동성애자, 양성애자, 성전환자 등 당사자의 성정체성을 기준으로 소수인 자를 말한다"라고 정의하였으며, "성적 소수자가 자신의 성정체성에 대하여 공개하기를 원하지 않을 경우에는 이를 최대한 존중하여야 하며, 불가피하게 가족 등에 알려야 할 경우에도 그 사유를 충분히 설명하여야 한다"라고 제76조에 명시되어 있었다. 또한 제80조 제4항에 "성적 소수자인 유치인에 대하여는 당사자가 원하는 경우 독거수용 등의 조치를 취해야 한다"는 지침을 두고 있었다.

12장 퀴어문화축제: 가시성과 자긍심의 축제

1 서울의 퀴어문화축제는 '한국퀴어문화축제'로 불리다가 지역 퀴어문화축제의 증가로 2018년부터 '서울퀴어문화축제'로 개칭되었다.

2 Erving Goffman, *Stigma*: *Notes on the Management of Spoiled Identity*, Prentice-Hall Inc. 1963, 1~19면.

3 같은 책 73~91면; 켄지 요시노 『커버링』, 김현경·한빛나 옮김, 민음사 2017, 81~116면.

4 Abby Peterson, Mattias Wahlström and Magnus Wennerhag, *Pride parades and LGBT Movements*: *Political Participation in an International Comparative Perspective*, Routledge 2018, 6면.

5 김현철 「성적 반체제자와 도시공간의 공공성: 2014 신촌 퀴어퍼레이드를 중심으로」, 『공간과 사회』 25(1), 2015, 12~62면.

6 애너매리 야고스 『퀴어 이론: 입문』, 박이은실 옮김, 여이연 2012, 53~54면.

7 Katherine McFarland Bruce, *Pride Parades*: *How a Parade Changed the World*, NYU Press 2016, 31~39면.

8 Michael Gold and Derek M. Norman, "Stonewall Riot Apology: Police Actions Were 'Wrong,' Commissioner Admits," *New York Times*, 2019.6.6.

9 Katherine M. Bruce, 앞의 책 8~20면.

10 이혜연 「투명 인간으로 살아가는 존재, 성소수자」, 2019년 인천퀴어문화축제 팸플릿.

11 한우석 「성소수자들의 공간 전유과 커뮤니티 만들기: 이태원 소방서 골목 사례 연구」, 『서울도시연구』 14(1), 2013, 253~69면.

12 Katherine M. Bruce, 앞의 책 218~19면.

13 김현철, 앞의 글.

14 토리 「한국사회 LGBT의 성적시민권: 비판과 전망」, 『여/성이론』 23, 2010, 10~28면.

15 김현철, 앞의 글 26면.

16 배재훈 「게이 남성 합창단의 문화정치학」, 『여/성이론』 31, 2014, 140~61면; 조수미 「유희를 통한 정치적 실천과 성소수자 집단정체성의 변화: 오사카(大阪)의 한 오키나와(沖繩) 전통무용 동호회의 사례를 중심으로」, 『아태연구』 23(1), 2016, 175~215면.

17 류정아 『축제인류학』, 살림 2003, 4면.

18 Jack Santino, "The Carnivalesque and the Ritualesque," *The Journal of American Folklore*, 124(491), 2011, 61~73면.

19 Katherine M. Bruce, 앞의 책 2면.

20 같은 책 214면.

21 같은 책 31~39면; Abby Peterson, Mattias Wahlström and Magnus Wennerhag, 앞의 책.

22　Lynda Johnston, *Queering Tourism: Paradoxical Performances at Gay Pride Parades*, Routledge 2005, 31~53면.

23　Katherine M. Bruce, 앞의 책 80~93, 170~72면; Peterson, et al., 앞의 책 190~210면.

24　전세계 성소수자 축제 정보는 다음을 참조. Gay Pride Calendar, http://www.gaypridecalendar.com/ (2019.1.19. 방문); List of LGBT events, https://en.wikipedia.org/wiki/List_of_LGBT_events (2019.1.19. 방문).

25　List of LGBT events, https://en.wikipedia.org/wiki/List_of_largest_LGBT_events (2019.1.19. 방문).

26　신윤동욱 「퀴어의 계절이 왔다: 제12회 퀴어문화축제」, 『플랫폼』 28, 2011, 88~91면.

27　「Interview-퍼레이드 프로그래머 홍기훈」, 『Korean Queer Culture Festival Official Magazine』 2, 2008.

28　나영 「2014년 퀴어문화축제의 경험, 성적 혐오의 조직화를 방관해서는 안 되는 이유」, 『진보평론』 61, 2014, 161~75면; 김성진 「퀴어문화축제와 동성애 혐오의 정치: 퀴어문화축제에서 커밍아웃한 한국의 동성애 혐오세력(Homophobic)」, 『플랫폼』 53, 2015, 8~15면.

29　이와 관련해서는 이 책의 「"우리가 여기에 있다!" 2018년 인천퀴어문화축제」 참조.

"우리가 여기에 있다!" 2018년 인천퀴어문화축제

1　「인천 첫 '퀴어축제' 몸싸움으로 결국 무산…警, '동성애 반대 시위' 8명 입건」, 『조선일보』 2018.9.9.; 「인천서 두 번째 퀴어축제 개최…반대 단체는 맞불 집회」, 『연합뉴스』 2019.8.31.

2　인천퀴어문화축제준비위원회, 「인천퀴어문화축제 취지문」, https://www.facebook.com/photo.php?fbid=258906471572270&set=a.138853333577585&type=3&theater (2019.9.10. 방문).

3　「[한채윤의 비온 뒤 무지개] 축제를 하려면 밑빠진 독에 물을 채우라고?」, 『한겨레』 2018.9.6.

4　「인천퀴어축제, 공권력은 소수를 보호하지 않았다.」, 『인천투데이』 2018.9.10.

5　「"3년째 도로 점용허가 못 받아"…올해 부산퀴어축제 취소」, 『연합뉴스』 2019.8.19.; 「법원 "제주퀴어문화축제 신산공원 사용 허가해야"」, 『연합뉴스』 2017.10.27.; 서울시 인권위원회 「서울광장 이용 관련 성소수자 차별에 대한 서울특별시 인권위원회 권고」, 2019.9.26. http://news.seoul.go.kr/gov/archives/509489?fbclid=IwAR2J9USyK3snRHXC1qy3u-a_dlc9Ms1rK_pbHJV2YQHhZh-lbE9PFY8CD_g (2019.10.22. 방문).

6　시우 「서울, 2Q16년 여름: 한국 퀴어상황을 기록하는 두 번째 노트」, 『말과 활』 2016년 겨울호, 49~68면; 시우 『퀴어 아포칼립스: 사랑과 혐오의 정치학』, 현실문화 2018.

7　「[취재후] "부모님이 널 낳은 걸 후회할거야"…퀴어축제와 칼이 된 말들」, 『KBS 뉴스』

2018.10.25.

8 주승섭·김승섭·이혜민·이호림「인천퀴어문화축제 참가자 폭력 피해조사 보도자료 첨부문서」, 2018.10.8.

9 인천퀴어문화축제 유튜브 채널에서 영상을 확인할 수 있다.「제1회 인천퀴어문화축제 현장스케치(2018.9.18.)」, https://www.youtube.com/watch?v=dqy9D0TH7uo&t=116s (2019.11.10. 방문);「인천퀴어문화축제에 몰려온 수천명의 반동성애 사람들」,『닷페이스』2018.9.18., https://www.youtube.com/watch?v=P1nQkvSgFMU (2019.11.10. 방문).

10 「385명 '릴레이 줄서기' 퀴어축제 집회 신고戰」,『서울신문』2019.5.6.;「"태풍에도 강행" 해운대서 퀴어총궐기vs동성애 반대 집회」,『부산일보』2019.9.21.;「경남 첫 퀴어문화축제 앞두고 긴장감 고조」,『경남신문』2019.11.2.

대학·청년 성소수자 운동의 전개

1 연세대 학보『연세춘추』에 1995년 당시 컴투게더가 동성애자 회원을 공개모집한 기록이 남아 있다.

2 '마음001'의 숫자는 해당 모임이 생각하는 한국 성소수자 인권지수다. 그래서 시기마다 '마음003' '마음006' '마음005' 같이 모임명이 변한다.

3 「〈화제〉'동성애자 동아리' 대학서 정식인정」,『연합뉴스』1999.10.4., https://news.naver.com/main/read.nhn?mode=LSD&mid=sec&sid1=102&oid=001&aid=0004473377, (2019.9.30. 방문).

4 69개 대학과 6개 청년단체로 총 77개모임이다. 이 연대목록에는 모임의 해산을 QUV에게 공식적으로 고지하지 않는 경우가 있어 사실상 와해되거나 존재하지 않는 단체들도 포함되어 있다. 실질적으로 활동하는 모임의 규모는 QUV에 의결권을 가지고 있는 단위를 기준으로 파악할 수 있는데, 2019년 11월 9일 기준 QUV 연대 단위 중 의결권을 확보한 단위는 38개다. 대학·청년성소수자모임연대 QUV 티스토리에서 "연대하는 모임 목록"을 확인할 수 있다. https://quvkorea.tistory.com/10 (2019.11.9. 방문).

5 「대학성소수자모임·학생단체 "대통령 후보, 성소수자 인권 보장하라"」,『여성신문』2017.4.20., http://www.womennews.co.kr/news/articleView.html?idxno=113527 (2019.9.30. 방문).

6 「대학가 성개방 "위험수위" / 상아탑이 병들고 있다」,『세계일보』1995.10.15., http://www.segye.com/newsView/19951015000046 (2019.9.30. 방문).

무지개는 더 많은 빛깔을 원한다
성소수자 혐오를 넘어 인권의 확장으로

초판 1쇄 발행/2019년 12월 10일

지은이/한국성소수자연구회
펴낸이/강일우
책임편집/김가희
조판/신혜원
펴낸곳/(주)창비
등록/1986년 8월 5일 제85호
주소/10881 경기도 파주시 회동길 184
전화/031-955-3333
팩시밀리/영업 031-955-3399 편집 031-955-3400
홈페이지/www.changbi.com
전자우편/human@changbi.com

ⓒ 한국성소수자연구회 2019
ISBN 978-89-364-8648-8 03300